新時代の保育双書

新・障害のある
子どもの保育
第3版

みらい

執筆者一覧（五十音順）　○＝編者

和泉美智枝（いずみみちえ）（元金城大学短期大学部）——————————第7章第3節

井田　清子（いだきよこ）（名古屋文化学園保育専門学校）————第6章第1～3節、コラム⑨

○伊藤　健次（いとうけんじ）（元名古屋経済大学）— 第3章第1～3・6・8・9節、コラム④・⑬

伊藤　玲（いとうれい）（杉並区保健福祉部）————————————コラム⑤・⑦

小川　英彦（おがわひでひこ）（至学館大学）————————————第1章、コラム①

荻原はるみ（おぎわら）（名古屋柳城女子大学）———————第3章第4・5節、第4章第1節

小野里美帆（おのざとみほ）（文教大学）—————————————第8章、コラム⑪

川上　輝昭（かわかみてるあき）（元名古屋女子大学短期大学部）————————第9章、コラム⑫

小﨑　恭弘（こざきやすひろ）（大阪教育大学）————————————第11章演習事例7

酒井　教子（さかいのりこ）（社会福祉法人明星会しおみが丘保育園）————第6章、コラム⑨

園山　繁樹（そのやましげき）（元島根県立大学）————————第2章、コラム②・③

楯　誠（たてまこと）（名古屋経済大学）————第4章第2・3節、コラム⑥、第10章

塚本　恵信（つかもとよしのぶ）（日本福祉大学）—————————————第10章

丹羽健太郎（にわけんたろう）（椙山女学園大学）————————————第11章演習事例3

橋村　晴美（はしむらはるみ）（鈴鹿大学）—————————————————第10章

松下　浩之（まつしたひろゆき）（山梨大学）————————————第5章、コラム⑧

三島　美砂（みしまみさ）（NPO法人りすん）————————————第11章演習事例2

役田　亨（やくでんとおる）（元大垣女子短期大学）————————————第3章第7節

安原千香子（やすはらちかこ）（大阪保育福祉専門学校）————第7章第1・2節、コラム⑩

吉住　敦子（よしずみあつこ）（元北九州市立到津ひまわり園）————第11章演習事例1・6

吉弘　淳一（よしひろじゅんいち）（福井県立大学）————————————第11章演習事例4・5

イラスト……杉山範子（劇団 パネル劇場 ぱねるっぱ）

はじめに

　個人的経験として海外書籍を購入する場合などは、改訂を行って版を重ねていることを重要な手掛かりとして選書する場合が多い。書籍としての内容的信頼性、妥当性といった観点から当然の帰結なのかもしれない。ところで、本書の書名となっている『新・障害のある子どもの保育』は、初版刊行以来2度目の改訂となり第3版となっている。しかし、本書のルーツは1996年10月に刊行された「障害をもつ子どもの保育」にある。米国の"disabled child"に影響されてこのような書名にした訳であるが、近年の障害児観の変容もあって、「障害のある子ども（child with disability）」に書名を変更した経過を経て、その後も改訂を行って現在に至っており、事実上、6度目の改訂である。お陰様で多くの先生方の支持を得て、保育士・幼稚園教諭養成課程で、あるいはその他の機会に教科書としてご採用いただいた。以来20年が経過したわけである。蛇足ながら、「障害」の表記についても、近年特に行政レベルなどでは「障がい」と表しているようであるが、これは実態を考えても単にラベルを張り替えているにすぎず、筆者などは何ら障害児観は転換できていないのではないかとさえ思えてならない。

　多くの領域についてそうなのかもしれないが、「障害のある子どもの保育」の領域においても一人の力で一冊の書籍にまとめることは極めて困難な作業となってきている。心理学、教育学、医学、福祉学と広範囲に及ぶこと、いずれの領域もその内容的変化が激しいことなどがその理由である。本書の今回の改訂でも用語の使用ひとつをとってみても、なかなか難しい点が多かった。研究上新しく示された考え方や表現も、制度的にはなかなか追いついていないという実態から、編集上苦労したことなどがこの例である。

　いずれにしても、改訂執筆にあたってご協力いただいた先生方には、新しい今日的観点からご執筆いただき、よりよい一冊が刊行できたと考えている。さらに、今回の改訂をお勧め下さり編集作業の労を取られた、（株）みらいと編集部の松井克憲氏にお礼申し上げたい。生来の性分から遅々として進まない編集・執筆をじっとこらえて気長にお待ちいただいた。ご執筆いただいた先生方、出版社の皆様に改めてお礼申し上げる。

　最後に本書の内容について、ご指導、ご批判をお願いする次第である。編集過程で可能な限り意を用いたつもりであるが、思わぬ考え違いや誤りがあればぜひご指導いただきたい。またの改訂で、よりよいものとなっていけるよう努力する所存である。

2016年2月

編者　伊藤健次

●目　次●

第1章　障害のある子どもの保育の考え方

第1節●障害のある子どもの理解 ……………………………………………11
1 —— 障害の概念　／11
2 —— 障害の分類―国際生活機能分類による―　／13
3 —— 障害のある子どものとらえ方と保育　／14

第2節●障害児保育の理念 ……………………………………………… 16
1 —— 障害児保育の意義　／16
2 —— 障害児保育の理念に関する最近の動向　／18

第3節●障害児保育の形態 ……………………………………………… 19
1 —— 分離保育（セグリゲーション）　／19
2 —— 統合保育（インテグレーション）　／19
3 —— インクルージョン　／21

第4節●障害児保育の現状 ……………………………………………… 22
1 —— 児童発達支援センター・児童発達支援事業、幼稚部の現状　／22
2 —— 保育所や幼稚園の現状　／24

第5節●障害児保育の歩み ……………………………………………… 26
1 —— 障害児保育の先駆け（～1962年）　／26
2 —— 障害児保育の萌芽（1963～1972年）　／26
3 —— 障害児保育の展開（1973～1978年）　／27
4 —— 障害児保育の多様化（1979～1995年）　／28
5 —— 障害児保育の再編（1996～2006年）　／29
6 —— 障害児保育の新たな転換（2007年～）　／30
コラム①：ノーマライゼーション　／32

第2章　発達の理解

第1節●発達の意味 ……………………………………………………… 33
1 —— 成長・発達への期待　／33
2 —— 成熟・成長と発達―発達の定義―　／34

第2節●発達の原動力 …………………………………………………… 35
1 —— 生物学的要因　／35
2 —— 環境的要因　／35

3 —— 発達の普遍性と文化規定性 ／36

第3節●発達段階と発達の順序性·······37
1 —— 発達段階 ／37
2 —— 発達の順序性 ／37

第4節●個人差·······40
1 —— 平均の意味 ／40
2 —— 障害と個人差 ／42
3 —— 障害と個人内差 ／43
4 —— 発達の遅れ・偏り・歪み ／44

第5節●発達曲線の意味·······45

第6節●障害のある子どもの発達と保育·······46
1 —— 発達と生活 ／46
2 —— 発達と生活を感じ取れる保育者 ／47

コラム②：精神年齢と発達年齢 ／49
コラム③：キャッチ・アップ ／50

第3章　対象別にみた障害の理解

第1節●障害の原因的理解·······51
1 —— 先天性と後天性 ／51
2 —— 周産期 ／52
3 ——「先天性」ということ ／52
4 —— 遺伝病 ／53
5 —— 染色体異常 ／54
6 —— 胎芽病 ／55
7 —— 胎児病 ／55
8 —— 周産期障害 ／55

第2節●発達障害とは·······56
1 —— 広義の発達障害（Developmental Disabilities） ／56
2 —— 狭義の発達障害（Developmental Disorders） ／57

第3節●知的障害·······58
1 —— 知的障害（Intellectual Disability：ID）の診断基準 ／58
2 —— AAIDDの知的障害（Intellectual Disability：ID） ／62
3 —— 知的機能の弱さとは ／64
4 —— 知的障害の病因 ／65
5 —— 知的障害の特徴 ／66

6 —— 知的障害への対応—その考え方の基本— ／67

第4節●自閉症スペクトラム……………………………………………………………………… 70
1 —— 自閉症スペクトラムとは ／70

2 —— 自閉症スペクトラムの行動特徴 ／73

3 —— かかわり方の留意点 ／74

4 —— 保護者（親）との信頼関係 ／76

第5節●注意欠如・多動症（ADHD）と限局性学習症（SLD）…………… 77
1 —— 注意欠如・多動症（ADHD） ／77

2 —— 限局性学習症（SLD） ／80

3 —— 特別支援教育 ／82

第6節●コミュニケーション障害…………………………………………………………… 82
1 —— コミュニケーション障害 ／83

2 —— コミュニケーション障害の分類 ／84

3 —— コミュニケーション障害の特徴 ／85

4 —— コミュニケーション障害の原因 ／86

第7節●運動障害（脳性まひ）……………………………………………………………… 87
1 —— 脳性まひ ／87

2 —— 脳性まひの分類と特徴 ／88

3 —— 主な随伴障害 ／89

4 —— かかわり方の留意点 ／90

第8節●聴覚・視覚障害……………………………………………………………………………93
1 —— 聴覚障害 ／93

2 —— 視覚障害 ／94

3 —— 聞こえや見えの発達と保育 ／95

第9節●てんかん……………………………………………………………………………………… 97
1 —— てんかんの定義と分類 ／97

2 —— てんかんのある子どもへの対応 ／99

コラム④：「AAIDD」ってなに？ ／102
コラム⑤：TEACCHプログラムとは ／103

第4章　気になる子どもとその他の障害の理解

第1節●気になる子ども…………………………………………………………………………… 104
1 —— 注意・衝動の統制に関する気がかり ／105
　　　—集中力に欠け、落ち着きのない子どもへの対応—

2 —— 対人関係に関する社会性の問題—緘黙児への対応— ／106

3 ── 家庭環境・母子関係―母子分離不安の強い子どもへの対応― ／107

第2節●情緒障害 109

　　　1 ── 情緒障害の定義と種類 ／109

　　　2 ── 神経性習癖 ／110

　　　3 ── 登園拒否（登園渋り） ／113

第3節●未熟児 114

　　　1 ── 未熟児の定義と種類 ／114

　　　2 ── 未熟児の特徴とかかわり方 ／115

コラム⑥：ソーシャルスキルとSST ／118

コラム⑦：PECSとは ／119

第5章　障害のある子どもの保育の方法

第1節●保育者の基本姿勢 120

　　　1 ── 障害のある子どもの保育の基本目標 ／120

　　　2 ── 保育者の基本姿勢 ／122

　　　3 ── 応用行動分析の保育への応用 ／127

　　　4 ── 保育支援と環境の構造化 ／130

第2節●基本的生活習慣への援助 133

　　　1 ── 領域別課題と課題設定にあたって ／134

　　　2 ── 援助の進め方 ／137

　　　3 ── 障害のある子どもの保育におけるサービス利用 ／139

第3節●遊び・集団活動への援助 140

　　　1 ── 遊びと集団活動の意義 ／140

　　　2 ── 遊びを通して学ぶもの ／140

　　　3 ── 個別的支援と集団援助 ／142

コラム⑧：カップ麺と「課題分析」 ／146

第6章　障害のある子どもの保育の計画

第1節●障害のある子どもの保育の視点 147

第2節●障害のある子どもの保育と指導計画 148

　　　1 ── 年間指導計画と月間指導計画（月案） ／148

　　　2 ── 障害のある子どもの保育の指導計画 ／148

第3節●障害のある子どもの指導計画の実際 149

　　　1 ── 障害のある子どもの指導計画作成のポイント―月案（7月）― ／149

2 —— 統合保育の指導計画の作成　／155

　第4節●個別の支援計画と指導計画の実際……………………………………160

　　　1 ——「個別の（教育）支援計画」の内容　／161

　　　2 ——「個別の支援計画」の実際　／165

　コラム⑨：「先生、"ダメッ"はだめだよ」—指導の構造化—　／168

第7章　障害のある子どもの保育の実践と評価

　第1節●保育の実践…………………………………………………………………169

　　　1 —— 実践にあたって　／169

　　　2 —— 保育の実際　／174

　　　3 —— 生活をともにする　／177

　　　4 —— 活動をともにする　／181

　第2節●保育の評価…………………………………………………………………185

　　　1 —— 障害のある子どもについて　／185

　　　2 —— 保育について　／186

　　　3 —— 職員間の連携や園全体の取り組み　／189

　　　4 —— 保育者の研修と専門職との連携　／191

　第3節●小学校との連携……………………………………………………………192

　　　1 —— 保育所・幼稚園等と小学校との連携の必然性　／192

　　　2 —— 保育所・幼稚園等と小学校との相違点　／193

　　　3 —— よりよい連携を図るために　／193

　コラム⑩：障害のある子どもとかかわる　／197

第8章　障害のある子どもの保護者（親）への支援

　第1節●障害のある子どもの保護者（親）における課題……………………199

　　　1 —— 障害の受容　／199

　　　2 —— 障害の受容のプロセス　／201

　第2節●障害のある子どもと家族…………………………………………………204

　　　1 —— 子どもと家族　／204

　　　2 —— 障害のある子どものいる家族　／205

　　　3 —— きょうだいについて　／205

　第3節●障害のある子どもの発達と親子関係…………………………………206

　　　1 —— 親子のかかわりにおける問題　／206

　　　2 —— 子どもの特徴や能力を評価することの問題　／207

3 —— 子どもとともに変わる保護者（親）／208

第4節●保護者（親）への支援 ···································· 210

1 —— 保護者（親）が抱える問題と状況 ／210

2 —— 保護者（親）への支援の実際 ／211

コラム⑪：天国の特別な子ども ／217

第9章 障害のある子どもの保育関連施策

第1節●子どもの障害の発見 ····································· 218

1 —— 健康診査と保健指導 ／218

2 —— 地域療育センター ／220

第2節●障害のある子どもにかかわる福祉施策と機関 ·············· 221

1 —— 福祉施策の目的と対象 ／221

2 —— 障害児の定義 ／221

3 —— 障害のある子どもの福祉サービス ／223

4 —— 障害のある子どもとその家族への経済援助 ／227

第3節●障害のある子どもにかかわる教育施策 ···················· 228

1 —— インクルーシブ教育システムの構築に向けて ／228

2 —— 就学に向けて ／230

3 —— 就学相談（教育相談）における留意事項 ／231

4 —— 就学決定までの手続き ／231

5 —— 就学時の健康診断 ／233

6 —— 特別支援教育制度 ／233

第4節●地域での連携 ·· 234

1 —— 社会福祉協議会による支援事業 ／234

2 —— ボランティア団体・NPO法人 ／235

3 —— 地域の社会資源の連携 ／235

第5節●障害のある子どもの保育にかかわる施策の課題 ············· 236

1 —— 障害のある子どもの保育にかかわる保健・医療の課題 ／236

2 —— 障害のある子どもの保育にかかわる福祉の課題 ／236

3 —— 障害のある子どもの保育にかかわる教育の課題 ／238

コラム⑫：発達障害のある子どもと保育者の意識 ／239

第10章　演習・障害のある子どもへの個別的対応

演習1：検査を実施する　／241

演習2：検査結果を整理する　／243

演習3：事例に基づくKIDSの結果の解釈と、個別対応の計画の立案を行う　／247

コラム⑬：DSMとICD　／254

第11章　保育場面の事例演習

演習事例1：ことばかけの内容に気づくことで子どもを理解し、保育が変わった（知的障害児への対応）／256

演習事例2：タダシのわがまま（自閉症スペクトラム児への対応①）　／258

演習事例3：就学の支援（自閉症スペクトラム児への対応②）　／261

演習事例4：粘土遊びのかかわり（ADHDの子どもへの対応）　／264

演習事例5：生活発表会に向けての太鼓の練習（LDが疑われる子どもへの対応）　／268

演習事例6：集団に参加することで意欲的に（肢体不自由児への対応）　／271

演習事例7：コミュニケーションの工夫（ことばの障害のある子どもへの対応）／274

索　引　／278

第1章●障害のある子どもの保育の考え方

第1章 障害のある子どもの保育の考え方

◆キーポイント◆

今日における障害のある子どもの保育をめぐっては、従来いわれてきた障害のある子どもにとどまらず、「気になる子ども」などと呼ばれるさまざまな障害のある子どもに対応していかなければならない状況となってきている。それゆえに、保育所、幼稚園などでは指導・援助の内容と方法がいろいろと試みられているといえよう。これから保育に携わろうとする者にとっては、障害のある子どもの保育に関する基本的な知識は、欠かせないものとなっている。まさしく障害のある子どもも含めた幅広い視点から保育をとらえることが求められている時代なのである。

本章では、障害を主観的ではなく構造的に理解することの大切さ、子どもたちの実態に応じた保育の場を選択することの大切さ、そのそれぞれの場ではどのような現状と課題をもっているのかを考えたい。なお、今日的な状況に至るまでの歴史を概観するとともに、障害のある子どもの保育の理念についてもおさえてみたい。

第1節 ● 障害のある子どもの理解

1 ── 障害の概念

これまで障害に対する見方をめぐっては、障害は固定的であり、なかなかその状態像は変わらないという認識があった。ところが、今日では加齢とともにその状態像が変化していくこと、そして障害に対して適切な働きかけがなされるならば、その軽減が可能であることが実践の積み重ねから明らかにされるようになってきている。こうした障害の状態像の変化、特にその改善への道を確かにするためにも、障害を構造的に理解することが重要であると考えられる。

(1) 国際障害分類による障害の階層的理解

あらゆる障害を包括する一般的な障害の概念について整理するようになったのは、WHO（世界保健機関）が、障害を3つのレベル（階層）にわける考え方を基本に据えた定義を行ってからのことである。この障害の3つのレベル（階層）とは、①impairment（機能障害）、②disability（能力障害）、③

11

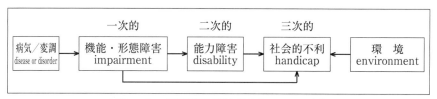

図1−1　国際障害分類（ICIDH：1980年）

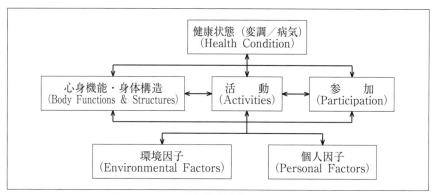

図1−2　国際生活機能分類（ICF：2001年）

handicap（社会的不利）のことである。図1−1はWHOの障害の階層的理解を図示したものである。これは、疾患が転じて機能障害となり、それがもとになって能力障害が発生し、さらに社会的不利がもたらされることを、また、機能障害から直接的に社会的不利が生ずる場合もあることを示している。

　さらに、この考え方は1980年、WHOから「国際障害分類試案」（International Classification of Impairments, Disabilities, and Handicaps：ICIDH）が出版された際にも踏襲された。1993年には「試案」が削除され、WHOの正式分類となった。しかし、このWHO国際障害分類は、環境の位置づけが不明確であること、機能障害、能力障害、社会的不利は直線的ではなく、環境との双方向により影響しあうなどの指摘から改訂作業が進められた。

(2)　国際生活機能分類による障害の階層的理解

　その結果、2001年5月WHO総会で「国際生活機能分類−国際障害分類改訂版−」（International Classification of Functioning, Disability and Health：ICF）が採択された。国際生活機能分類では、障害は図1−2のように健康状態と背景因子（環境因子、個人因子）との双方向的な関係で示され、心身機能と身体構造、活動、参加における機能性によって分類されている。なお、表1−1は、国際障害分類と国際生活機能分類の定義を比較したものである。

第1章 ●障害のある子どもの保育の考え方

表1−1　国際障害分類と国際生活機能分類の比較

	国際障害分類	国際生活機能分類
構成要素の定義	機能障害とは、心理的、生理的又は解剖的な構造又は機能の何らかの喪失又は異常である。	心身機能とは、身体系の生理的機能（心理的機能を含む）である。 　身体構造とは、器官・肢体とその構成部分などの、身体の解剖学的部分である。 　機能障害（構造障害を含む）とは、著しい変異や喪失などといった、心身機能または身体構造上の問題である。
	能力障害とは、人間として正常とみなされる方法や範囲で活動していく能力の（機能障害に起因する）何らかの制限や欠如である。 　社会的不利とは、機能障害や能力障害の結果として、その個人に生じた不利益であって、その個人にとって（年齢、性別、社会文化的因子からみて）正常な役割を果たすことが制限されたり妨げられたりすることである。	活動とは、課題や行為の個人による遂行のことである。 　参加とは、生活・人生場面へのかかわりのことである。 　活動制限とは、個人が活動を行うときに生じる難しさのことである。 　参加制約とは、個人が何らかの生活・人生場面にかかわるときに経験する難しさのことである。
		環境因子とは、人々が生活し、人生を送っている物的な環境や社会的環境、人々の社会的な態度による環境を構成する因子のことである。

　ここでは、障害は特定の個人に帰属するものではなく、社会環境によってつくり出される機能状態であること、障害のある人を対象にしてノーマライゼーションを進めていくには、環境要因の整備拡充を図る必要があることが強調されていることをおさえておきたい。

■2 ── 障害の分類—国際生活機能分類による—

　人間が受ける障害には、極めて多種類のものがある。そして、それらの分類の仕方も医療・教育・福祉など学問や制度、施策の違いを反映して異なってくる。障害の分類基準に多様性はあるものの、前述したようにWHOは、国際障害分類から国際生活機能分類へと移行し、身体機能の障害による生活機能の障害を分類するという考え方から、人間の生活機能と障害について、「心身機能・身体構造」「活動」「参加」の3つの次元で示されるようになった。また、たとえばバリアフリーなどの環境を評価できるよう「環境因子」という観点が加えられ構成されている。なお、国際生活機能分類は人間の生活機能の障害を、約1,500項目程度に細分化して分類される。参考までに、表1−2に国際生活機能分類の第1レベル（大分類）を示した。

13

表1－2　国際生活機能分類による障害の分類（第１レベル）

心身機能	活動と参加
第1章　精神機能 第2章　感覚機能と痛み 第3章　音声と発話の機能 第4章　心血管系・血液系・免疫系・呼吸器系の機能 第5章　消化器系・代謝系・内分泌系の機能 第6章　尿路・性・生殖の機能 第7章　神経筋骨格と運動に関連する機能 第8章　皮膚および関連する構造の機能	第1章　学習と知識の応用 第2章　一般的な課題と要求 第3章　コミュニケーション 第4章　運動・移動 第5章　セルフケア 第6章　家庭生活 第7章　対人関係 第8章　主要な生活領域 第9章　コミュニティライフ・社会生活・市民生活
身体構造	**環境因子**
第1章　神経系の構造 第2章　目・耳および関連部位の構造 第3章　音声と発話に関わる構造 第4章　心血管系・免疫系・呼吸器系の構造 第5章　消化器系・代謝系・内分泌系に関連した構造 第6章　尿路性器系および生殖系に関連した構造 第7章　運動に関連した構造 第8章　皮膚および関連部位の構造	第1章　生産品と用具 第2章　自然環境と人間がもたらした環境変化 第3章　支援と関係 第4章　態度 第5章　サービス・制度・政策

3 —— 障害のある子どものとらえ方と保育

(1)　障害を構造的に理解するとは

　本章でこれまで障害を構造的にみたのは、単にそれを分類したり、説明したりするためだけではない。重要なことは、障害を軽減困難なものとして認めてしまうことが、科学的にも実践的にも批判されているということである。障害児保育は、「～ができない」子どもの状態である「能力障害」を軽減するための実践であり、そのための指導上の内容と方法が求められるともとらえられよう。

　WHO国際障害分類1980年版においては、「能力障害」を軽減していくことについて「機能障害」の結果からもたらされているものである以上、それを軽減する実践は、「機能障害」を軽減する取り組みと統一して行われていくことが望ましいのであると理解できた。

　しかし、WHO国際生活機能分類2001年版においては「能力障害」を「活動制限」と表現を変えている。ここでは日常生活に必要な適応的活動が問題となる。障害があるにもかかわらず維持されて残存されている能力を十分に

第1章 ●障害のある子どもの保育の考え方

発揮させる援助をしていかなければならない。さらに「社会的不利」から
「参加制約」と変更になった点について、"handicap"の与える否定的印象
を払拭することになり、社会の肯定的側面を重視することの必要性、障害論
や障害のある人の現状をよりよい方向に変えるためにあることを忘れてはな
らない。

　これらの例からわかるように、障害の構造的理解はより基礎的なレベルの
障害の影響を受けているのである。生活能力の向上が精神症状の改善につな
がり、この精神症状の改善がさらに生活能力の改善を呼ぶという「良循環」
（good cycle）が主張されるように、障害は可変的なものであること、固定
化された永続的なものではないことが理解できよう。したがって、それぞれ
のレベルの障害を最小限にするために、個別の支援計画において主張される
ように、ライフステージにわたって医療、保育・教育、社会福祉の各分野に
おいて連携した取り組みが必要となってくるのである。こうした総合的努力
の結果として、障害のある人が「幸福」をつかむことができるようにしてい
くことが必要であり、障害児保育もその一定の役割をもっており、実践のい
かんによっては改善されていくものであることを強調したい。

(2)　障害のある子どもの保育を正しく理解するための視点

　これまで障害に視点をあてて考えてきたのであるが、障害のある子どもの
保育は障害の軽減や克服のみを意図するものではないこと、すなわち、あく
までも子どもの能力と人格の発達を図ることが本来の目的であるということ
である。

　障害を正しく理解するためには、障害をみつめるとともに、障害者も健常
者と同様に、人間としてのニーズをもち、その生活の充実に向けて活動して
いるのである、ということに注目しなければならない。特に、障害のある子
どもの場合には、その発達の可能性を豊かにさせ、日々発達に向かって取り
組んでいる姿を理解しなければならない。

　「教育においては特に、個々の障害児の能力障害に着目し、どんな活動の遂
行に困難があるかをはっきりさせるだけでなく、発達の観点からみてどこま
で到達しているかを明らかにし、いずれ近いうちに子どもが到達するであろ
う発達の段階を見通して、教育内容と方法を選択していかなければならない」
と指摘される。乳幼児期の低年齢時に獲得すべき力があり、その力が乏しい
障害のある子が「〜ができる」ようになっていくよう指導する保育者にとっ
ては、眼前の子どもにどのような活動をさせれば各人の発達の保障に有効で
あるかを絶えず吟味することが問われよう。したがって、保育者は障害をみ

15

るあまりに子どもを見失うことがあってはならないのである。

　本書の第3章と第4章では、それぞれの障害の特徴が指摘されているので、ここでは障害のある子どものとらえ方として次の3点をおさえておきたい。この視点はこれまでの障害児保育実践の積み重ねのなかで認められている。

　第1に、障害についての科学的な成果を学ぶこと。

　第2に、たとえ障害があろうとも発達してきており、これからも発達していくという発達の可能性をもっていること。

　第3に、これまで過ごしてきた、あるいは今送っている生活（生活経験や生活圏）との関係でみるということ。

第2節 ● 障害児保育の理念

　障害児保育とは、障害のある子どもを受け入れて行う保育であって、一人ひとりに必要な指導・援助が行われる保育である。さらに、統合保育の場合は障害のある子どもと障害のない子どもがともに育ちあう保育でもある。

1 ── 障害児保育の意義

(1)　障害のある子どもをどう理解するか

　第1に、障害のある子どもを、障害・発達・生活の3つの視点から理解することが大切である。保育者にとって、眼前の障害のある子どもを指導・援助する際、まず人間として、発達しつつある存在としてとらえることが重要である。その上に立って、一人ひとりの発達に障害がどのように影響をもたらしているかをとらえることになる。次に、その子の生育史や家族の大変さ・苦労、地域の社会資源など生活時空間とのかかわりでとらえることになる。

　第2に、権利行使の主体としての視点から理解することが大切である。1989年に国連総会で「子どもの権利条約」（児童の権利に関する条約）が採択され、わが国は1994（平成6）年に批准した。同条約第23条では障害のある子どもの権利について取り上げられている。ここでは、尊厳と社会参加の確保、特別なケアへの権利、その権利を保障するための具体的な方法が述べられているが、最善の利益のために、これからの障害児保育においては同条約が示す子ども観に立って進められなければならない。さらに、2006（同18）年12月

第1章●障害のある子どもの保育の考え方

には国連で「障害者権利条約」（障害者の権利に関する条約）も採択され、わが国は2014（同26）年に批准した。

(2) 障害のない子どもとの育ちをどう理解するか

　統合というと、後述するようにわが国では保育所、幼稚園、認定子ども園（以下、園とする）で保育・教育を受けることを統合保育ととらえられている。一方、欧米の動向をみると、特別な教育的ニーズのある子どもへの保育・教育のシステムのことをさし、かなり幅のある形態としてとらえられている。ここでは、インクルージョンのもとで行われるように通常の保育・教育が改革されなければならないと主張される。子どもの発達を実際に保障できる統合を実現していくための社会的努力が大切であるとされる。

　特別なニーズ教育という言い方が今日では聞かれるようになってきたが、その対象は障害のある子どもに限定せず、グレーゾーン、アレルギー、病弱、不登校（園）、緘黙、外国人子弟、ひとり親、被虐待などの子どもたちであり、一人ひとりの教育的ニーズに適合した保育教育を提供するシステムと内容・方法を意味する。園では「気になる子ども」と今日的にクローズアップされてきている子どもたちを対象とするのである。

　障害のある子もそうでない子も、乳幼児期からともに生活をしていくなかで、お互いを理解し、かかわりあい、育ちあって、現在および将来にわたって一緒に生きていくための土台づくりを担っているのが障害児保育である。

(3) 障害児保育の見通し

　子どもへの指導・援助では集団のなかで育てるとともに、個への配慮も必要とされる。ここでは個別の指導について取り上げてみる。

　「盲学校、聾学校及び養護学校幼稚部教育要領」をみると、障害のある子どもへの自立活動として「個別の指導計画」作成が述べられている。

　この「個別の指導計画」という用語が使用されるようになったのは、アメリカの公法94－142が1975年に施行されてからのことである。アメリカの障害児教育法では、障害のある子ども一人ひとりに対しての教育プログラムを就学に先立ち作成することが求められている。これは、IEP（Individualized Education Program）と呼ばれるものである。その意義は、①最適な保育教育活動を明確にする、②一人ひとりにあった指導・援助の工夫がしやすくなる、③ある期間の指導・援助を個の観点から検討する、④保育教育が子ども・保護者・指導者によって進められる、ことにある。IEPでは、一人ひとりの発達課題を把握して、目標を設定し、指導計画の作成、指導・援助の実際、

17

評価という手順でなされる。次の指導・援助改善のために、前段階の指導・援助のフィードバックが求められる。

2008（平成20）年に告示された保育指針[※1]、教育要領[※2]のなかでは、「支援のための計画を個別に作成する」と強調されるようになった。さらに、2014（同26）年告示の教育・保育要領[※3]にもこのことは示されている。

2 —— 障害児保育の理念に関する最近の動向

ノーマライゼーション[※4]は、1950年代にデンマークを発端にして、その後全世界へと普及した生活原理であるが、ここでは、1970年代以降の障害児保育・教育をめぐる理念の移行についてみてみる。

今日に至るまでは、障害児保育・教育と通常保育・教育の制度的な一体化を意味する用語としてインテグレーション（integration）がある。このことばは、障害のある子どもと障害のない子どもの共同学習や交流活動の促進の意味で使われてきた。その理念の典型としては、アメリカの「全障害児教育法」（1975年）と、イギリスの「ウォーノック報告」（1978年）があげられる。特に、アメリカではインテグレーションが黒人と白人の統合をさしたこともあって、区別してメインストリーミング（mainstreaming）が障害のある子どもの統合を意味する用語として使用されてきたこともある。

ところが、1990年代になって、それらの用語に代わってインクルージョン（inclusion）が使われるようになった。1994年のユネスコとスペイン政府の共催で開催された「特別なニーズ教育に関する世界大会」で採択されたサラマンカ宣言は、特別なニーズ教育とインクルージョンの推進を打ち出したことで知られる。この採択をめぐっては、統合は障害の程度で判断されるのではなく個別のニーズと保育・教育のサポートの関係で決められるとしている。つまり、医学的な障害概念からニーズという概念で子どもを把握する考えへの転換であった。

すべての子どもの保育・教育に対する権利をうたいあげながら、いろいろな理由で保育・教育の場に参加が排除されている子どもを特別な教育的ニーズのある子どもとして把握し、こうした子どもたちを包み込む保育・教育のシステムをインクルージョンとして改革の必要性を提起したのである。なお、わが国においては、1995（平成7）年に日本特別ニーズ教育学会（SNE学会）が創設され、その普及に力が注がれている。

※1　**保育指針**
厚生労働省による保育所保育指針のこと。

※2　**教育要領**
文部科学省による幼稚園教育要領のこと。

※3　**教育・保育要領**
内閣府、文部科学省、厚生労働省による幼保連携型認定こども園教育・保育要領のこと。

※4　**ノーマライゼーション**
p.32のコラム①参照

第1章●障害のある子どもの保育の考え方

第3節 ● 障害児保育の形態

　わが国における障害児保育制度の形態は、分離保育（セグリゲーション）と統合保育（インテグレーション）に大別される。これらについて解説した後、「インクルージョン」について踏み込んでみたい。

1 ── 分離保育（セグリゲーション）

　分離保育は、障害のある子どものみを対象とする。分離保育が行われる場としては、特別支援学校[※5]幼稚部や障害のある子どものための福祉施設[※6]がある。

　分離保育では、障害のある子どもの保育や教育を行うための専門の職員、施設・設備・教材・教具などが用意されているため、障害のある子ども一人ひとりの特性や発達状況に応じて指導・援助できるところにメリットがある。この点は、特に障害の重い子どもにとって大きな意義がある。専門機関の連携によって指導・援助や訓練を総合的に実施できる点も長所といえる。

　一方、発達は子ども同士のかかわりによって大きく促されるため、分離保育では障害のある子どもと職員の関係は濃密であっても、子ども同士の関係が希薄になる可能性がある。子ども同士のかかわりや学びあいから、基本的生活習慣、ことば、社会性等を獲得していくことを考えると、この点はデメリットといえるかもしれない。また、分離保育を行う各種専門治療施設はそれほど多くなく、通所可能な場所にあるとは限らないし、通所するにしても、身体・情緒面に困難を抱える子どもが日々通うには親子ともども負担が大きい。

　次頁に、分離保育の利点と問題点を表1-3に示す。

2 ── 統合保育（インテグレーション）

　統合保育は一般の園で行われ、障害のある子どもの特性等に十分配慮して、障害のない子どもと一緒に行う保育である。これは、ノーマライゼーションの思想に裏づけられ、今日に広まっている形態である。その背景には、発達保障の浸透、障害のない子どもとの交流が障害のある子どもの発達にとって望ましい影響を与えるという現場実践の蓄積も大きな推進力・普及力となっ

※5　盲学校・聾学校・養護学校は、学校教育法が一部改正されたことにより、2007（平成19）年4月から特別支援学校として位置づけられた。

※6　障害のある子どもを対象とした従来の通所施設・事業は、2010（平成22）年12月に、当時の障害者自立支援法および児童福祉法の改正により、障害児通所支援として再編されることになった（本章第4節、第9章第2節参照）。

表1－3　分離保育の利点と問題点

利　　点	問　題　点
1 障害を理解し専門的な知識、技能を有する職員が配置され、障害に応じたカリキュラムや専門的な指導・訓練が可能になる。 2 対象が障害児であることがはじめからわかっているので、その障害の特性に対応した施設設計ができている。また、設備・備品についても障害の特性に応じたものが用意される。保育上必要とされる教材も対象とする障害児にあうものが用意される。 3 一般的に医療機関や学校教育機関などの関連機関との連携をとりやすい状況にあるため、関連機関との協力体制に基づいた統合的で一貫性のある指導が期待できる。 4 同じような特性をもつ子どもにすべての職員・スタッフがかかわるので職員・スタッフの経験が交換・蓄積され、職員・スタッフの資質の向上が図れる。 5 同種の障害をもっているということで障害児の間に仲間意識が生まれやすい。また、自己の障害を意識することなく、自分のペースで活動できる。 6 障害児に対して適切な指導が行われた場合、障害児の行動の安定や発達が促され、それが親の精神的安定や成長につながる。 7 同じように障害児をもつ親として親相互の交流の機会が多く、障害の理解や体験などに関する話し合いを通じて親の態度変容が生じ、親同士の連帯感が生まれる。	1 施設運営のためにある程度の人数を受け入れなければならないため、受け入れの地域的範囲が広くなる。そのため多くの家族にとって遠い場所に施設が存在することになり、通所しにくい。 2 入所施設では子どもの発達にとって重要な意味をもつ家族から離れて生活することになり、家族の人たちとの結びつきが途絶えるという不利を背負うことになる。通所施設では、通所のための時間と金銭が費やされることになり、家族や子どもに精神的、肉体的負担をしいることになる。 3 家族から離れたところに施設があることによって子どもと地域社会との結びつきが弱められ、障害児およびその家庭の地域での孤立化が進む危険性がある。障害児の孤立感、被差別意識を助長し、同時に地域の人々の特別視、差別意識を助長する恐れがある。 4 障害児にかかわる人たちとそうでない人々とが明確になり、両者の間に大きな溝をつくることになる。この溝がまた特別視を強め、差別意識、被差別意識を助長する危険性がある。 5 障害児だけの集団では、お互いに相手の刺激になりにくい。また、閉鎖的な集団では、特異な規範が成立しやすく、この規範を当たり前のものとして受け入れてしまう。このため、社会性が発達しにくく特異な考え方をする危険性もある。 6 障害を過大視し、保護的側面が強くなるため、発達の糧となる場面に出会う機会が少なくなり自律性や自主性が育ちにくい。

出典：清水貞夫他編著『総合保育』学苑社　1987年　p.92を一部改変

ている。

　子どもは、周囲の年長者のまねをしたり、友だちから刺激を受けたりすることで発達が促進されるため、その意味で統合保育は障害のある子どもの発達に有効な手法である。また、他の子どもとの交流をもつことを通して生活経験が拡大し、保護者（親）自身の生活経験も広がることになる。加えて、分離保育が遠隔地での保育になりがちなのに対して、基本的に近隣地域の園に通い、「地域のなかでの園生活」を送ることができるという面もある。

第1章 ●障害のある子どもの保育の考え方

　しかしながら、障害のある子どものすべてに統合保育が有効なわけではない。子どもによって障害の種類が違い、同じ障害名であってもその程度やあらわれ方が異なり、一人ひとりの対応が違ってくるためである。極めて個別性が高く、より個への配慮が必要となってくる。そうすると、保育者の障害に対する専門性が十分でない場合、障害のある子どもへのかかわりが不十分、あるいは不適切となりかねず、保育の場が混乱する可能性もある。

　また、集団生活に不適応を起こす子どもに統合保育を実施することは難しい。そのため、統合保育で受け入れられるのは、通園と集団生活が可能な、比較的障害が軽度の子どもに限定されてきて、障害が重度の子どもが排除されてしまうことも考えられる。

3 ── インクルージョン

　インクルージョンの概念でとらえられている完全統合した保育は、わが国においてはまだまだ行われていないといえようが、今後の将来展望として、ここでは、おおまかにみておきたい。

　インクルージョンという用語は、1990年代になってアメリカにおいてメインストリーミングやインテグレーションにとって代わってきた。メインストリーミングやインテグレーションの概念が、障害のない子どもと障害のある子どもの保育・教育を分離することを前提にし、各々の交流や統合をめざしているのに対して、インクルージョンは「包み込む（包摂・包括）」という語義をもつ用語であるように、障害のある子どもを園、通常学校に完全統合し、障害のない子どもとともに保育・教育するという新たなシステムを主張している。ここでは、障害のある子どもが、障害のない同年齢の子どもが通う園や学校で、適切な保育・教育の保障が可能なように多様なサポートと特別なケアを用意することになる。通常の園や学校で障害のある子どもをも包み込む保育・教育とでもいえよう。

　このインクルージョンの概念を国際的に広めたのは、先述したようにサラマンカ宣言であった。この新たな保育・教育のシステムにおいては、障害のある子どもはその特別な教育的ニーズに応じた保育・教育を受けることになり、子ども一人ひとりへのサポートつき教育（supported education）が展開されることになるのである。

　ところで、今日、わが国で注目されるようになってきた学習障害（LD）、注意欠如・多動症（ADHD）、知的な遅れを伴わない自閉症スペクトラムなどの子どもたちを対象にして、的確に対応できるようにプログラムの作成、教

材・教具の工夫開発、指導者チームの組織といった取り組みがなされている。

　わが国において、インクルージョン実現への道のりは決して平坦ではないと思われる。しかし、障害のない子どもと障害のある子どもがともに生活していくインクルージョンを見通し、これから解決しなければならない課題を明らかにすることによって、障害のあるすべての子どもに豊かな保育・教育が展開されることを期待したい。

第4節 ● 障害児保育の現状

　今日、わが国において行われている就学前の障害のある子どものための保育・教育機関は多様になり、量的にも拡大してきている。前節で取り上げたように、これらの機関は分離保育と統合保育に大きく2つに分けることができる。それぞれの施設の実状をとらえてみたい。

1 —— 児童発達支援センター・児童発達支援事業、幼稚部の現状

　2012（平成24）年4月施行の改正児童福祉法により、障害のある子どもの福祉制度が大きく変更され、多くの支援事業が新しく起こった。

　図1-3に整理したように、これまでの「知的障害児通園施設」「難聴幼児通園施設」「肢体不自由児通園施設」「重症心身障害児（者）通園事業」「児童デイサービス」が「障害児通所支援」になった。さらに、「知的障害児施設」「第一種自閉症児施設」「第二種自閉症児施設」「盲児施設」「ろうあ児施設」「肢体不自由児施設」「肢体不自由児療護施説」「重度心身障害児施設」が「障害児入所支援」になった。

　このような今回の障害種別の撤廃（一元化）の目的は、どのような障害があっても身近な地域で支援が受けられる体制を整備することにあった。それは、障害児通所施設を一元化して、設置主体を市町村にするなどにあらわれている。また、手帳取得の障害認定がなくても利用可能とされ、障害のある子どもとその周辺児にとっては敷居の低いサービスとなり早期対応の可能性を広げている。

　「障害児通所支援」と「障害児入所支援」に大別された障害のある子どもへの支援のうち、「障害児通所支援」は児童発達センターか児童発達支援事業のいずれかで行うことになっている。児童福祉法第6条の2の2では「障害児

通所支援とは、児童発達支援、医療型児童発達支援、放課後等デイサービス及び保育所等訪問支援をいい、障害児通所支援事業とは、障害児通所支援を行う事業をいう」と規定されている。

同法でいう児童発達支援とは、障害のある子どもに対し、日常生活における基本的な動作の指導、知識技能の付与、集団生活への適応訓練などをいう。

医療型児童発達支援とは、上肢、下肢または体幹の機能の障害のある子どもに対し、児童発達支援および治療を行うことをいう。医療の提供の有無により福祉型と医療型に区分され、これまでの「肢体不自由児通園施設」や「重症心身障害児（者）通園事業」は「医療型児童発達支援センター」に移行している。

放課後等デイサービスとは、就学児童につき、授業の終了後または休業日に生活能力の向上のために必要な訓練、社会との交流の促進などを供与することをいう。

保育所等訪問支援とは、障害のある子どもにつき、施設を訪問し、障害の

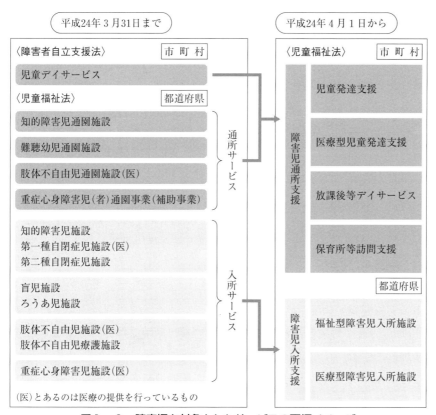

図1-3　障害児を対象としたサービスの再編イメージ

出典：全国社会福祉協議会パンフレット『障害者自立支援法のサービス利用について（平成24年4月版）』

ある子ども以外の子どもとの集団生活への適応のための専門的な支援などを供与することをいう。

　児童発達支援センターおよび児童発達支援事業では、一人ひとりの障害に応じた支援や小集団での療育を受けることができる。また、障害のある子どもの保護者（親）に対する支援も行われている。加えて、身近な地域のなかで障害に対する専門的知識や療育を有する機関・施設であることから、地域のセンター的な役割が期待されている。園に在籍する子どものなかには、入園前に児童発達支援を受けている場合もあり、園と連携を密にする機関・施設といえる。

　2011（平成23）年には知的障害児通園施設は全国に256か所、難聴幼児通園施設は23か所、肢体不自由児通園施設は97か所、児童デイサービスは1,816か所あった。2012（同24年）7月1日現在の厚生労働省調査では、福祉型児童発達支援センターへの移行は358か所、医療型児童発達支援センターへの移行は116か所、小規模な児童発達支援事業は2,609か所となっている。

　一方、学校教育の場においては、1947（昭和22）年の学校教育法第72条を受けて幼稚部が設置されてきた。2012（平成24）年度の文部科学省「学校基本調査」によると、全国の幼稚部において、聴覚障害1,215人、視覚障害227人、知的障害211人、肢体不自由150人、病弱・身体虚弱14人の順で、合計1,569人が特別支援教育を受けている。

　なお、2009（平成21）年告示の「特別支援学校幼稚部教育要領」においては、幼稚部の教育課程の編成は、健康、人間関係、環境、言葉、表現という発達の側面に加えて、自立活動という障害に対応する側面からなっている。

2 ── 保育所や幼稚園の現状

(1) 保育所の現状

　保育所における障害児保育は、1974（昭和49）年に策定された「障害児保育事業実施要綱」以降、四十余年が経過している。この制度創設時には全国で18園、159人が対象となっていたが、その後、全国で着実に実施している園は増加してきた。

　ただ、保育所での障害児保育をめぐっては地域格差が大きいと指摘される。地方公共団体によって加配保育者の配置、障害や発達を正しく理解できるような研修、事例検討会などの開催にばらつきがあり、個々の保育所でぎりぎりの状態で懸命に努力している状況も多い。実施する保育所数は増えている

第1章●障害のある子どもの保育の考え方

ものの、2003（平成15）年からはこれまでの補助事業から交付税による一般財源化措置へと移行している。このことは、一方では、補助金という後ろ盾がなくなることで、危機的な財政状況を抱えている市町村では障害児保育が後退するかもしれないという危機感をはらんだことにもなっている。今日では、個別の支援計画にみられるように、保健機関や医療機関、社会福祉機関との連携と同様に、学校との連携をいかに意味あるものにしていくかが課題となってきている。

(2)　幼稚園の現状

　幼稚園での障害のある子どもの受け入れについては、1974（昭和49）年には「私立特殊教育補助」として、私立幼稚園で障害のある子どもを受け入れている園に対して補助金が出されるようになり、徐々に障害のある子どもへの対応が進められ、今日では公立の幼稚園でも障害児保育が積極的に行われてきている。特別支援学校幼稚部教育要領にある幼稚部における教育の目標には、生きる力の基礎を育成するよう「障害による学習上又は生活上の困難を改善・克服し自立を図るために必要な態度や習慣などを育て、心身の調和的発達の基盤を培うようにすること」と示されている。

　園での障害児保育は、障害のある子どもの特性などを十分配慮して、障害のない子どもとの統合保育を行い、互いに学びあうことができる指導上の内容と方法のあり方が追求され進められている。園の評価のなかで、「ともにいることによりクラスの子どもたちのなかに自然な関係が生まれる」という統合保育の意義を確認でき、障害のない子どもが障害のある子どもと一緒に生活することで自分自身と仲間への認識が深まっていくというプロセスこそを大事にしたいものである。

　さらに、今日的には、低年齢ゆえに障害が診断されにくいグレーゾーンの子どもたち、発達障害の子どもたちへの対応が園ではかなり広まっている。こうした子どもたちにとっての居場所（安心できる人と場）をつくること、発達への要求を丁寧に理解すること、基本的生活習慣と話しことばの基礎を培うことなど、担任はもちろんのこと、園全体での指導・援助をいっそう高めていく時代になってきている。保護者（親）への支えと地域でのネットワークを形成しつつ、園の専門性を大いに発揮できることに期待したい。

　このことは保育指針、教育要領、教育・保育要領で出されている今後の方向性でもある。

第5節 ● 障害児保育の歩み

　ここでは、大まかに次の5つに時期区分して今日までの歴史をみてみる。

1 ── 障害児保育の先駆け（～1962年）

　戦前において障害のある子どもを保育した先駆的事業としては、恩賜財団愛育会によって設立された愛育研究所第二研究室（異常児保育研究室）や保育問題研究会の第三部会の取り組みが知られている。これらの事業の中心的役割を果たしたのが三木安正であった。前者の特別保育室では、7～8歳児各々1人を含めて、13人の障害幼児が入所し指導を受けたという。また、そこでの指導の内容は、集団・遊び・作業・生活という4つの柱立てのもとに実践されていた。

　戦後になると、東京では、戦争により閉鎖されていた愛育研究所の特別保育室が、1949（昭和24）年に牛島義友教養部長の努力により再開され、戦前の研究と実践をふまえて、津守真を担当に集団活動と基本的生活習慣の形成を重点とした指導が展開された。この時代においては、まだ養護学校幼稚部が1955（昭和30）年設立の愛育養護学校にしかなく、園が門戸を閉ざしていた時代であり、障害幼児を抱える家庭にあっては、療育の場として施設入所が唯一の望みうる選択であった。

　こうした問題への解決策として、1952（同27）年に知的障害児の親の会である「精神薄弱児育成会※7」が結成され、厚生省（現・厚生労働省）に働きかけて、1957（同32）年に「精神薄弱児通園施設※8」が新設された。しかし、そこには「満6歳以上」という入所制限があって、義務教育への就学免除や就学猶予を適用された子どもを対象としていたのである。すなわち、通園施設は学校教育からもれた子どもに対する、福祉からの受け皿であったのである。この「満6歳以上」という規定が改正されるのは1974（同49）年まで待たなければならず、障害幼児の圧倒的多数は、集団保育をまったく受けることなく、在宅生活を余儀なくされていたのである。

2 ── 障害児保育の萌芽（1963～1972年）

　1963（昭和38）年には、中央児童福祉審議会※9は、「保育に欠ける状況」の

※7 精神薄弱児育成会
後の社会福祉法人全日本手をつなぐ育成会。現在は「全国手をつなぐ育成会連合会」（各都道府県・指定都市育成会の連合体）と改称し、知的障害者とその家族を支援するための活動を行う任意団体となっている。

※8 精神薄弱児通園施設
後の知的障害児通園施設。現在は児童発達支援センターとして機能している（本章前節参照）。

※9 中央児童福祉審議会
児童、妊産婦、知的障害者に福祉・文化財を提供する目的に設立された審議会（旧厚生省の児童家庭局が管轄）。省庁合理化の流れを受け1999（平成11）年に廃止され、現在は社会保障審議会に一本化されている。

第1章●障害のある子どもの保育の考え方

定義を見直すようになる。翌1964（同39）年の第二次中間報告においては、「保育に欠けるという理由で入所する子どもの中には、軽度の心身障害児のいることは避けられない。これら子どものためには治療的な指導を行うことのできる特別保育所を設置するよう検討する必要がある」と確認されたのである。ここでは、対象が軽度の障害のある子どもに限定されているとともに、分離保育（セグリゲーション）の考えがまだ主流をなしていた。しかし、公の場で障害児保育の問題が取り上げられ、障害幼児の就学前の対策が次第に認識されるようになっていく点では、それ以前の時期とは区別できよう。

　この時期は、障害児保育の行政的援助や制度化が進んでいかない不安定な状況下ではあったが、一部の園で、障害幼児を受け入れて保育するというケースがみられるようになった点にこの時期の特徴がある。まさしく障害幼児に対して早期に療育を開始していくことの意義と重要性を認識させていく契機となっている。

3 ── 障害児保育の展開（1973〜1978年）

　父母の願いに真先に応えたのは、滋賀県大津市であった。1973（昭和48）年に早期発見・早期療育をスローガンとして掲げ、「市立の保育所に10名、民間保育所に21名、市立幼稚園に42名、民間幼稚園に2名、計75名の障害児」全員を受け入れるという、いわゆる大津方式を展開するようになった。同じく1973年に東京都児童福祉審議会の答申で「当面する保育問題について」が出され、障害児を一般児童から分離しておくことの問題点と限界を指摘し、障害幼児を一般児童とともに保育することを提言した。

　同年11月、中央児童福祉審議会は中間答申として「当面推進すべき児童福祉対策について」を提出した。そのなかで、多様化する保育需要に対して、保育所が積極的にその役割を果たさなければならないとし、統合保育を行うことで障害のある子どもと障害のない子どもの発達がともに促されていく面を提起している。

　こうした流れを受けて、1974（昭和49）年に旧厚生省は「障害児保育事業実施要綱」を定め、全国的に保育所における障害児保育を実施することにした。この要綱によれば、対象となる障害のある子どもは、おおむね4歳以上の幼児であって、保育に欠ける状況で、かつ精神薄弱（知的障害）、身体障害などを有するが、原則として障害の程度が軽く、集団保育が可能で、毎日通所できる者となっている。また、保育所の定員が90人以上で、そのなかに対象となる障害のある子どもが1割程度通所している場合に限って、保育士2

人の配置と3分の1の経費補助を行うことによって、障害児保育を試行的に実施するというものであった。これは、指定した保育所で障害のある子どもを受け入れ、その保育所に補助を行うということから、「指定保育所方式」と呼ばれるものであった。

1978（昭和53）年以降、厚生省は指定保育所方式を廃止し、障害のある子どもを一人でも障害のない子どもと統合的に保育しようとする場合には、子ども一人あたりの計算で補助金を交付する制度に改めた。つまり、一般保育所方式による「人数加算の助成（人数加算方式）」へと一定の改善がなされることになった。これは、同年6月に出された厚生省児童家庭局長通知「保育所における障害児の受け入れについて」によるものである。

この通知によると、障害の程度が軽度の者に限られており、集団保育が可能であり、日々通所できることが基本とされたが、障害の程度が中程度の者までが国庫補助の対象とされるようになった。これによって障害児の保育の機会が広がったといえる。この時期は統合保育が制度化されていった点に特徴がある。

一方、文部省（現・文部科学省）は、1972（昭和47）年に特殊教育諸学校幼稚部学級設置10年計画を策定した。このような状況のなかで、1971（同46）年に横浜市立日野養護学校、1972（同47）年に神奈川県立瀬谷養護学校、1973（同48）年に国立久里浜養護学校、名古屋市立西養護学校、高知市立養護学校、1975（同50）年に東京学芸大学附属養護学校、1976（同51）年に愛知県立春日台養護学校、1978（同53）年に名古屋市立南養護学校に幼稚部が設立されていった。しかし、その目標達成率はかなり低い状況になっていた。

4 —— 障害児保育の多様化（1979〜1995年）

1979（昭和54）年度より養護学校の教育が義務制となり、制度的にはすべての障害児の教育権が保障されたことを契機に、乳幼児期からの健診・療育・保育を含む総合的なケアが叫ばれるようになった。たとえば、障害乳幼児への対策として、「①早期診断・治療機関の設置（1979年の心身障害総合通園センターの創設）、②母子保健対策の追加的・部分的拡充（1歳半健診制度化、先天性代謝異常のマス・スクリーニング）、③国立神経センター創設による診断治療研究体制の整備と、ボバース法・ボイタ法の全国的普及など療育方法技術の革新」といったように、障害児医療の発展と結びついた療育実践が展開されるようになる。

一方、障害児教育制度は、まだ改善すべき点はあるにせよ、教育にかかわ

る根幹においては制度的には全国ほぼ同一の水準に到達してきているとみることができよう。しかし、義務教育段階に匹敵するような国の制度が乳幼児期においては確立されていないので、通園対象となる年齢、通園日数、保育時間、保育士・指導員の配置、専門職種の配置、空間保障などで地域格差が大きいのが実状であった。

5 ── 障害児保育の再編（1996〜2006年）

「障害者プラン─ノーマライゼーション7か年戦略」（総理府障害者対策推進本部：1995（平成7）年12月）（1996〜2002年まで）の「地域における障害児療育システムの構築」にみられる地域療育支援事業の構想は、国が障害者施策を今後どう進めようとしているのかを示しており、大変重要な意義をもつものである。具体的には、次の3点が示された。

①　各都道府県域において、療育に関する専門的指導等を行うことのできる、障害児療育の拠点となる施設の機能の充実を図るとともに、市町村が行う心身障害児通園事業等の地域療育に対し、障害児通園施設等が指導・支援する事業を、概ね人口30万人当たり概ね2か所ずつを目標として実施する。

②　障害児通園施設の見直しを図り、障害の種別にとらわれない利用を図る。

③　在宅の障害児が身近な場所に通うことができるよう、保育所等を活用した小規模の心身障害児通園事業および重症心身障害児（者）のための通園事業を約1.3千か所を目標として計画期間内に整備する。

1998（平成10）年7月に教育課程審議会により答申された「幼稚園、小学校、中学校、高等学校、盲学校、聾学校及び養護学校の教育課程の基準の改善について」では、「障害のある幼児に対し、できる限り早い時期から教育的な手だてを講ずることにより、その後の障害の状態の改善・克服等に大きな効果が見られることから、3歳未満の乳幼児を含む教育相談に関する事項を幼稚部教育要領に明記する」と記されることとなった。

通園事業の今日までの移り変わりをみると、1972（昭和47）年に旧厚生省の補助事業として開始され、1998（平成10）年には障害児通園（デイサービス）事業に改変された。そして、2003（平成15）年からの支援費制度導入に伴い、児童デイサービス事業として支援費制度に組み込まれることとなった。さらに、2006（同18）年4月から障害者自立支援法に基づく介護給付費の対象となり、支給が決定された場合に「児童デイサービス」が利用できることとなった。

保育所での障害児保育は1974（昭和49）年に制度化され三十余年が経ち、

受け入れている障害のある子どもの数は年々増えてきている。しかし、この事業は通知によることから地域間の格差が大きかったり、2003（平成15）年度に補助金事業から一般財源で措置されたことにより、市町村の厳しい財政状況から今後の進展が危惧される一面もある。

6 —— 障害児保育の新たな転換（2007年〜）

2007（平成19）年4月から始まった特別支援教育では、幼児児童生徒の自立や社会参加に向けた取り組みを支援することを理念の一つに掲げている。ライフステージにわたっての支援、幼児期の支援の重要さを力説している。

2008（平成20）年に同時に告示された保育指針と教育要領においては、いくつかの共通する事項が記述されている。①障害の状態、②一人一人の・個人の、③計画を個別的に作成する、④指導計画を柔軟に・指導内容や指導方法の工夫、⑤他の子どもとの生活を通して共に、集団の中で生活する、⑥職員の連携体制の中・組織的、⑦家庭や関係機関との連携といった点である。

2010（平成22）年12月に成立した改正障害者自立支援法に伴い、児童福祉法も改正され、障害児支援施策の見直しなど、強化が図られることになった（同24年4月1日施行）。なお、「児童デイサービス」は児童福祉法に基づく「障害児通所支援」のなかに位置づけられることになった。

2012（平成24）年7月に文部科学省より「共生社会の形成に向けたインクルーシブ教育システム構築のための特別支援教育の推進（報告）」が出された。そのなかでは、①共生社会の形成に向けて、②就学相談・就学先決定の在り方について、③合理的配慮及びその基礎となる環境整備、④多様な学びの場の整備と学校間連携等の推進が述べられている。

2014（平成26）年に示された教育・保育要領においては、教育要領と同様に障害のある子どもの指導にあたっての特に配慮すべき事項のほか、保護者に対する子育ての支援として「園児に障害や発達上の課題が見られる場合には、市町村や関係機関と連携を及び協力を図りつつ、保護者に対する個別の支援を行うよう務めること」と明記されている。

障害者権利条約の批准に向けた国内障害福祉関連法の整備により、障害者基本法の抜本改正、障害者自立支援法の改正による障害者総合支援法施行、障害者虐待の防止、障害者の養護者に対する支援等に関する法律、障害を理由とする差別の解消の推進に関する法律の制定など、わが国の障害者福祉の動向は大きく変化している。そのなかにあって、障害のある子どもやその家庭への支援は子育て支援施策のなかに位置づけられるのは当然のことである。

第1章●障害のある子どもの保育の考え方

● 「第1章」学びの確認
①保育が障害のある子どもに果たすべき役割について考えてみよう。
②障害児保育の形態において、それぞれの長所（メリット）を確かめてみよう。
●発展的な学びへ
①園、施設の各々の実習体験と照らしあわせて、どのような子どもがいて、指導・
　援助の有効的な方法はどのようであったかを考えてみよう。
②障害のある子どもの理解で欠かせない障害・発達・生活の3つの視点を使って、
　「子どもをまるごとつかむ」というテーマでグループ討議をしてみよう。

引用・参考文献

1）砂原茂一『リハビリテーション』岩波書店　1980年
2）藤井聰尚『教職科学講座11　障害者教育学』福村出版　1990年
3）茂木俊彦『障害児の発達と子育て』全国障害者問題研究会出版部　1987年
4）文部科学省『盲学校、聾学校及び養護学校幼稚部教育要領（平成15年12月改正）』2006
　年
5）小川英彦「個別教育計画」日本教育方法学会編『現代教育方法事典』図書文化社　2004
　年
6）清水貞夫他編『統合保育』学苑社　1987年
7）田口則良編『障害児保育』北大路書房　1993年
8）伊勢田亮ほか『障害のある幼児の保育・教育』明治図書　2003年
9）清水貞夫・藤本文朗編『キーワード障害児教育—特別支援教育時代の基礎知識』クリ
　エイツかもがわ　2005年
10）渡部信一・本郷一夫・無藤隆編『障害児保育』北大路書房　2005年
11）愛育研究所『異常児保育の研究』紀要第3輯　1943年
12）土佐林一『入門—保育者のための障害児保育』中央法規出版　1993年
13）稲垣潤子『涙より美しいもの—大津方式にみる障害児の発達』大月書店　1981年
14）今塩屋隼男編『障害児保育総論』保育出版社　1998年
15）小川英彦・川上輝昭編『障害のある子どもの理解と親支援』明治図書　2006年
16）小川英彦「戦前の障害児保育成立過程に関する研究—三木安正の果たした役割」『日
　本保育学会第60回大会発表論文集』2007年
17）伊藤嘉子・小川英彦編『障害のある子どもをはぐくむ楽しい保育』黎明書房　2007年
18）厚生労働省『保育所保育指針』フレーベル館　2008年
19）文部科学省『幼稚園教育要領』フレーベル館　2008年
20）内閣府・文部科学省・厚生労働省『幼保連携型認定こども園教育・保育要領』チャイ
　ルド社　2014年
21）日本発達障害ネットワーク（JDDネット『発達障害年鑑』Vol.5　2014年
22）柴崎正行『障がい児保育の基礎』わかば社　2014年
23）小川英彦編『幼児期・学齢期に発達障害のある子どもを支援する—豊かな保育と教育
　の創造をめざして』ミネルヴァ書房　2009年

●○● コラム① ●○●

ノーマライゼーション

　ノーマライゼーションの理念は、1950年代のデンマークに淵源をもつ。当時のデンマークにおいて、知的障害のある人たちは、巨大施設に隔離されるのが一般的であった。この状況に対して知的障害者の親の会は、地域社会でノーマルな生活が営めるような改善を求めて運動を行った。この運動の成果は、1959年の知的障害者法の制定につながり、ノーマライゼーションの父と呼ばれるバンク－ミケルセン（Bank-Mikkelsen,N.E.）の「知的障害者の生活を可能な限り通常の生活状態に近づけるようにすること」という定義に結実している。また、ほぼ同時期にスウェーデンでもニィリエ（Nirje,B.）が提唱している。以上の２人の生活原理を再構成して、1960年代後半から70年代前半にかけてアメリカに紹介し、世界的に普及させたのがヴォルフェンスベルガー（Wolfensberger,W.）である。

　これらの提唱は、国連の「知的障害者の権利宣言」（1971年）、「障害者の権利宣言」（1975年）、「国際障害者年行動計画」（1980年）、「障害者に関する世界行動計画」（1982年）などで基本理念として位置づけられた。わが国でも「国連・障害者の十年」（1983～1992年）に呼応して具体的な取り組みが開始され、1995（平成７）年に策定された「障害者プラン」では、地域における生活という柱立てがなされた。近年では2013～2017（同25～29）年度を対象とする第３次障害者基本計画において、基本原則を①地域社会における共生等、②差別の禁止、③国際的協調の３点に見直し、施策の横断的視点として、障害者の自己決定の尊重を明記している。その理念については、基本的人権の保障、人間としての尊重、教育や労働での平等と機会均等、地域社会での生活保障、自己選択や自己決定、生活の質（QOL）がキーポイントである。

第2章●発達の理解

第2章 発達の理解

◆キーポイント◆

　子どもたちは日々変化していく。保育所に入園した当時はことばをやっと話し始め、やっと一人で歩くことができていた1歳になったばかりの子どもが、2年もすると保育者と対等な関係で会話ができるようになったり、滑り台を上手に滑れるようになったりする。これらの現象は、「発達」と呼ばれる。保育者は子どもたちの発達のレベルを正しく把握したうえで保育にあたることが求められる。

　本章では、まず発達と成長と成熟にはそれぞれ意味の違いがあること、発達がもたらされる原動力は何かについて学ぶ。そして、発達には一般に段階や順序があることを、ピアジェの発達理論などいくつかの発達理論を紹介しながら考える。発達の仕方は子どもによってそれぞれ異なり、個人差や個人内差が大きいことも知っておく必要がある。こうした発達の個人差や個人内差を、発達の遅れ、発達の偏り、発達の歪みの観点から整理することによって、子どもの理解がさらに深まっていく。

第1節 ● 発達の意味

1 ── 成長・発達への期待

　「立てば歩めの親心」という格言には、わが子の成長・発達を心から願う親心が如実にあらわされている。わが子が誕生してからの一日一日、親は子どもの成長・発達の姿に一喜一憂する。右の写真はやっとつたい歩きを始め、はじめてのクリスマスに祖父母からプレゼントされたおもちゃにつかまって歩く娘と、その姿を笑顔で見守る母親である。この写真にも格言に込められた親心を垣間みることができる。

　しかしながら、このように周囲から期待される成長・発達は、必ずしもどの子にも同じように一様に生じるわけではない。成長・発達が周囲から期待されるようには進みにくい子どもたち、何らかの障害があるために成長・発達が遅い子どもたち、成長・発達のハンディキャップをもつ子どもたちもいる。本章では発達とは何かを解説するとともに、障害のある子どもたちの保育における発達の意義について考えていきたい。

歩き始めた子どもと見守る母親

2 ── 成熟・成長と発達─発達の定義─

　さて、そもそもここでいわれている「発達」とはどういうことを意味しているのだろうか。まずはじめに「発達」の意味について考えてみたい。

　「発達」と同じような意味で「成熟」や「成長」ということばがよく使われている。これらの用語はどれも同じことを意味しているのだろうか、あるいは用語によって違いがあるのだろうか。一般に、成熟と成長は次のような意味で区別して使われている[1]。

　「成熟（maturation）」とは、その人が遺伝的にもつ潜在能力が開花する生理的過程をいう。

　「成長（growth）」とは、身体の大きさ、機能、複雑さが最も高い成熟に向けて増大することをいう。

　このように、成熟も成長もともに時間の経過に伴って人に生じる変化のうち、特に生物学的な側面における変化が強調されている。成熟は遺伝的にプログラミングされ生まれながらにもつ潜在能力に焦点をあて、その潜在能力（神経系やホルモン系など）が時間の経過とともに展開していくプロセスを意味している。一方、成長はその展開過程が形態的・機能的な側面にあらわれる変化（身長・体重・筋力が増したり、動きの精緻さが増すことなど）を意味している。

　さて、「発達」という場合、成熟や成長とは若干異なった意味合いがある。発達の定義は研究者の理論的背景によっていくらかの違いがある。たとえば、構成論（constructivism）の立場に立つピアジェ[※1]は、主に認知発達を研究し、認知の発達は子どもと環境の相互作用によって生じ、発達のプロセスは子どもが環境に適応しつつ、同化と調節と均衡化のメカニズムによって環境を自ら内的に再構成するプロセスであると考えている[2]。精神分析学（psychoanalysis）の流れをくむエリクソン[※2]は、主に心理社会的な発達を研究し、発達は社会の歴史的基盤や文化的基盤および人間関係を通して展開すると考えている[3]。一方、行動主義（behaviorism）の立場に立つビジュー[※3]は、心理的発達とは、人の行動と、環境内の他の人、物、事象との相互作用における漸進的変化であると考えている[4]。

　これらの定義に共通することを一言でまとめていうならば、次のようにいうことができる[1]。

　発達（development）とは、生物学的な影響と環境的な影響によって生じる人の構造や思考や行動にみられる長期間の変化を意味する。

※1　ピアジェ
Piaget,Jean
（1896〜1980）
スイスの発達心理学者。アメリカの雑誌TIME誌が選んだ、20世紀の最も偉大な100人のなかに、アインシュタイン、フロイト、ルーズベルトらとともに選ばれ、心理学者として大きな影響を与えた一人。「知能の誕生」（ミネルヴァ書房）などたくさんの著書が日本語に翻訳されている。

※2　エリクソン
Erickson,Eric H.
（1902〜94）
ドイツ生まれの精神分析家・自我心理学者で、後にアメリカに帰化した。「アイデンティティ（自我同一性）」という概念をつくり出し、それは、年齢や生活の場が変わっても「自分が自分として連続している」という認識をもつことを意味している。

※3　ビジュー
Bijou,Sidney W.
（1908〜2009）
アメリカの代表的な応用行動分析家の一人。発達研究に行動分析学的アプローチを導入するとともに、知的障害児や自閉症スペクトラム児の指導方法の開発に力を注いだ。日本にも数多く訪れ、障害児指導法、応用行動分析学、ポーテージプログラムなどのセミナーの講師を務めた。

第2章 ● 発達の理解

第2節 ● 発達の原動力

　それでは、発達はどのようにして生じ、発達の原動力となっているものは何なのだろうか。発達の定義からわかるように、発達が生じる主な原動力は生物学的な要因と環境的な要因である。従来、しばしば遺伝か環境かという論議がされてきた。つまり、発達は遺伝的に規定されるのか、あるいは環境の影響によって発達が大きく左右されるのかという問題である。現在ではどちらか一方の要因によって発達が規定されるのではなく、遺伝的（生物学的）要因と環境的要因の相互作用によって発達は生じると考えられている（相互作用説）。

1 ── 生物学的要因

　発達に影響を及ぼす生物学的要因の第1は遺伝子である。すべての人は遺伝子をもち、遺伝子はその人の成熟、成長、発達に大きくかかわっている。遺伝子は受精から始まる細胞分裂の仕方、すなわち人が人となっていくプロセスを規定しているだけでなく、人の身長、顔貌、さまざまな身体機能の成熟に影響を及ぼしていると考えられている。したがって、人が成熟し、成長し、発達する最も基本的な原動力は遺伝子であるといえる。

　生物学的要因の第2は染色体である。性染色体によって性別が決定され、発達にもあるレベルで性差が認められる。またダウン症候群のように常染色体の異常によって発達の遅れがもたらされることもある。

　第3の生物学的要因として考えられるのは、ある種の病気や障害である。生まれる前や生まれた後に何らかの原因によって病気になることや、障害をもつことによっても、成長・発達はさまざまな影響を受けることになる。たとえば、手足に障害がある場合には運動発達の面に影響を受けるし、視覚や聴覚に障害がある場合には読み書きや言語の発達に影響を受けることになる。これらの点については第3章で詳しく述べられる。

2 ── 環境的要因

　確かに生物学的要因は発達の大きな原動力であり、いろいろな形で発達のプロセスを規定するが、それだけで発達が生じているわけではない。という

35

のは、人は受胎したそのときから生きている限り周囲の環境とかかわりをもち、周囲の環境と相互作用を繰り返し、死のそのときまで環境の影響を絶え間なく受け続けているからである。

発達への環境の影響を証明する例は、身近にたくさんある。しばしば引用されるのが、いわゆる野生児※4の研究である。ジング（Zingg, R. M.）らは、不幸にして何らかの理由によって乳幼児期に家庭から引き離され、動物（狼やヒヒ）とともに生活したり、物置に監禁されていた子どもたち6人の事例を考察している[5]。この研究から、発見されたときはいずれも動物と同じ行動様式を身につけていたこと、人間社会に戻ってからの教育の効果はまちまちであり、正常な人間行動を身につけることができたのは1人だけであったことなどが明らかになった。これらの知見は、人間の発達に環境が及ぼす影響を如実にあらわしている。

われわれの日常生活においてはこれほど極端な環境はないが、次項で述べるように、日常的にも環境の影響を何らかの形で受けている。

3 ── 発達の普遍性と文化規定性

これまで述べてきたことから、発達は生物学的な要因と環境的な要因の相互作用によって生じるといえる。さらに、環境的な要因といったとき、子どもが育つその国の文化や家庭によって、発達の表現型（行動様式）が大きく影響を受けることも指摘しておきたい。このことは難しいことではない。日本語を母語とする国や家庭で育てられた子どもの言語様式は日本語となり、箸を使って食事をする習慣があるところで育てられた子どもの食事様式は、フォークやナイフではなく、箸を使ったものとなる。また、わが国の公立学校では平仮名や漢字を教えるので、子どもたちはそれらの文字を使うことになる。こうした例は、発達の表現型である行動様式が文化によって規定されることを示している。

また、家庭の養育の様式も子どもの発達の表現型にいろいろな形で影響を及ぼしている。たとえば、「男子厨房に入るべからず」という考えのもとで育てられた男子は、大人になっても料理や洗濯の仕方がわからず、一人暮らしに苦労することになる。

発達はどの子どもにも普遍的に生じるものであるが、発達のあらわれ方がどのような形をとるかは文化に規定されるのである。

※4　いわゆる野生児に関する本には次のものがある。『狼に育てられた子─カマラとアマラの養育日記』『新訳アヴェロンの野生児─ヴィクトールの発達と教育』『カスパー・ハウザー─地下牢の17年』（いずれも福村出版）

第2章●発達の理解

第3節 ● 発達段階と発達の順序性

1 —— 発達段階

　発達段階とは一般に、ある一定の構造をもつ発達の時期を意味している。すなわち、発達には構造的にひとまとまりとみなすことのできる段階（期間）があると考えられている。この場合、構造をどのようなレベルで考えるかによって、発達段階についてさまざまな考え方がある。最も一般的な発達段階の例は、生物的・社会的観点からみたもので、胎児期、新生児期、乳児期、幼児期、児童期、青年期、壮年期、老年期といった大まかな発達区分である。

　発達心理学ではさまざまな発達段階が提唱されている。図2－1（p.38）は代表的な発達段階を示したものである。これらの違いは、発達の定義の項で述べたように、発達をどう考えるかによる。これらの発達段階を十分に理解するためには、その基盤となっている発達理論を学ぶ必要がある。

2 —— 発達の順序性

　さて、これらの発達段階から示唆されることは、発達には順序性があるということである。前の段階を飛び越して次の段階に入ることはなく、それぞれの段階の期間の長短はあっても、どの子どもも同じような段階を順を追って発達するというように考えられる。

　しかしながら、発達の順序性を考えるとき、一つの注意が必要である。実際の発達、特に障害のある子どもたちの発達の経過をみると、この発達の順序性は発達のあらわれ一つひとつを細かに並べたような順序性のことではないことがわかる。たとえば、ハイハイをしないでいきなり歩き始めたという話は、母親たちからよく聞く話である。図2－2（p.39）は自閉症スペクトラムのある子どもに2歳11か月のときに実施した、遠城寺式乳幼児分析的発達検査の結果の一部である。この場合質問項目のうち、下の年齢レベルにある項目のいくつかに合格していない（✓の項目）ことがわかる。このようなことは障害のある子どもの場合にはよくみられることである。したがって、発達の順序性といった場合、一つひとつの発達のあらわれの順序というよりも、発達は段階を追って進むというグローバルなものであると考えたほうがよいといえる。

37

前節の発達の原動力と本節の発達段階をあわせて模式的に示すと、図2－3（p.40）のようにあらわせる。発達の原動力はその人の生物学的要因と環境的要因であり、時間の経過によって生じるそれらの要因の相互作用によって発達が生じ、発達段階はその相互作用のあり方の変化であることを示している。

Ⅷ	円熟期							自我の統合 対 絶望
Ⅶ	成年期						生殖性 対 停滞	
Ⅵ	若い成年期					親密さ 対 孤独		
Ⅴ	思春期と青年期				同一性 対 役割混乱			
Ⅳ	潜在期				勤勉 対 劣等感				
Ⅲ	移動性器期			自発性 対 罪悪感				
Ⅱ	筋肉肛門期		自律 対 恥と疑惑					
Ⅰ	口唇感覚期	基本的信頼 対 不信						

エリクソン[3]

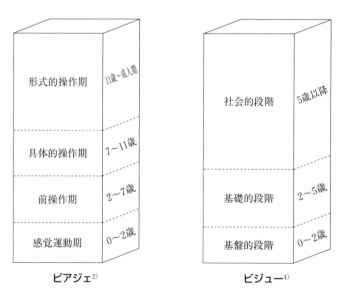

ピアジェ[2]　　　　　　ビジュー[4]

図2－1　代表的な発達段階
※年齢は大まかなめやす。

第2章 ●発達の理解

運動		社会性		言語	
移動運動	手の運動	基本的習慣	対人関係	発　語	言語理解
幅とび（両足をそろえて前にとぶ）	十字をかく	鼻をかむ	友達と順番にものを使う（ブランコなど）	文章の復唱(2/3)（きれいな花が咲いています／飛行機は空を飛びます／じょうずに歌をうたいます）	数の概念がわかる（3まで）
でんぐりがえしをする ✓	ボタンをはめる ✓	顔をひとりで洗う ✓	「こうしていい?」と許可を求める	同年齢の子供と会話ができる ✓	高い、低いがわかる
片足で2～3秒立つ ✓	はさみを使って紙を切る ✓	上着を自分で脱ぐ ✓	ままごとで役を演じることができる ✓	二語文の復唱(2/3)（小さな人形、赤いふうせん、おいしいお菓子）	赤、青、黄、緑がわかる(4/4)
立ったままでぐるっとまわる ✓	まねて○をかく ○	靴をひとりではく ○	年下の子供の世話をやきたがる ✓	二数詞の復唱(2/3) 5－8 6－2 3－9	長い、短いがわかる
足を交互に出して階段をあがる ✓	まねて直線を引く ○	こぼさないでひとりで食べる ○	友達とけんかをすると言いつけにくる	自分の姓名を言う ✓	大きい、小さいがわかる ✓
両足でぴょんぴょん跳ぶ ✓	鉄棒などに両手でぶらさがる ✓	ひとりでパンツを脱ぐ ✓	電話ごっこをする ○	「きれいね」「おいしいね」などの表現ができる ○	鼻、髪、歯、舌、へそ、爪を指示する(4/6)
ボールを前にける ✓	積木を横に二つ以上ならべる ✓	排尿を予告する ✓	親から離れて遊ぶ ✓	二語文を話す（「わんわんきた」など）○	「もうひとつ」「もうすこし」がわかる
ひとりで一段ごとに足をそろえながら階段をあがる ✓	鉛筆でぐるぐるまるをかく ✓	ストローで飲む ✓	友達と手をつなぐ ✓	絵本を見て三つのものの名前を言う	目、口、耳、手、足、腹を指示する(4/6)
走る ○	コップからコップへ水をうつす ○	パンツをはかせるとき両足をひろげる ○	困難なことに出会うと助けを求める	絵本を見て一つのものの名前を言う	絵本を読んでもらいたがる ✓
靴をはいて歩く	積木を二つ重ねる	自分の口もとをひとりでふこうとする	簡単な手伝いをする ○	3語言える	簡単な命令を実行する（「新聞を持っていらっしゃい」など）
2～3歩あるく	コップの中の小粒をとり出そうとする	お菓子のつつみ紙をとって食べる	ほめられると同じ動作をくり返す	2語言える	要求を理解する(3/3)（おいで、ちょうだい、ねんね）

縦軸（年:月）：3:8　3:4　3:0　2:9　2:6　2:3　2:0　1:9　1:6　1:4　1:2　1:0　0:0

左欄目盛：暦年齢／移動運動／手の運動／基本的習慣／対人関係／発語／言語理解

図2－2　遠城寺式乳幼児分析的発達検査の一例

39

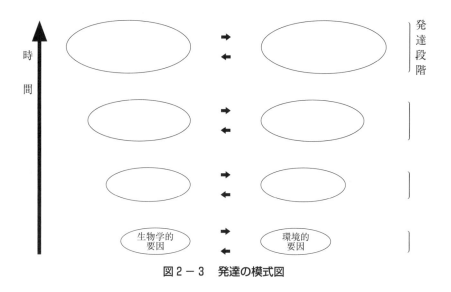

図2-3　発達の模式図

第4節 ● 個人差

　発達の順序性に関連して、もう一つ注意しておかなければならないことは、発達には個人差があるということである。どの子どもも年齢に応じて一様な発達をたどるわけではなく、さまざまなレベルでの個人差がある。

1 ── 平均の意味

　歩き始めや初語など発達のあらわれには平均の年齢があり、また年齢ごとの平均身長や平均体重などが算出される。こうした平均年齢は発達のめやすにはなるが、平均値にとらわれすぎてはならない。発達に順序性があるといっても、そのプロセスはどの子どもにもまったく同じというわけではない。発達は1cm、1mmといった単位ではなく、もっとダイナミックなプロセスであることに留意しておく必要がある。

　図2-4はある3人姉妹の1歳までの身長と体重の変化を、母子健康手帳[※5]の乳児身体発育曲線に書き加えたものであり、図2-5は3人がそれぞれ3歳頃に描いた人物画である。誕生時の身体状況はほぼ同じであったにもかかわらず、身長、体重の変化は三者三様である。なかでも長女は身長、体重とも平均の範囲を下回っていることがわかるが、それでも長女は長女のペースで順調に成長しているのである。平均はあくまでも平均であり、その

※5　母子健康手帳
母子保健法により市町村が交付する手帳で、妊娠届の提出によって交付される。妊婦の健康状態、妊娠中の経過の記録、出産の状態と産後の経過、乳幼児の発育の記録、予防接種の記録などを記入したり、妊娠中や育児で参考になる資料が記載されている。

第２章●発達の理解

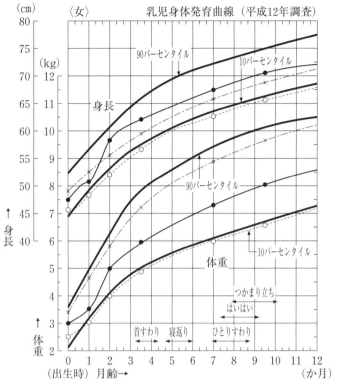

図２−４　３人姉妹の身体的成長曲線

図２−５　３人姉妹の３歳時の人物画

子なりの発達のペースがある。一方、描画も三者三様の描き方であり、下の子どもほど発達が速いことがわかる。これは上の2人が絵を描いているのを三女はよくみており、まねをする機会が多かったことにもよると考えられる。

2 ── 障害と個人差

障害は発達の個人差に影響を及ぼす要因の一つである。障害のある子どもの発達には、障害のない子どもたちの平均よりも、何らかの遅れがみられることが多い。同じ障害のある子どもたちでも、子ども一人ひとりによって発達の様相は異なり、個人差が大きい。この個人差には、その子どもの環境条件の違いはもとより、障害がどの部位に、どれだけの範囲にあり、どの程度の重症度であるかなど、障害の程度の差が関係している。したがって、障害のある子どもの発達を考える際、個別化の視点がとりわけ重要になる。

個別化の視点とは、すなわち一人ひとりの子どもを独自の存在とみる視点である。個別化の視点は障害のあるなしにかかわらず、保育の場合にはどの子にもあてはまる重要な視点であるが、障害によって個人差が大きい子どもでは特に留意しなければならない。発達の面だけでなく、障害の程度も個人差が大きい。このことは、障害の名称や発達年齢、精神年齢[※6]にとらわれすぎてはならないことを意味している。障害の名称や発達年齢、精神年齢はその子を理解するための参考資料にすぎず、その意味は子どもによって異なっていることに気をつけなければならない。

このことを理解するために一つの事例を提示しよう[6]。A君とはじめて会ったのは彼が3歳6か月頃のことだった。その当時、発話は2、3か月前より増え始めたものの、まだ親が数えられる程度であり、言語発達の遅れが顕著であった。さらに、おもちゃを色別に一列に並べたり、蛍光灯のスイッチ、遊びの順序などのこだわりも強く、人に対する関心も乏しいようにみえた。そして、4歳7か月に実施した田中ビネー知能検査[※7]ではIQ（知能指数）62であった。このような資料が明らかになると、少なくともわれわれは自閉症スペクトラムや軽度の知的障害を疑うことになる。しかしA君のその後の発達を知ると、発達には個人差があり、ダイナミックなプロセスであることをわれわれに教えるものであった。5歳8か月のときのIQは88、6歳7か月時にはIQ91というように知能検査の結果は徐々に上昇し、言語発達も6歳過ぎ頃には年齢相応のレベルに達したように思われた。これらの経過から、A君は結局のところいわゆる発達性言語遅滞[※8]とみなしたほうが適切であると考えられた。A君の例だけでなく、障害の程度にかかわりなく、子どもの発

※6 　発達年齢、精神年齢
p.49のコラム②参照

※7 　知能検査は1905年にフランスのビネー（Binet, A.）とシモン（Simon, T.）によってつくられたものが世界で最初のものである。ビネーらの知能検査は、世界各国で翻訳・標準化され改訂が重ねられている。田中ビネー知能検査は、田中寛一が中心となってわが国で使用できるように標準化されたものであり、最新版は「田中ビネー知能検査Ⅴ（ファイブ）」（田研出版）。

※8 　発達性言語遅滞
幼児期に言語理解、運動発達、その他の発達には大きな問題がないにもかかわらず、話しことばの発達だけが遅れていて、小学校入学頃には話しことばの発達が通常レベルに追いつくような言語発達の経過をたどる。

達の理解は個々別々であることに保育者は留意すべきである。

3 ── 障害と個人内差

　障害のある子どもの場合、個人差が大きいことだけでなく、個人内差が大きい場合もあることにも注意が必要である。個人内差とは、同一の子どもでも、発達の領域ごとに発達レベルが異なることである。わかりやすくいうなら、その子には発達が比較的順調な領域と遅い領域があるということである。このような発達の個人内差という視点は、障害のある子どもを理解する場合、特に重要な視点である。

　図2－6は自閉症スペクトラムの子どもに行った通称「津守式」といわれる乳幼児精神発達質問紙の結果である[7]。この発達プロフィールから、「運動」と「生活習慣」の領域の発達の遅れは小さく、「探索」や「社会」の領域の発達の遅れは大きく、「言語」は1年間で発達が大きかった領域であることがわかる。

　このような発達の個人内差という理解は、その子の障害の理解だけでなく、その子の個別性（個性）の理解をもたらし、より適切な保育をつくり出す基礎資料となる。また、このような個人内差を保育者が理解するためには、日々の保育場面でのかかわりを通して理解していくことはもとより、専門機関で行われる乳幼児精神発達質問紙（津守式）、乳幼児分析的発達検査（遠城寺式）、乳幼児発達スケール（KIDS）、WPPSI、KABC-Ⅱ、新版K式発達検査など領域・尺度別の発達年齢や精神年齢、評価点、標準得点などが算出される検査が参考になる。

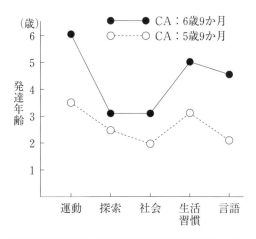

図2－6　津守式乳幼児精神発達質問紙による発達プロフィールの一例

4 —— 発達の遅れ・偏り・歪み

発達の個人差や個人内差については、「発達の遅れ」「発達の偏り」「発達の歪み」の3つの観点から整理するとわかりやすい。

発達の遅れとは、同じ年齢集団の子どもと比べて、ある行動の達成年齢や月齢が全般的に大きく遅れる場合を意味する。たとえば、意味のあることばを話すことができるようになるのはおおよそ1歳頃であるが、3歳を過ぎて話し始めるのは言語発達の遅れがあるといえる。同じように、1人で歩けるようになるのもおおよそ1歳頃だが、2歳を過ぎて歩き始めるのは運動発達の遅れがあるといえる。また、こうした言語発達の遅れや運動発達の遅れ、物事を理解する力の遅れなど、発達全般に遅れがある場合には、知的発達の遅れ（知的障害）の可能性が考えられる。

発達の偏りは、発達に全般的な遅れはないが、同じ年齢集団の子どもと比べて、特定の行動が極端な場合である。たとえば、落ち着きのなさや注意が持続しないといったことは就学前の子どもにはよくみられるが、椅子に一時も座っていられないほど落ち着きがなかったり、教室からいつもいなくなってしまうというのは、落ち着きのなさが極端で多動と考えられ、注意欠如・多動症（ADHD）などの可能性も考えられる。また、全般的な知的発達に遅れはないが、特定の能力に著しい遅れがある場合には、学習障害（LD）の可能性も考えられる。たとえば、5歳児で友だちと遊んだり話したりはできるのに、お絵描きをすると意味のある形を描けない子どもの場合、対人関係や言語の発達は平均的であるが、物の形を認知しそれを再生する（描く）能力に著しい遅れがあると考えられる。

発達の歪みとは、同じ年齢集団の子どもたちにはみられない行動が繰り返しみられるような場合である。たとえば、自閉症スペクトラムの子どもたちが集団活動を極端に嫌がったり、特定の物事への過度のこだわりや関心を示したり、いつもと違うことがあると泣き叫ぶなどパニックを起こすといったことは、通常、その年齢集団では頻繁にみられない行動である。

発達の偏りや歪みは、LD、ADHD、知的な遅れを伴わない自閉症スペクトラムの子どもたちにあてはまる。これらの子どもたちには、全般的な知的発達に大きな遅れはないものの、発達の偏りや歪みが顕著にみられる。保育の場では、全般的な発達の遅れがないために、発達の偏りや歪みがあっても保育者に正しく理解されにくく、単に「自分勝手な子ども」とか「言うことを聞かない子ども」とみなされてしまうことも少なくなく、細心の注意が必要である。

第5節 ● 発達曲線の意味

　発達がダイナミックなプロセスであることを示すもう一つは、発達は領域によって急激に進む時期とゆっくり進む時期がみられることである。このことはいわゆる発達曲線をみることによって理解することができる。

　図2－7はしばしば引用されるスキャモンの発育曲線である[8]。この図は20歳のときの各々の臓器の重量を100とし、各年齢での重量の比率を示したものである。この図から、神経系の成熟は生後から8歳頃までが著しく、リンパ系は12歳頃が成熟の頂点であり、生殖系は思春期に成熟が著しいということがわかる。このことは乳幼児期は神経系が急激な速さで成熟する時期であり、一方で何らかの不調和も生じやすくなる。そのため、この時期では一人ひとりの発達に特に留意する必要がある。また生殖系の成熟は思春期に著しく、この時期には親からの精神的な自立とあわせて、心身ともに子どもの発達において特別な意味をもつことになる。

　もう少し短い期間での発達曲線の意味を考えてみよう。図2－8は発話の長さの発達曲線を示している[9]。この図からは、1歳から4歳までが最も発達の著しい時期であることがわかる。このことから、いわゆる吃音（第3章、p.86）といわれる症状が3歳頃によくみられる理由がわかる。すなわち、この時期は発話が急激に発達する時期であるが、それに必要な構音の動きやことばをつなげていく能力がまだ十分発達していないためにことばが詰まりや

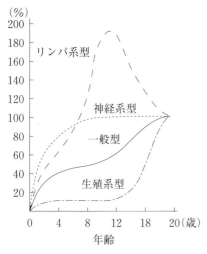

図2－7　スキャモンの発育曲線[8]

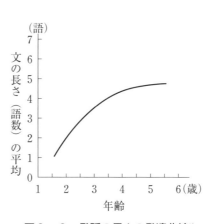

図2－8　発話の長さの発達曲線[9]

すくなる時期と考えることができる。この時期の吃音はどの子にも大なり小なり生じるものであり生理的吃音と呼ばれるが、保育者や養育者がこのことを知っていれば、特別大騒ぎすることなく対応することができる。生理的吃音に周囲が大げさに対応すると、やがてその子自身が自分のことばが詰まることを気にし始め、ますます発話への緊張が高まり、吃音状態が高じやすくなる。

また、言語発達の遅れがある子どもの場合、やっとその子が話し始めたとき、周囲の大人が言語発達を速めようとするあまり、四六時中「これなぁーに」といった質問を浴びせかけることがよくある。この場合、その子の発話能力はやっと育ち始めたばかりの状態であり、それらの質問に十分答えられるだけのレベルに達していない。そして、答えられないことが負担となり、話さなくなることもよくある。

第6節 ● 障害のある子どもの発達と保育

1 —— 発達と生活

本章の最後に、障害のある子どもの発達という問題が保育場面でどのような意味をもっているかを考えておきたい。保育はどの子どもにとっても、その発達を保障するものでなければならない。保育とはそもそも一人ひとりの子どもたちが、その子らしく生きていく、発達していくための援助の一つである。しかしながら、発達を保障することはこれまでも述べてきたように、平均的な発達に子どもたちを近づけることではない。あくまでも、「その子らしい」発達を保障することである。「その子らしい発達」を保障するためには、本章で述べた発達における個人差などの発達の基礎について、保育者は当然のこととして知っておく必要がある。

障害のある子どもの場合、発達に遅れがあることから、「その子らしい発達」をどのように援助していくかは、保育者に課せられた大きな課題となる。保育という営みは保育者と子どもとのかかわり、子ども同士のかかわり、子どもと環境とのかかわりを通して行われる[10]。したがって、特にある領域の発達を促すために行われる個別的な援助とは、目標も方法も異なる。すなわち、保育における発達の援助は、保育所、幼稚園、認定こども園、施設という場での生活を通しての援助なのである。その場で保育者が一人ひとりの子ども

第2章 ● 発達の理解

に行う具体的な援助は、一人ひとりの子どもの生活の仕方に対してである。そして、その生活の援助を通して発達が支援されることになる。

　障害のある子どもに対する生活の援助とは、いわゆるヨコの発達といわれることと関連する。その子が現在もっている能力をどのように生かすと生活しやすくなるかという視点である。まだことばが出なくても、ことばによらない意思表出手段がその子にはあるかもしれない。顔の表情、ことばにならない発声、泣き声、あるいは手ぶりなど。保育者がこれらの行動をその子の意思表出手段ととらえるなら、その子とのコミュニケーションは広がっていくことになる。

　保育者が発達の促進、いわゆるタテの発達だけにこだわっていれば、これらの意思表出手段に気づかず、一日も早いことばによる表現へと子どもをやみくもにせきたてることになってしまうかもしれない。保育は保育者と子どもの関係を通して行われる営みなのだから、保育者と障害のある子どものコミュニケーション、あるいは人間関係が深まり広がっていかなければ、保育の深まりは生まれてこない。タテの発達万能主義ではなく、その子の生活を見据えたヨコの発達援助、すなわち生活の仕方の援助の視点が保育においては重要になる。

2 ── 発達と生活を感じ取れる保育者

　保育の営みは保育者と障害のある子ども、障害のある子どもと障害のない子ども（統合保育の場合）、障害のある子どもと周囲の物理的環境という3つの種類の関係を通して行われる。この関係のなかで中心的な役割を果たすのは保育者である。障害のある子どもとどのような関係をつくっていくのか、子ども同士の関係をどのように育てていくのか、保育室や教材・遊具、コーナー設定、園庭の構成をどうするのか。これらはいずれも保育者の仕事であり、このことが障害のある子どもの発達の援助の必要条件となる。

　さて、これらの関係をつくっていく手だてを考えていく際に、保育者は子ども一人ひとりの発達の様相に対して十分な感受性をもっていることが求められる。特に障害のある子どもの場合、発達の速度はゆっくりであり、毎日同じようにみえるかもしれない。しかし、発達への感受性のある保育者には、日々変化発達している子どもの姿がみえてくる。子どもたちが示す数日前と比べいくらか発達した姿に気づくことによって、保育者は新たなかかわりを始めることができるし、そのような姿に気づくことこそ、実は保育者冥利に尽きるといっても過言ではない。

47

●「第2章」学びの確認
①子どもたちの発達の順序性が実際にはどのようなものかを、言語発達を例にまとめてみよう。
②子どもたちの「個人差」と「個人内差」には具体的にどのようなものがあるかを考えてみよう。
●発展的な学びへ
①自閉症スペクトラム、LD、ADHDの子どもたちの特徴について調べ、グループで整理してみよう。
②発達検査や発達アセスメントの方法にはどのようなものがあるかを調べてみよう。

引用文献

1) Craig, G. J., *Human Development, 6th ed.*, New York：Prentice-Hall, 1992.
2) J. ピアジェ著、波多野完治・滝沢武久訳『知能の心理学』みすず書房　1967年
3) E. H. エリクソン著、仁科弥生訳『幼児期と社会I』みすず書房　1977年
4) S. W. ビジュー著、園山繁樹・根ヶ山俊介・山口薫訳『子どもの発達の行動分析：新訂訳』二瓶社　2003年
5) R. M. ジング他著、中野善達編訳『遺伝と環境—野生児からの考察』福村出版　1978年
6) 園山繁樹・平松芳樹・熊代典子「発達性言語遅滞を伴う幼児の指導」『中国短期大学紀要』25　1994年　pp.55-66
7) 園山繁樹・伊藤ミサイ・秋元久美江「幼稚園における一自閉性障害児の発話の出現過程と社会的相互作用」『特殊教育学研究』27(3)　1989年　pp.107-115
8) 高木俊一郎『小児精神医学の実際』医学書院　1964年　p.18
9) 村田孝次『幼児の言語発達』培風館　1968年　p.208の図18より作成
10) 園山繁樹『統合保育の方法論』相川書房　1996年　p.102

精神年齢と発達年齢

精神年齢

知能の発達レベルを年齢段階であらわしたもので、MA（mental age）と表記されることも多い。一般に、田中ビネー知能検査など年齢を基準にした知能検査で測られたものを、操作的に精神年齢と呼んでいる。

精神年齢と生活年齢（CA：chronological age，暦年齢）から知能指数（IQ：intelligence quotient）が次の式で算出される。

$$IQ = \frac{MA}{CA} \times 100$$

したがって、IQの平均は100である。精神年齢や知能指数が当該の幼児にとってどのような意味をもつかについては、十分に個別的に検討する必要がある。

発達年齢

全般的な発達レベル、あるいは領域ごとの発達レベルを年齢段階であらわしたもので、DA（developmental age）と表記されることも多い。一般に、年齢を基準にした発達検査で測られたものを、操作的に発達年齢と呼んでいる。

発達年齢と生活年齢（CA：chronological age，暦年齢）から発達指数（DQ：developmental quotient）が次の式で算出される。

$$DQ = \frac{DA}{CA} \times 100$$

したがって、DQの平均は100である。発達年齢や発達指数が当該の幼児にとってどのような意味をもつかについては、精神年齢や知能指数と同様に十分に個別的に検討する必要がある[※9]。

※9　発達検査を用いた子どもの発達の診断・評価の方法については、第10章参照。

●○● コラム③ ●○●

キャッチ・アップ

　乳幼児期に十分な食事が与えられず、著しい栄養不良の状態になると、身長や体重などの身体の発育が阻害され、平均よりもかなり小さい発育がみられるようになる。しかしながらこの発育障害は、栄養不良の状態が改善され、十分な栄養補給が始められると、まもなく急速に発育し始め、通常の発育曲線まで改善する。このように発育が加速される現象は、キャッチ・アップ（catch-up）と呼ばれる。

　キャッチ・アップ現象は、最近では幼児期に虐待を受けた子どもたちが、その後十分な養育を受けた場合にもみられることが報告されている。しかし幼児虐待の場合、身体的な発育は改善してもさまざまな心理的な問題が残ることもあるとされている。

第3章●対象別にみた障害の理解

第3章
対象別にみた障害の理解

◆キーポイント◆

　保育所、幼稚園、認定こども園（以下、園とする）に通う障害のある子どもの診断名をみると、実にさまざまな診断がなされていることがわかる。これは、ただ子どもにレッテルを貼りつけるために行われるものではない。診断によって、その疾患の当面の治療（指導）方針やその方法、発達の経過が示唆されるという意味で、何らかの介入、対応方法を示しているものと理解すべきである。したがって、保育を実践していく保育者が、診断名についての理解を深めておくことは極めて重要であるといえる。

　本章では、園に通う障害のある子どもの理解を図るために、いくつかの障害について述べていく。この際、基本的にはDSM-5と呼ばれる2013年に示された診断基準にしたがって述べていくことにする。

　なお、このなかでも知的障害は、多くの障害と重複してみられる重要な概念なので、紙数を割いて少し丁寧に述べていくことにしよう。

第1節 ● 障害の原因的理解

　障害のある子どもが、なぜそのような障害をもつようになったかを大まかに理解することは、その子どもの保育・教育を進めていくうえで極めて重要であるといえる。なぜなら、障害の原因によって指導の方針や配慮すべき点が異なってくることが少なくないからである。

　本節では、障害の原因を理解するための基礎的な知識を得るために順次説明を試みていくことにしよう。

1 ── 先天性と後天性

　保育や教育の現場では、障害の原因に絡んで先天性や後天性といったことばをよく耳にする。これは一体どのような意味をもっているのだろうか。

　たとえば、生後5歳のときに階段を踏み外し転落した結果、脳障害をもつに至った子どもがいるとしよう。このような場合は、後天性の障害といわれ、障害の原因も明らかである。しかし、障害のある子どもの場合、生後明らかな病気やけがもしていない、すなわち後天性の原因をもたない場合が極めて

多い。けれども、障害をもつようになった原因はあったはずで、このように原因がはっきりしなくとも生まれる前に障害の原因があったに違いない場合には先天性というカテゴリーで分類してきている。

このように先天性・後天性ということばは、その障害の原因が出生を境に前にあると考えられるか、後にあるかによって使い分けられる用語である。

2 ── 周産期

出生は、ある時間的幅をもったできごとである。しかし、前述の先天性・後天性といった二分法では、出生時に生じた障害を説明できず曖昧になるという問題が生じることになる。そこで周産期（あるいは周生期）という時期を設けて3つの時期に分けて考えるようになってきている。世界保健機関（WHO）のICD-10[※1]では、この周産期を「妊娠22週から出生後7日未満」と定義しており、わが国の厚生労働省もこれを採用している（本章第7節参照）。

3 ──「先天性」ということ

すでに述べたように「先天性」という用語には、その障害の原因が生後にも周産期にも見当たらず、帰納的に生れる前の時期にあると考えられる場合も含めている。一般的にこの生まれる前の時期を次の4つに細分化して考えている。

①**遺伝子の時期**：それぞれの親の細胞中の染色体には遺伝情報を伝えるための遺伝子が満載されている。遺伝子の本態はDNA（デオキシリボ核酸）と呼ばれる高分子である。

②**配偶子の時期**：生殖に際しては減数分裂が行われ、それぞれの親からその染色体の半分ずつを引き継いだ配偶子（卵子と精子）ができる。これらの配偶子がやがて受精というプロセスを経て一つの個体となる。

③**胎芽期**：受精卵は分裂を始め胎芽となり、次第にヒトとしての基本的な器官を形成していく。この時期は器官形成期とも呼ばれ、受精後3か月までの時期と大ざっぱに理解してよい。

④**胎児期**：器官形成を終え、質、量ともに充実して誕生に至る時期である。この時期は器官増大期とも呼ばれ、胎芽期以降誕生までの時期である。

このように先天性と一口でいっても、その障害の原因が遺伝子期、配偶子期、胎芽期、胎児期のいずれの時期に求められるかによって、それぞれ遺伝

※1 International Statistical Classification of Diseases and Related Health Problems（10th ed.）異なる国や地域から、異なる時点で集計された死亡や疾病のデータの体系的な記録、分析、解釈および比較を行うため、世界保健機関憲章に基づき、WHOが作成した疾病および関連保健問題の国際統計分類の2003年版。ICDの第10回目の改訂版として、1990年の第43回世界保健総会においてICD-10（1990年版）が採択された。さらにこれをマイナーチェンジしたものがICD-10（2003年版）と呼ばれている（p.254のコラム⑬参照）。

第3章●対象別にみた障害の理解

病、染色体異常、胎芽病、胎児病と呼ばれ、区別されることもある。

4 —— 遺伝病

　親の形質が子に伝わる現象、「遺伝」には次の2つの過程があると説明されている。すなわち、メンデル遺伝と多因子遺伝である。遺伝病はこれら2つの遺伝形式をとる遺伝子期にその原因が求められる疾患である。

　メンデル遺伝は、メンデルが発見した法則で、遺伝病にはこの法則にしたがって遺伝していくものもある。この遺伝形式はさらに、次の3つに細分される。

①**常染色体性優性遺伝**：常染色体上の病的遺伝子が一対とならなくても形質が発現すると考えられるものである。この遺伝形式をとると、疾患をもつ個体が各世代に連続して出現することになる。この疾患には、四肢短縮症（軟骨異栄養症）、ハンチントン舞踏病、進行性筋ジストロフィー症（優性型）、結節性硬化症、多発性軟性神経線維腫（レックリングハウゼン病）などがある。

②**常染色体性劣性遺伝**：常染色体上に劣性の病的遺伝子が乗っている場合である。病的遺伝子は形質を発現しないままに遺伝していき（保因者）、たまたま父母双方が保因者である場合に一対となり形質が発現すると考えられるものである。このうち、フェニルケトン尿症（PKU）などの先天性代謝異常症は早期発見により発病をおさえることが可能であり、母子保健事業との連携が重要なものもある（第9章第1節参照）。その他、小頭症、ガラクトース血症、黒内障性白痴、フリードライヒ運動失調症、進行性筋ジストロフィー症（腰帯型）などがある。

③**伴性劣性遺伝**：性染色体（X染色体）上に病的遺伝子が乗っている場合である。女性の性染色体はXXであるが、女性ではこの2つの性染色体がともに病的遺伝子をもつ場合は極めて稀であるといわれ、通常女性は1つのXに病的遺伝子をもつ保因者として生活し、母親から伝えられた男性だけが発病するのが一般的であるといわれている。このようなことからX連鎖劣性遺伝と呼ばれる場合もある。この遺伝形式にしたがう疾患には、血友病、デュシャンヌ型筋ジストロフィー症などがある。

　もう一方の多因子遺伝は、多数の遺伝子が関係し、一定以上の遺伝子が伝えられた場合のみ特定の形質が出現するような遺伝形式をいう。したがって、上述のメンデルの法則には一致しない遺伝ということができる。身長や知能指数はこの遺伝形式をとるといわれている。この例からもわかるように、多

53

因子遺伝は数多くの遺伝子が関係するばかりでなく、環境要因との複雑な相互作用によってその形質が発現してくるという特徴もあわせもっている。多因子遺伝形式をとる遺伝病には、二分脊椎症、先天性心疾患、消化管の奇形など多くの疾患がある。

5 ── 染色体異常

われわれヒトは、46本（23対）の染色体をもっている。このうちの44本（22対）は常染色体と呼ばれる。残りの2本（一対）は性染色体と呼ばれ、男性ではX染色体とY染色体、女性では2本のX染色体で構成されている。それぞれの対の1本は父親由来の、残りの1本は母親由来の染色体である（図3-1）。

染色体異常は、大きく2つに分けられる。その一つは染色体数異常と呼ばれるもので、細胞分裂で染色体が2つに分かれて移動する際、その分離が失敗して起こるものである。その結果、染色体数が異なる細胞ができることになる。そして、このような染色体数が1本多い配偶子と正常配偶子が受精することによって病気が発現することになる。常染色体数の異常では、ダウン症候群（21トリソミー）が代表的なものであるが、この他、エドワード症候群（18トリソミー）、パトウ症候群（13トリソミー）がある。なお、性染色体数の異常には、ターナー症候群（45XO型）やクラインフェルター症候群（47XXY型）などがある。

もう一つは、染色体構造異常で、染色体の切断によって起こる異常である。

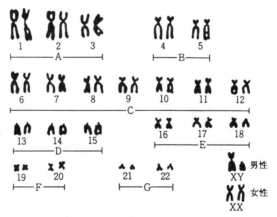

図3-1 正常なヒトの染色体
出典：高松鶴吉・佐々木正美監『保育者・教師のための障害児医学ケア相談事典1──病名別・症状別にみる医学ケア』
学研 1991年 p.39

第3章●対象別にみた障害の理解

細胞分裂期の染色体は、非常に切れやすい状態にある。何らかの外的な因子が加わり切断した場合には通常修復されるが、この過程で間違った修復が行われると染色体構造異常が起きてしまう。代表的なものには、5番染色体の短腕の部分的欠損（5p-）によって生じる猫泣き症候群がある。

6 —— 胎芽病

前述のように胎芽期は、大まかにいって受精後3か月までの時期をいう。器官形成期とも呼ばれ、ヒトとしての形を整えるために重要な時期であることもすでに述べた。遺伝子や配偶子に異常がなかったとしても、この時期に薬物、感染、栄養、放射線などの異常な環境因子が加わることによって、奇形が発生する（胎芽病）可能性が高まることになる。

薬物によるものとしてサリドマイドによる四肢の奇形、感染によるものとして先天性風疹症候群などがある。胎芽期には十分な栄養素が必要であり、特に脳の形成には大量のミネラルが必要であるといわれている。放射線の照射は中枢神経系の形成に障害を及ぼし、小頭症や水頭症を引き起こすことがある。

7 —— 胎児病

胎芽期を経て大まかな器官形成を終えている胎児期には、特別なものを除いて奇形は起こさない。しかし、さまざまな病的状態、すなわち胎児病を引き起こす場合がある。胎児病は胎児期に病原体、化学的な物質、母体に由来するホルモン、代謝産物、環境因子などが胎児に影響して起こる疾患である。

胎児が病的な状態に陥ると、その結果として流産や死産を引き起こす場合がある。出生した場合でも、発育障害を起こしたり、成長過程において種々の機能障害を示すことが少なくない。具体的には、在胎期間に比して出生時体重が少ないSFD児（第4章第3節参照）、胎児性アルコール症候群、トキソプラズマ症、先天性サイトメガロウイルス感染症などがある。なお、胎芽病と胎児病をあわせて胎児障害と呼ぶ。

8 —— 周産期障害

周産期についてはすでに述べたとおりであり、この時期に生じた障害を周産期障害という。代表的なものとして脳性まひがあり、その原因として出産

時の異常、出産直後の異常が考えられている。前者では、胎児の位置や回旋の異常、微弱陣痛、産道の異常などによって起こる分娩時間の遅延、臍帯・胎盤の異常、出産時の頭部外傷によるものなどがある。後者では、重症黄疸がある。通常、新生児には生後2、3日ごろから黄疸がみられ、10日前後で自然消失する（新生児黄疸）。この黄疸が重症である場合には、重篤な障害を脳に引き起こし、その結果、脳性まひとなるものである。この他、出産直後の障害には過剰な酸素投与によって引き起こされる未熟児網膜症と呼ばれる視覚障害がある。

第2節 ● 発達障害とは

　発達障害という概念はアメリカで誕生した。1963年、当時の大統領ケネディ（Kennedy, J. F., 1917-1963）のもと、アメリカ公法の正式な法律用語として「発達障害（Developmental Disabilities）」が使用されたのが始まりであるといわれている。障害概念としての発達障害が使われ始めたのは、アメリカで1970年に成立した「発達障害サービスおよび施設整備法1970（Developmental Disabilities Services and Facilities Construction Act of 1970）」に追うところが大きいという[1]。

　この用語が、わが国に入ってきたのは1970年代初頭であるといわれている。その後、現在までに「発達障害（Developmental Disorders）」という用語が紹介されるに及んで、この用語の理解と使用に関して大きな混乱が生じるようになってきている。本節では、この発達障害という用語の理解と整理を意図して説明を加えていくことにしよう。

▌1 —— 広義の発達障害（Developmental Disabilities）

　発達障害を理解するためには、その歴史においても最初に登場する「広義の発達障害」を理解することが重要である。日本発達障害連盟は、発達障害を次のように解説している[2]。

> 　知的障害を含む包括的概念であり、人間が生まれてから成長・発達していく過程において、何らかの原因によって、その発達過程が阻害され、運動、行動、認知、知能、言語など様々な機能に障害が起こること。

56

このように発達障害を広義にとらえると、知的障害、脳性まひを中心とした運動障害（身体障害）、てんかん、言語の障害、自閉症スペクトラム、学習障害（LD）、注意欠如・多動症（ADHD）、協調運動の障害、さらには視覚障害や聴覚障害、慢性疾患などの健康障害の発達期における諸問題も包括する広い概念であるということになる（図3－2）。

2 ── 狭義の発達障害（Developmental Disorders）

わが国では、2005（平成17）年4月に「発達障害者支援法」が施行された。同法で対象とする障害は、狭い意味での発達障害、すなわち「狭義の発達障害」と理解してよく、第2条第1項では次のように定義している。

> この法律において「発達障害」とは、自閉症、アスペルガー症候群その他の広汎性発達障害、学習障害、注意欠陥多動性障害その他これに類する脳機能の障害であってその症状が通常低年齢において発現するものとして政令で定めるものをいう。

すなわち、狭義の発達障害は図3－2に示されるとおり、自閉症スペクトラム、LD、ADHDなどが考えられているといえる。

広義の発達障害として整理される知的障害、運動障害などは、戦後から構築された法制度のなかで支援がなされてきたといえよう。このようななか、身体・知的・精神障害者福祉という3つの枠組みでは適切な支援が困難なため、制度の谷間にあるといわれ、必要な支援が届かないといわれていたのが、狭義の発達障害である。

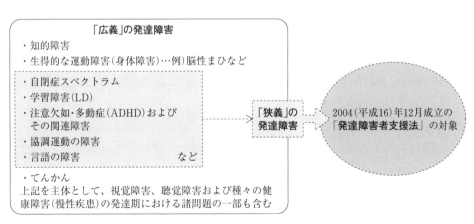

図3－2　発達障害とは

出典：東京都多摩府中保健所『支援者のための地域連携ハンドブック──発達障害のある子供への対応』2013年 p.1を一部改変

この発達障害者支援法の成立によって、発達障害児・者を明確にしたこと、国や公共機関は彼らに支援を行う義務と責任があること等が示されたことは、これまでの施策や今後の展開にとって意義が大きいといえる。

本書は、用語の使用にあたり、可能な限り新しく発表されたDSM-5^{※2}にしたがうことを方針^{※3}とした。したがって、ここで述べた発達障害者支援法のなかにみられる診断名とは異なる用語を使用している場合がある。完全に対応する関係にあるとは言い難いが、同法における自閉症、アスペルガー症候群、広汎性発達障害などの用語は、自閉症スペクトラムと読み替えていただいても差し支えないといえよう。本書を読み進める場合に、注意いただきたい点である。

※2　DSM-5
The Diagnostic and Statistical Manual of Mental Disorders（5th ed.）本章第3節およびp.254のコラム⑬参照。

※3　DSMは、世界中で使われている診断基準であり、日本においても、このDSMを使った診断が一般的である。DSM-5の登場は、今後、保育の現場で出会う障害のある子どもの診断名に少なからず影響を与えると考えられるため、このような方針とした。

第3節 ● 知的障害

「知的障害」と呼ばれる状態像に対しては、これまでさまざまな用語が使用されてきた。近年では知的障害が一般的になりつつあるが、ここに至るまでにはさまざまな経緯があった。背景には知的障害に対してさまざまな介入（治療・教育・支援など）を行うことによって、状態像がより望ましい姿に変化していくという事実の確認、用語が示す差別的ニュアンスを排除しようとする努力などがあり、このことから用語と概念規定が変更されてきたという事情があるのである。

先述したように、本書では障害のタイプの解説で、DSM-5の診断カテゴリーとその基準にしたがって記述を進めていく。そのため、わが国関連学会の翻訳ガイドライン³⁾にしたがうならば、本節名は「知的能力障害」としなければならない。しかし、原文は"Intellectual Disability"でもあり、他との関係から編者の判断で「知的障害」としたことをご了解いただきたい。読み進めていくにあたって、この点の混乱がないようご注意していただきたい。

なお、わが国では1999（平成11）年4月に施行された改正法律によって、上記に先行する形で法律的・行政的には「知的障害」が使用されるようになり、これが一般的となってきている。

1 —— 知的障害（Intellectual Disability：ID）の診断基準

アメリカ精神医学会（American Psychiatric Association：APA）のDSM-5

第3章●対象別にみた障害の理解

表3－1　知的障害の診断基準

> 　知的障害は、発達期に発症し、概念的、社会的、および実用的な領域における知的機能と適応機能両者の欠如（deficits）を含む障害である。
> 　以下の3つの基準を満たさなければならない。
> A．臨床的評価および個別化、標準化された知能検査によって確かめられる、論理的思考、問題解決、計画、抽象的思考、判断、学校での学習、および経験からの学習など、知的機能の欠如。
> B．個人の自立や社会的責任において発達的および社会文化的な水準を満たすことができなくなるという適応機能の欠如。継続的な支援がなければ、適応上の欠如は、家庭、学校、職場、および地域社会といった多岐にわたる環境において、コミュニケーション、社会参加、および自立した生活といった複数の日常生活活動における機能を制限する。
> C．知的および適応の欠陥は、発達期の間に発症する。

出典：アメリカ精神医学会編、日本精神神経学会監修、高橋三郎・大野裕監訳『DSM- 5　精神疾患の診断・統計マニュアル』医学書院　2014年　p.33

（2013年）では、「知的障害（Intellectual Disability：ID）」の診断基準を表3－1のように示している。

　知的障害の基本的特徴は、全般的な知的機能の弱さ（基準A）と、その個人の年齢、性別、および社会文化的背景が同じ仲間たちと比較して、日常の適応機能が制限されること（基準B）、さらに発症が発達期であること（基準C）である。ここで重要なことは、基準Aから基準Cまで同時に満たしていることである。

　基準Aは、知的機能の欠如あるいは弱さに関する基準で、これは臨床的評価と標準化され個別的に実施された知能検査で確認される。論理的思考、問題解決、計画、抽象的思考、判断、学校や経験からの学習といった知的機能の弱さで評価される。これらは知能検査結果から算出される知能指数（Intelligence Quotient：IQ）によって単に操作的に診断されるのでなく、臨床的所見を加えて慎重に判断されるものであることを強調している。

　基準Bは、適応機能の欠如あるいは弱さに関する基準で、同じ年齢および社会文化的な背景をもつ人と比較して、個人的自立および社会的責任における集団の標準をどれだけ満たしているかで評価される。適応機能は、概念的（教科的）領域、社会的領域、実用的領域の3領域から検討される。具体的には、以下のとおりである。

●概念的領域：特に、記憶、言語、読字、書字、数学的思考、実用的知識の習得、問題解決、および新規場面における判断の能力。

●社会的領域：特に、他者の思考、感情および体験を認識すること、共感、対人コミュニケーションスキル、友情関係を築く能力、および他者との関係における社会的判断。

59

●**実用的領域**：特に、セルフケア、仕事の責任、金銭管理、娯楽、行動の自己管理、および学校と仕事の調整などの他者との関係における生活全般にわたる学習と自己管理。

　さらに**基準C**の発達期における発症とは、知的および適応上の欠如あるいは弱さが幼少期または青年期に現れることである。

　なお、知的障害の重症度は、かつての古い診断基準で採用されていたIQによる分類体系はとらず、上述の3つの領域からそれぞれ軽度、中等度、重度、最重度に総合的に分類されることに注目しておかなければならない（表3-2）。

表3-2　知的障害の重症度

重症度	概念的領域	社会的領域	実用的領域
軽度	就学前の子ども達において、明らかな概念的な差はないかもしれない。学齢期の子どもおよび成人においては、読字、書字、算数、時間または金銭などの学習技能を身につけることが困難であり、年齢相応に期待されるものを満たすために、1つ以上の領域で支援を必要とする。成人においては、学習技能（読字、金銭管理など）の機能的な使用と同様に、抽象的思考、実行機能（すなわち計画、戦略、優先順位の設定、および認知的柔軟性）、および短期記憶が障害される。同年代と比べて、問題およびその解決法に対して、若干固定化された取り組みがみられる。	定型発達の同年代に比べて、対人的相互反応において未熟である。例えば、仲間の社会的な合図を正確に理解することが難しいかもしれない。コミュニケーション、会話、および言語は年齢相応に期待されるよりも固定化されているか未熟である。年齢に応じた方法で情動や行動を制御することが困難であるかもしれない：この困難は社会的状況において仲間によって気づかれる。社会的な状況における危険性の理解は限られている：社会的な判断は年齢に比して未熟であり、そのため他人に操作される危険性（だまされやすさ）がある。	身のまわりの世話は年齢相応に機能するかもしれない。同年代と比べて、複雑な日常生活上の課題ではいくらかの支援を必要とする。成人期において、支援は通常、食料品の買物、輸送手段、家事および子育ての調整、栄養に富んだ食事の準備、および銀行取引や金銭管理を含む。娯楽技能は同年代の者達と同等であるが、娯楽に関する福利や組織についての判断には支援を要する。成人期には、競争して、概念的な技能に重点をおかない戦策に雇用されることがしばしばみられる。一般に、健康管理上の決断や法的な決断を下すこと、および技能を要する仕事をうまくこなせるようになることには支援を必要とする。子育てに一般的に支援が必要である。
中等度	発達期を通してずっと、個人の概念的な能力は同年代の人と比べて明らかに遅れる。学齢期前の子どもにおいては、言語および就学前技能はゆっくり発達する。学齢期の子ども達において、読字、書字、算数、および時間や金銭の理解の発達は学齢期を通してゆっくりであり、同年代の発達と比べると明らかに制限される。成人において、学習技能の発達は通常、初等教育の水準であり、仕事や私生活における学習技能の応用のすべてに支援が必要である。1日の単位で、継続的に援助することが	社会的行動およびコミュニケーション行動において、発達期を通して同年代と明らかな違いを示す。話し言葉は社会的コミュニケーションにおいて通常、第1の手段であるが、仲間達と比べてはるかに単純である。人間関係の能力は家族や友人との関係において明らかとなり、生涯を通してよい友人関係をもつかもしれないし、時には成人期に恋愛関係をもつこともある。しかし、社会的な合図を正確に理解、あるいは解釈できないかもしれない。社会的な判断能力および意思決定能力は限られてお	成人として食事、身支度、排泄、および衛生といった身のまわりのことを行うことが可能であるが、これらの領域で自立するには、長期間の指導と時間が必要であり、何度も注意喚起が必要となるかもしれない。同様に、すべての家事への参加が成人期までに達成されるかもしれないが、長期間の指導が必要であり、成人レベルのできばえを得るには継続的な支援が通常必要となるであろう。概念的およびコミュニケーション技能の必要性が限定的な仕事には自立して就労できるだろうが、社会的な期

60

第3章 ● 対象別にみた障害の理解

	毎日の生活の概念的な課題を達成するために必要であり、他の人がその責任を完全に引き受けてしまうかもしれない。	り、人生の決断をするのを支援者が手伝わなければならない。定型発達の仲間との友情はしばしばコミュニケーションまたは社会的な制限によって影響を受ける。職場でうまくやっていくためには、社会的およびコミュニケーションにおけるかなりの支援が必要である。	待、仕事の複雑さ、および計画、輸送手段、健康上の利益、金銭管理などのそれに付随した責任を果たすためには、同僚、監督者およびその他の人によるかなりの支援が必要である。さまざまな娯楽に関する技能は発達しうる。通常、これらの能力は長期にわたるさらなる支援や学習機会を必要とする。不適応行動がごく少数に現れ、社会的な問題を引き起こす。
重度	概念的な能力の獲得は限られている。通常、書かれた言葉、または数、量、時間、および金銭などの概念をほとんど理解できない。世話をする人は、生涯を通して問題解決にあたって広範囲に及ぶ支援を提供する。	話し言葉は語彙および文法に関してかなり限られる。会話は単語あるいは句であることもあれば、増補的な手段で付け足されるかもしれない。会話およびコミュニケーションは毎日の出来事のうち、今この場に焦点が当てられる。言語は解説よりも社会的コミュニケーションのために用いられる。単純な会話と身振りによるコミュニケーションを理解している。家族や親しい人との関係は楽しみや支援の源泉である。	食事、身支度、入浴、および排泄を含むすべての日常生活上の行動に援助を必要とする。常に監督が必要である。自分自身あるいは他人の福利に関して責任ある決定をできない。成人期において、家庭での課題、娯楽、および仕事への参加には、継続的な支援および手助けを必要とする。すべての領域における技能の習得には、長期の教育と継続的な支援を要する。自傷行為を含む不適応行動は、少数ではあるが意味のある数として存在する。
最重度	概念的な技能は通常、記号処理よりもむしろ物理的世界に関するものである。自己管理、仕事、および娯楽において、目標指向的な方法で物を使用するかもしれない。物理的特徴に基づいた照合や分類など、視空間技能が習得されるかもしれない。しかし、運動と感覚の障害が併発していると、物の機能的な使用を妨げるかもしれない。	会話や身振りにおける記号的コミュニケーションの理解は非常に限られている。いくつかの単純な指示や身振りを理解するかもしれない。自分の欲求や感情の大部分を非言語的および非記号的コミュニケーションを通して表現する。よく知っている家族、世話する人、および親しい人との関係を楽しみ、身振りおよび感情による合図を通して、対人的相互反応を開始し、反応する。身体および感覚の障害が併発していると、多くの社会的な活動が妨げられるかもしれない。	日常的な身体の世話、健康、および安全のすべての面において他者に依存するが、これらの活動の一部にかかわることが可能なことがあるかもしれない。重度の身体的障害がなければ、食事をテーブルに運ぶといった家庭での日常業務のいくつかを手伝うこともある。物を使った単純な行動は、いくらかの職業活動参加への基盤となるかもしれないが、それは高水準の継続的な支援を伴った場合である。娯楽的な活動は、例えば音楽鑑賞、映画鑑賞、散歩、あるいは水遊びへの参加などもありうるが、すべてで他者の支援を必要とする。身体および感覚の障害を併発すると、しばしば家庭的、娯楽的、および職業的な活動へ参加すること（見ているだけでない）の障壁となる。不適応行動が、少数ではあるが意味のある数として存在する。

出典：表3-1に同じ　pp.34-35

▌2 —— AAIDDの知的障害（Intellectual Disability：ID）

　上述のAPAの知的障害の診断基準は、これ以前に発表されたアメリカ知的・発達障害学会（American Association on Intellectual and Developmental Disabilities：AAIDD)※4の『2010年版マニュアル（第11版）』による「知的障害の定義」に強く影響されている。実際、事前に発表されたDSM-5の試案に対して、AAIDDは強力なコメント（2010年2月）を行っており、このこともあってAPAは試案の診断基準を修正して、最終的にDSM-5における知的障害の診断基準を公表しているのである。ここで、AAIDDによる知的障害の定義（表3-3）をみてみることにしよう。

※4　旧学会名称は、アメリカ精神遅滞学会（American Association on Mental Retardation：AAMR）という（p.102のコラム④参照）。

表3-3　AAIDDの「知的障害」の定義

知的障害の定義

　知的障害は、知的機能および概念的、社会的、実用的な適応スキルとしての適応行動の両者の有意な制約を特徴とする。この能力の障害は、18歳以前に生じる。以下の5つの前提は、この定義の適用には極めて重要なものである。

1．現在の機能の制約は、その個人が属する年齢集団や文化の特色が地域社会の情況（context）の中で考慮されなければならない。
2．妥当な評価は、コミュニケーション、感覚、運動、及び行動の要因のみならず、文化的、言語的多様性も考慮されなければならない。
3．個人には制約とともに強さも併存している。
4．制約の記述の重要な目的は、必要とされる支援のプロフィールを明らかにすることにある。
5．一定期間の適切で個別的な支援によって、知的障害のある人の生活機能は全般的に改善する。

注1：この3つのスキルには、具体的に以下のものなどをあげている。
・概念的スキル
　言語、読み書き、金銭・時間・数の概念、自己管理（self-direction）
・社会的スキル
　対人関係スキル、社会的責任、自尊心、騙されやすさ（gullibility）、用心深さ、社会的問題の解決、ルールや法律に従い不当な差別を回避する能力
・実用的スキル
　日常生活活動（身辺自立）、職業スキル、健康管理、旅行や日常の移動、スケジュール／日課、安全、お金の使用、電話の使用
注2：残念ながら、現在のところわが国では適応行動に関する適切な標準化尺度は見当たらない。

※AAIDDによる「2010年版マニュアル（第11版)」のp.1を筆者が翻訳した。

この新しい定義のポイントは3つある。

①知的機能

　現在のところ知的機能を最もよく表現できるのは知能検査結果（IQ）であるが、このIQで平均値（100）よりおよそ2標準偏差未満の状態にある場合をいう。使用される検査ではその検査の標準測定誤差（Standard error of measurement：SEM）や長所と短所が考慮されること。

②適応行動

　日常生活でこれまで学習され、かつ現在実行されている概念的スキル・社会的スキル・実用的スキル[注1]の集合体。標準化された適応行動の測定尺度[注2]の場合は、適応行動を構成するこれら3つの適応スキルの少なくとも1つ、あるいは3つのスキルの総得点のいずれかが平均よりおよそ2標準偏差以下の得点にあること。知的機能と適応行動は全く同等に考慮されること。

③発症時期

　その障害が18歳以前に出現していること。それ以後に発症した障害と明確に区別する必要があること。

　さらにAAIDDは、「1993年版マニュアル（第10版）」の分類方法を踏襲して、「支援の程度」による特色あるIDの分類法も示している（表3-4）。このような分類法を採用する背景には、IDを個人の特性ではなく、その個人が生活する環境や社会的サポートとの関連で生じる機能的制約を受けた状態としてとらえようとする基本的考え方が根底に流れている。このような視点に立った考え方は、現行の「2010年版マニュアル（第11版）」の定義と分類にも踏襲されており、さらにはDSM-5にも影響を及ぼしているといえる。

表3-4　支援の程度による知的障害の分類とその例

断続的	「要請に基づく支援」である。エピソードとして語られるような特徴をもっていて、通常は支援を必要としない人の場合や長い人生において短期間の支援（例：失業や急性疾患）が要請される場合である。断続的支援が行われる場合、その程度は強かったり、弱かったりする場合がある。
限定的	支援の程度が断続的なものではなく、時間は限定されるが常に必要であったり、少数のスタッフと低コストですむといった特徴をもつ援助である（例：期間が限定された職業訓練や成人期に達するまでの就学中に行われる過渡期的援助）。
長期的	少なくとも（職場あるいは家庭のような）同じ環境で定期的に（例：毎日）しかも期間が限定されない特徴をもつ支援である（例：長期にわたる支援や家庭生活における長期の支援）。
全般的	この支援は、すべての環境で提供される、生命を維持させるような、一貫性と強さをもつ支援である。全般的支援は、長期的支援あるいは期間が限定された支援より多くのスタッフが必要であり、強引な支援でもある。

※Luckassonらによる「1992年版マニュアル（第9版）」のp.26を筆者が翻訳した。

3 ── 知的機能の弱さとは

　知的障害を考える場合、APAのDSM-5の診断基準でもAAIDDの定義でも知的機能の弱さが問題となる。一般的にさまざまな知的能力が集合した全般的知的能力を「知能」と呼んでいるが、何らかの事情によって、これらの知的能力の一つあるいはいくつかがうまく働かないと「知的機能の弱さ」が注目され、知的機能が弱いといわれることになる。ここでは、標準化された知能検査の結果から導き出されるIQから知的機能の弱さを検討してみよう。
　一般的に知的機能のレベルは、IQによって示される。その理論上の分布は、比較的よく利用されるウェックスラー式知能検査では、図3-3に示すような平均値（$\overline{X}$）が100、標準偏差（σ）が15の正規分布曲線として示される。
　APAにしろAAIDDにしろ、知能検査あるいはその結果としてのIQを利用するうえでの問題点は指摘しているが、「知的機能が弱い」という場合は、IQが平均よりもおよそ2標準偏差低い値、すなわちIQがおよそ70前後よりも低い状態にある場合と考えてよい。この場合、知能検査実施時の測定誤差を見込むこと、必ず複数の知能検査を実施してそれらの結果をよく検討すること、対象となる子どもをよく観察したうえで臨床的な判断を行うことなど、

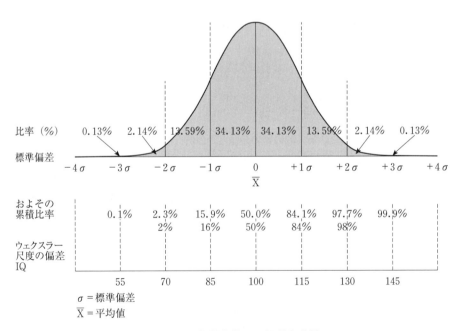

図3-3　知能指数の正規分布曲線

出典：Beirne-Smith, M., Patton, J.R. & Kim, S.H., *Mental Retardation : An Introduction to Intellectual Disabilities 7th Ed.*, NJ, Pearson Prentice Hall, 2006.

第３章●対象別にみた障害の理解

重要な注意点を勘案しておく必要がある。

　わが国では、このような知的機能の測定は、ウェクスラー系検査（WPPSI、WISC-Ⅳ、WAIS-Ⅲなど）やビネー系検査（田中ビネー知能検査Ⅴなど）といった代表的な標準化検査を組みあわせ、複数の知能検査によって行われる。

▌4 ── 知的障害の病因

　知的障害の病因を理解することは、AAIDDの「2010年版マニュアル（第11版）」にも述べられているように、いくつかの理由から特に重要だからである。それでは知的障害の病因をみてみることにしよう（本章第１節参照）。

　「2010年版マニュアル（第11版）」では、病因アプローチを採用している。病因は、個人の生涯にわたるものと親から子の世代にわたるものを含め、時期を超えて相互に作用し、人の全般的機能に影響を及ぼす。ここでは４つの危険因子カテゴリー（生物医学的、社会的、行動的および教育的）からなる多因子構成概念として整理されている（表３－５）。

表３－５　知的障害の危険因子

時期	生物医学的	社会的	行動的	教育的
出生前	1.染色体障害 2.単一遺伝子障害 3.症候群 4.代謝障害 5.脳発育不全 6.母親の疾患 7.親の年齢	1.貧困 2.母親の栄養不良 3.ドメスティックバイオレンス 4.出生前のケアの未実施	1.親の薬物使用 2.親のアルコール使用 3.親の喫煙 4.親の未成熟	1.支援されていない親の認知能力障害 2.親になる準備の欠如
周産期	1.未熟 2.分娩外傷 3.新生児障害	1.出産ケアの未実施	1.親による世話の拒否 2.親による子どもの放棄	1.退院時介入サービスへの医療的紹介の欠如
出生後	1.外傷性脳損傷 2.栄養不良 3.髄膜脳炎 4.発作性障害 5.変性疾患	1.不適切な養育者 2.適切な刺激の欠如 3.家庭の貧困 4.家族の慢性疾患 5.施設収容	1.子どもの虐待と無視 2.ドメスティックバイオレンス 3.不適切な安全対策 4.社会的剥奪 5.困難な子どもの行動	1.不適切な育児 2.診断の遅れ 3.不適切な早期介入サービス 4.不適切な特殊教育サービス 5.不適切な家族支援

＊生物医学的：遺伝性障害や栄養など、生物学的過程に関連　　社会的：刺激や大人の反応など、社会と家族の相互作用に関連　　行動的：危険な（有害な）活動や母親の物質乱用など、原因となる行動と関連　　教育的：精神発達と適応スキルの発達を促進する、教育的支援の利用可能性と関連
※AAIDDによる「2010年版マニュアル（第11版）」のp.60を筆者が翻訳した。

5 ── 知的障害の特徴

(1) 一般的特徴

　知的障害には年齢相応の知的機能と適応行動に著しい制約がある。発達的には同年齢の子どもと比較した場合には、首のすわり、歩行の開始、話し始めなどの発達のマイルストン（指標）と呼ばれる大まかな発達のめやすが遅れたりアンバランスが観察されたりする。これらの特徴は一般的に発達検査や知能検査によって遅れやアンバランスが明らかにされるが、対象とする子どもの年齢が小さかったり、障害が重度だったりする場合には、必ずしもこれらの検査が実施できるとは限らない。したがって、これらの検査結果のみならず、同年齢（同月齢）の子どもの発達との比較において明らかにされる臨床的判断によらなければならない。

(2) 身体的特徴

　とりわけ器質性または病理型知的障害では、その発生要因との関連で形態的な特徴が多く認められる。心房（心室）中隔欠損、十二指腸閉塞などの大奇形の他、身体外表面にみられる小奇形などである。また、成長障害や運動障害（筋緊張の異常、まひ、不随意運動）などがみられる場合もある。なお、知的障害の程度が重度になるにしたがって、てんかんを合併する割合が次第に高率になるともいわれている。

(3) 心理・行動的特徴

　知的障害にみられる認知と学習上の特徴は、記憶の弱さ、学習速度の遅さ、注意集中の弱さ、学習したことの般化の困難性、動機づけの低さなどがあげられる。また、適応行動上の身辺自立のスキルや社会的スキル、さまざまな困った行動などもあげられる。以下に簡単に述べよう。

- ●記憶：一般的には同年齢の子どもと比較した場合に、短期記憶（ほんの数秒前、時には数十分前の情報を保持し、利用する能力）に弱さがみられる。しかし、情報をひとたび記憶してしまえば、長期にわたってそれを保持している（長期記憶）ことは可能であるともいわれている。また、記憶した情報を再生するのにも多くの時間を要するといわれている。
- ●学習速度：新しい知識やスキルをある水準まで習得する学習の速度をいうが、これが遅いといわれている。しかし、比較的最近の研究は、動機づけや学習後の利得を示すなどによって、その差を縮められることも明らかに

している。

- ●注意：課題を適切に解決していく場合には、課題のもつ刺激次元（刺激属性）に注意を向ける能力が求められるが、学習課題に必要な刺激次元に注意を向けられない、向け続けることに弱さがあるといったことが指摘されている。課題の遂行には無関係な刺激への注意の転導などによるものだが、これらが新しい知識やスキルの学習に困難性を示す要因となる。

- ●学習の般化：学習した新しい知識やスキルを学習した場面とは異なる他の場面や状況で利用することに困難性を示す。この学習上の弱さを克服するためには、般化のための特別な計画（プログラム）が用意されなければならないだろう。

- ●動機づけ：学習課題や問題解決課題に興味関心を示さない場合も少なくない。さまざまな原因が考えられるが、課題解決場面における度重なる失敗が、意欲を低下させる学習性の無気力状態をつくり出しているとも考えられている。なかには、他者依存することを問題解決の常套手段としてしまうことさえもよくみられる。目標を適切に配列し、成功経験を重ねるといった工夫も必要となる。

- ●身辺自立のスキル：年齢が低い場合や長期の支援を必要とする場合には、排泄、衣服の着脱、食事、衛生など基本的な身辺自立のスキルをその確立に向けて段階的に指導されなければならない（詳しくは次項で述べる）。

- ●社会的スキル：認知や学習上の制約や言語獲得上の問題、さまざまな行動上の制約などから年齢相応の社会的スキルの確立に困難性を示す。友だちをつくり、対人関係を維持していくことに弱さがあるため、このスキルの獲得が重要となる。

- ●困った行動：多動、寡動、固執性など脳の器質的障害に由来すると考えられる行動などがまずあげられる。この他、常同行動や興奮がみられたり、全般的な発達の遅れが適応上の困難を引き起こし、これが固定化してかんしゃく行動や自傷行動に変化したりする場合も多い。

▌6 ── 知的障害への対応─その考え方の基本─

　いうまでもなく、知的障害のある子ども（必ずしもIDの子どもに限らず、自閉症スペクトラムや注意・多動の問題のある子どもを含めて）の全体的な発達を促進的に援助していくためには、子どもの発達の状況を的確に評価することに始まる。この評価結果に基づいて子どもの弱い能力や強い能力を見極め、弱い能力への積極的なアプローチを展開していくことになる。前段の

子どもの発達の状況の評価に関しては第10章に譲ることにして、ここでは知的障害のある年少の子どもへの対応の基本的な考え方について述べていくことにしよう。

(1) 行動マネージメント

マネージメントを辞書的に直訳すると「管理、処置」などとなるが、ここではこのような単純な意味合いには理解しない。行動マネージメントでは、子どものもっている能力を適切にうまく引き出し、十分にそれを発揮できるよう指導目標、指導方法、指導内容、指導環境などを子どもの実態に合わせて調整して、適応できるようにしていく一連の過程と理解しておきたい。この考え方には2つのポイントがある。行動理論と構造化である。

(2) 行動理論

行動理論とは、一般的には行動の変容を図るために用いられる心理学的な実験的事実に基づいた理論的体系をいい、学習理論とも呼ばれる。ここでは特に子どもの指導場面や、その他人間行動への働きかけにその原理を適用する試みをいうことにする。詳しくは他書に譲ることにし、その内容を概観すると以下のようになる。

行動理論では対象となる人間の行動の因果関係を探る際に、強化随伴性（あるいは三項強化随伴性）と呼ばれる「状況‐行動‐結果」の3つの用語で表現される分析枠をあてはめてその行動の変容を図ろうとする。この関係を「行動のABC」、すなわちA（Antecedent）、B（Behavior）、C（Consequence）と呼ぶ場合もある。指導場面では、突き詰めればその子どもの行動を指導者が適切で「望ましい」と考える行動と不適切で「望ましくない」と考える行動の2つに分けることができる。したがって、実際の指導では、望ましい行動を増大させる一方、望ましくない行動を減少させて、ついには消し去ってしまえばよいことになる。詳細はpp.127‐130の第5章第1節で述べられる。

(3) 構造化

構造化とは指導および学習を組織化、体系化することである。これを簡潔に整理すると表3‐6のようになる。

知的障害のみならず自閉症スペクトラムなどの発達障害のある子どもは、明確に構造化された課題や空間には、比較的良好な反応を示すことが知られてきている。一方で、いわゆる五感といわれるさまざまな感覚器官を通じて得られる刺激に時には過敏に反応したり、全く反応しなかったりすることが

表3-6 構造化のポイント

時間の構造化	スケジュールの明確化と繰り返し （物や絵カード、写真、文字をレベルに応じて使用する）
場所の構造化	目的別に部屋を分ける・合理的な物の配置 みただけでわかる明快な表示
指導空間の構造化	刺激統制した指導空間の工夫
課題の構造化	課題の系統的配列 発達に見合った課題設定の工夫
行動の構造化	ワーク・プログラム 手順表による説明

（筆者作成）

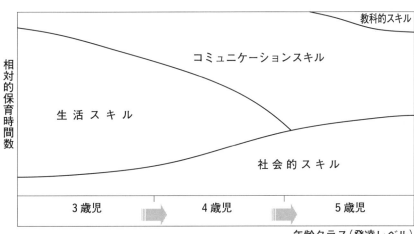

図3-4 年齢クラスと強調される保育内容

（筆者作成）

表3-7 年齢クラスと強調される保育内容の例

生活スキル	食事・排泄・衣服の着脱 規則正しい生活 危険なところ（物・こと）
コミュニケーションスキル	拒否や要求の表出 名詞のポインティングと命名 禁止の理解・簡単な指示の理解 記憶に基づく説明（献立・一日の流れ）
社会的スキル	順番・ルールの理解 指示に従う行動 大人との関係・友達関係
教科的スキル	色や形の理解・未測量 数の理解・文字の理解

（筆者作成）

あるともいわれている。したがって、保育・教育においては、時間、課題、行動のソフト面の構造化と場所、指導空間のハード面の構造化が求められるのである。近年では、TEACCH[※5]やPECS[※6]と呼ばれるパッケージ化された指導プログラムもよく知られるようになってきている。

図3-4と表3-7は、園での障害のある子どものための保育において、各年齢クラス（発達レベル）で強調される保育内容とその例をモデルとして示したものである。特に重要なことは、障害のある子どもをしっかり評価しそれに基づいた指導計画を立案、実行（指導の個別プログラム）して構造化を図るとともに、行動理論に基づいてしっかり実践していくことが求められるのである。

※5　TEACCH
p.103のコラム⑤参照

※6　PECS
p.119のコラム⑦参照

第4節 ● 自閉症スペクトラム

1 ── 自閉症スペクトラムとは

1943年、アメリカの児童精神医学者カナー（Kanner, L.）は、「情緒的接触の自閉的障害（Autistic Disturbances of Affective Contact）と題された論文を発表、このなかで11名の子どもの症例を報告した。翌年このような一群の子どもたちを「早期幼児自閉症（Early Infantile Autism）と命名することを提案した。これが、現在「自閉症スペクトラム、あるいは自閉スペクトラム症（Autism Spectrum Disorder：ASD）[※7]」と呼ばれる状態のいわばルーツである。これまで、自閉症スペクトラムの原因や治療についてさまざまな見解が報告され長く混乱が続いたが、臨床研究や科学的研究の結果、脳の機能障害が主たる原因となっていると考えられている。かつて主張されたような親の養育態度や生育上の問題によって生じた障害などではなく、ある程度長い期間にわたって問題が持続する発達上の障害である。したがって、早期発見と早期介入、適切な保育・教育によって問題となる症状が改善するよう粘り強い支援が求められる障害である。

DSM-5の自閉症スペクトラムの診断基準を表3-8に示した。

これらからもわかるように自閉症スペクトラムの基本的特徴は、持続する相互的な社会的コミュニケーションや対人的相互反応の障害（**基準A**）、および限定された反復的な行動、興味、または活動の様式である（**基準B**）。これらの症状は幼児期早期から認められ、日々の活動を制限するか障害する（**基**

※7　本書では「自閉症スペクトラム」と訳し、この用語を用いていく。

第3章●対象別にみた障害の理解

表3−8　自閉症スペクトラムの診断基準

A．複数の状況で社会的コミュニケーションおよび対人的相互反応における持続的な欠陥があり、現時点または病歴によって、以下により明らかになる（以下の例は一例であり、網羅したものではない）。
（1）相互の対人的―情緒的関係の欠落で、例えば、対人的に異常な近づき方や通常の会話のやりとりのできないことといったものから、興味、情動、または感情を共有することの少なさ、社会的相互反応を開始したり応じたりすることができないことに及ぶ。
（2）対人的相互反応で非言語的コミュニケーション行動を用いることの欠陥、例えば、まとまりのわるい言語的、非言語的コミュニケーションから、アイコンタクトと身振りの異常、または身振りの理解やその使用の欠陥、顔の表情や非言語的コミュニケーションの完全な欠陥に及ぶ。
（3）人間関係を発展させ、維持し、それを理解することの欠陥で、例えば、さまざまな社会的状況に合った行動に調整することの困難さから、想像上の遊びを他者と一緒にしたり友人を作ることの困難さ、または仲間に対する興味の欠如に及ぶ。
B．行動、興味、または活動の限定された反復的な様式で、現在または病歴によって、以下の少なくとも2つにより明らかになる（以下の例は一例であり、網羅したものではない）。
（1）常同的または反復的な身体の運動、物の使用、または会話（例：おもちゃを一列に並べたり物を叩いたりするなどの単調な常同運動、反響言語、独特な言い回し）。
（2）同一性への固執、習慣への頑なこだわり、または言語的、非言語的な儀式的行動様式（例：小さな変化に対する極度の苦痛、移行することの困難さ、柔軟性に欠ける思考様式、儀式のようなあいさつの習慣、毎日同じ道順をたどったり、同じ食物を食べたりすることへの要求）。
（3）強度または対象において異常なほど、きわめて限定され執着する興味（例：一般的ではない対象への強い愛着または没頭、過度に限局したまたは固執した興味）。
（4）感覚刺激に対する過敏さまたは鈍感さ、または環境の感覚的側面に対する並外れた興味（例：痛みや体温に無関心のように見える、特定の音または触感に逆の反応をする、対象を過度に嗅いだり触れたりする、光または動きを見ることに熱中する）。
C．症状は発達早期に存在していなければならない（しかし社会的要求が能力の限界を超えるまでは症状は完全に明らかにならないかもしれないし、その後の生活で学んだ対応の仕方によって隠されている場合もある）。
D．その症状は、社会的、職業的、または他の重要な領域における現在の機能に臨床的に意味のある障害を引き起こしている。
E．これらの障害は、知的能力障害（知的発達症）または全般的発達遅延ではうまく説明されない。知的能力障害と自閉スペクトラム症はしばしば同時に起こり、自閉スペクトラム症と知的能力障害の併存の診断を下すためには、社会的コミュニケーションが全般的な発達の水準から期待されるものより下回っていなければならない。

出典：表3−1に同じ　pp.49-50

準CとD）とされ、知的障害との併存も考えられる障害である（**基準E**）。自閉症スペクトラムの行動特徴は次項で述べる。

　なお、ここで使用されている「スペクトラム」ということばは、自閉症状の重症度、発達段階、暦年齢によって大きく変化する場合もあり、もともと「連続体」であるという意味合いから、この用語で表現されている。以前には早期自閉症、小児自閉症、カナー型自閉症、高機能自閉症、非定型自閉症、特

71

※8　有病率
豊田市（2002年）の報告によると、知的障害のあるものまで含めた自閉性障害の有病率は1.72%で、そのうち高機能自閉症は1.1%であった。名古屋市（2006年）の調査では、2.1%、そのうち高機能自閉症は1.5%であった。これは、おおよそ100人に1〜2人の割合であり、自閉症は決して稀な障害ではない。

定不能の広汎性発達障害、小児期崩壊性障害、およびアスペルガー障害と呼ばれていた障害を包括していると考えてよいだろう。

　有病率は、DSM-5によればアメリカおよびアメリカ以外の諸国において人口の1%に及んでおり、子どもと成人のいずれのサンプルでも同様の値であると述べられている[8]。

　また、自閉症スペクトラムの重症度水準についてもDSM-5では表3-9のようにまとめている。ただし、表中の社会的コミュニケーションと限定された反復的な行動の重症度は、それぞれ別に評価される。

表3-9　自閉症スペクトラムの重症度水準

重症度水準	社会的コミュニケーション	限局された反復的な行動
レベル3「非常に十分な支援を要する」	言語的および非言語的社会的コミュニケーション技能の重篤な欠陥が、重篤な機能障害、対人的相互反応の開始の非常な制限、および他者からの対人的申し出に対する最小限の反応などを引き起こしている。例えば、意味をなす会話の言葉がわずかしかなくて相互反応をほとんど起こさなかったり、相互反応を起こす場合でも、必要があるときのみに異常な近づき方をしたり、非常に直接的な近づき方のみに反応したりするような人	行動の柔軟性のなさ、変化に対処することへの困難さ、またはあらゆる分野において機能することを著しく妨げるような他の限局された反復的な行動。焦点または活動を変えることへの強い苦痛や困難さ
レベル2「十分な支援を要する」	言語的および非言語的社会的コミュニケーション技能の著しい欠陥で、支援がなされている場面でも社会的機能障害が明らかであったり、対人的相互反応を開始することが制限されていたり、他者からの対人的申し出に対する反応が少ないか異常であったりする。例えば、単文しか話さず、相互反応が狭い特定の興味に限られ、著しく奇妙な非言語的コミュニケーションを行うような人	行動の柔軟性のなさ、変化に対処することへの困難さ、または他の限局された反復的な行動。事情を知らない人にも明らかなほど高頻度に認められ、さまざまな状況で機能することを妨げている。焦点または活動を変えることへの苦痛や困難さ
レベル1「支援を要する」	適切な支援がないと、社会的コミュニケーションの欠陥が目立った機能障害を引き起こす。対人的相互反応を起こすことが困難であるし、他者からの対人的申し出に対して非定型のまたはうまくいかない反応をするような事例がいくつもはっきりとある。対人的相互反応への興味が低下しているように見えることもある。例えば、完全な文章で話しコミュニケーションに参加することができるのに、他者との会話のやりとりに失敗したり、友人を作ろうとする試みが奇妙でたいていうまくいかないような人	行動の柔軟性のなさが、1つ以上の状況で機能することに著しい妨げとなっている。いろいろな活動相互で切り替えをすることの困難さ。組織化や計画の立案をすることでの問題（自立を妨げている）

出典：表3-1に同じ　p.51

第3章 ●対象別にみた障害の理解

2 —— 自閉症スペクトラムの行動特徴

　自閉症スペクトラムの行動特徴をわかり易くまとめると以下のようになる。上述したが、これらの行動特徴は、人によってあらわれ方が異なったり、年齢とともに大きく変化したりすることがあることに注意する必要がある。

(1) 社会的コミュニケーションおよび対人的相互反応における持続的障害

①相互の社会的─情緒的な相互関係の障害

- ・対人的に異常な近づき方をする
- ・通常の会話のやりとりができない
- ・興味、情動、または感情を共有することが少ない

②他者との交流に用いられる非言語的コミュニケーションの障害

- ・アイコンタクトやジェスチャーによる意思伝達が苦手である
- ・顔の表情を読み取るのが困難である

③年齢相応の対人関係性の発達・維持の障害

- ・想像上の遊びを他者と一緒にすることや、友人をつくることが困難
- ・仲間に対する興味欠如

(2) 限定的で反復的な行動パターン、興味、活動

①常同的または反復的な身体の運動、物の使用、あるいは会話

- ・おもちゃの一列並べや物をたたいたりするなどの単純な常同行動
- ・エコラリア（反響言語、オウム返しともいわれる）が目立つ
- ・独特な言い回し

②同一性への固執、習慣への頑なこだわり、または言語的・非言語的な儀式的行動様式

- ・小さな変化に対する極度の苦痛
- ・自分なりの独特な手順や様式があり、それを変更することが困難
- ・柔軟性に欠ける思考様式
- ・儀式のようなあいさつの習慣
- ・毎日同じ道順をたどったり、同じ食物を食べたりすることへの欲求

③強度または対象において異常なほど、極めて限定され執着する興味

- ・一般的でない対象への強い愛着、または没頭
- ・過度に限局した、または固執した興味

④感覚刺激に対する過敏さ、または鈍感さ、または環境の感覚的側面に対する並外れた興味
　・痛みや体温に無関心なようにみえる
　・特定の音、または触感への嫌悪反応
　・対象を過度に嗅いだり触れたりする
　・特定の光や動きをみることに魅了される

■3 ── かかわり方の留意点

　自閉症スペクトラムに対しては、現在までさまざまな就学前教育プログラムが提供されているが、そのいずれにも共通するものは、早期の適切な教育的介入である。特に、個別的ニーズに応じた構造化された教育的プログラムを、子どもの人への関心の度合いに応じて、一対一あるいは小集団で実施することで、効果的な学習が可能であることが知られている。
　以下は、自閉症スペクトラム児の特徴を把握したかかわり方の一例である（第5章pp. 127－133も参照）。

(1) 生活パターンの構造化（安定したスケジュール）

　自閉症スペクトラムの子どもたちは、他児の行動を模倣して適切な行動を身につけていくことが苦手であるため、園での生活を一つの流れとして、繰り返し学んでいくことが大切である。特に入園当初は可能な範囲で例外をつくらず、生活パターンの形成に努めたい。記憶力には大変優れているため、繰り返されたことは記憶され、身についていく。生活が安定すれば、落ち着いた園生活を送ることができるようになる。また、はじめてのことに対して強い反応を示すことも多く、「○○をしたら次は△△をします」「○○をしたら終わります」など、行動の見通しがもてる声かけや、終わりを示すことばがけを工夫することも援助につながる。

(2) スモールステップで目標を立て保育・教育を進める

　担任ならば誰でも、クラスのみんなと一緒に遊べるようにしたいと思うものである。しかし、他児への関心が薄い自閉症スペクトラム児の手を無理に引っ張っていってもパニックになるだけである。他者の気持ちを理解したり、状況を把握したりするのが苦手であるため、集団参加ができるようになるまでには時間を要する。最初は、集団から離れた所で安心できる担任と一緒に観察させる。次に参加できる部分だけ一緒に行動してみる。そして、最終的

には同じ場で同じ活動が少しでもできるようになればよいのである。焦らず、子どもの他者との距離感を支えながら、スモールステップで参加できるよう援助したい。

　基本的生活習慣の習得に関しても同様である。食事・排泄・衣服の着脱等の身辺処理の自立が今どこまで進んでいるかを確認し、できている段階から少しずつ援助の手を緩めていき、課題を積み上げていく。できない場合は一つ前の段階に戻ってまたそこから始める。繰り返し、焦らず着実に進めていくことが大切である。

(3) 環境の構造化

　特定な場所と行動を結びつけることで、安心して行動できるようになることが多い。たとえば、着替えをするときはロッカーの前でする、座るときは子どもの好きなマークのシールを貼ってある椅子に座る、運動会で場所を移動するときも目印を書いておくなどの工夫をすると、スムーズに行動できるようになる。これを「環境の構造化」という。

(4) 視覚的手がかりを用いた指示・指導

　自閉症スペクトラム児の多くは、耳で聞いた聴覚的な理解は苦手であるが、目でみた視覚的な理解は優れているという傾向がある。たとえば、園庭へ誘うときは、「お外へ行くよ」と何度も繰り返していうより、外へ行くときにかぶる帽子や靴をみせながら提示するほうが理解しやすい。すなわち、聴覚だけでなく視覚にも同時に情報を提示する方法である。実物ではなく写真や絵カード、文字や数字が読める子どもの場合は、時計やカレンダーを提示する方法も有効である。しかし、伝える手段として視覚的なものを用いる場合でも、コミュニケーションをとるときの姿として、子どもの気持ちに寄り添うということは忘れてはならない。

(5) 「こだわり」に「こだわらない」

　自閉症スペクトラムの行動特徴の一つに「限定的で反復的な行動パターン、興味、活動」があるが、それを「こだわり」ととらえ、それをやめさせることが保育目標になってしまっては危険である。子どもによっては、大人の目からは「こだわり」にみえるものが安定の場、気持ちの支えになっている場合も多い。無理にやめさせるのではなく、少しずつ別の遊びを取り入れていったり、移行したりしていけるような援助を工夫していくことが大切である。

(6) 抽象的な指示ではなく、具体的な表現で伝える

　課題や指示を伝えるときは、抽象的なことばではなく、なるべく具体的なことばで伝えたい。たとえば「皆のお部屋が気持ちよくなるように掃除しましょう」というのではなく、「ゴミを10個拾ってください」というとわかる子どもも多い。「遠足の思い出を描きましょう」ではなく、「動物園には何がいたかな？」など、具体的に思い出せるような声かけをすることが必要である。「そんなことをしてはいけません」ではなく、「○○しましょう」と具体的な動作を伝えたほうが理解しやすい。

　自閉症スペクトラムと一言でいってもその姿はさまざまである。一人ひとりのニーズを正確に把握し、その子にあったかかわりを工夫していくことが大切である。

4 ── 保護者（親）との信頼関係

　入園前にすでに診断を受け、専門機関等で療育を受けてきた子どもについては、保護者（親）もある程度は障害受容しており、入園後も保護者（親）の協力を得やすい。すなわち、家庭と園とが車の両輪となって子どもに適した保育を進めていくことが可能である。しかし、知的な遅れを伴わない自閉症スペクトラム児など、1歳半および3歳児健康診査の場で問題を指摘されないまま入園してくる子どもについては、保護者（親）はまったく心配していない場合が多い。そして、園の集団活動の場ではじめて「ちょっと気になる子ども」として保育者が気づくことになる。すなわち、園が障害発見の場になるということである。したがって、これからの保育者には障害を発見する力量も求められる。「ちょっと気になる子ども」として気づいたならば、保護者（親）との信頼関係をしっかり築いたうえで、専門機関へ紹介・依頼していくことが望ましい。そのためにはまず、子どもや保護者（親）を責めるのではなく、保護者（親）の今までの子育ての苦労など、相手の話にじっくり耳を傾け、気持ちを受容することが大切である。そして保育者からは、毎日の保育のなかで担任がその子どもに対して配慮している点を具体的に伝え、保護者（親）と保育者とが今困っている点や苦労している点、そしてその子どものすばらしい点も共有していくことが大切である。専門機関を紹介する際は、レッテル貼りをするためではなく、「保育のなかでもっと効果的なかかわり方があれば、私たち保育者が知りたいので相談してきてほしい」と伝えるのがよいであろう。また専門機関受診後は、保護者（親）の気持ちの支えになるとともに、専門家による指導を積極的に求めていく姿勢が必要となっ

てくる。

　障害のある子どもの担任になった場合、担任１人が抱え込むのではなく、園全体で見守っていく体制が必要である。子どもの行動特徴をしっかり把握し、焦らず向きあっていけば必ず成長がみえてくる。１年間担任した後に保護者（親）と一緒に子どもの成長を喜びあえる保育をめざしたい。

第５節 ● 注意欠如・多動症（ADHD）と限局性学習症（SLD）

1 ── 注意欠如・多動症（ADHD）

（1）ADHDの診断基準

　DSM-5では、「注意欠如・多動症（Attention-Deficit/Hyperactivity Disorder）」の診断基準を表３－10のように示している。

　なお、わが国では、現在これに近似する障害を「注意欠如・多動性障害（ADHD）として、まとめて使用している場合もある。

表３－10　ADHDの診断基準

A．（1）および／または（2）によって特徴づけられる、不注意および／または多動性─衝動性の持続的な様式で、機能または発達の妨げとなっているもの。 （1）不注意：以下の症状のうち６つ（またはそれ以上）が少なくとも６カ月持続したことがあり、その程度は発達の水準に不相応で、社会的および学業的／職業的活動に直接、悪影響を及ぼすほどである。 　注：それらの症状は、単なる反抗的行動、挑戦、敵意の表れではなく、課題や指示を理解できないことでもない。青年期後期および成人（17歳以上）では、少なくとも５つ以上の症状が必要である。 （a）学業、仕事、または他の活動中に、しばしば綿密に注意することができない、または不注意な間違いをする（例：細部を見過ごしたり、見逃してしまう、作業が不正確である）。 （b）課題または遊びの活動中に、しばしば注意を持続することが困難である（例：講義、会話、または長時間の読書に集中し続けることが難しい）。 （c）直接話しかけられたときに、しばしば聞いていないように見える（例：明らかな注意を逸らすものがない状況でさえ、心がどこか他所にあるように見える）。 （d）しばしば指示に従えず、学業、用事、職場での義務をやり遂げることができない（例：課題を始めるがすぐに集中できなくなる、また容易に脱線する）。 （e）課題や活動を順序立てることがしばしば困難である（例：一連の課題を遂行することが難しい、資料や持ち物を整理しておくことが難しい、作業が乱雑でまとまりがない、時間の管理が苦手、締め切りを守れない）。 （f）精神的努力の持続を要する課題（例：学業や宿題、青年期後期および成人では報告書の作成、書類に漏れなく記入すること、長い文書を見直すこと）に従事することをしばしば避ける、嫌う、また

はいやいや行う。
　（g）課題や活動に必要なもの（例：学校教材、鉛筆、本、道具、財布、鍵、書類、眼鏡、携帯電話）を
　　　しばしばなくしてしまう。
　（h）しばしば外的な刺激（青年期後期および成人では無関係な考えも含まれる）によってすぐ気が散っ
　　　てしまう。
　（i）しばしば日々の活動（例：用事を足すこと、お使いをすること、青年期後期および成人では、電話
　　　を折り返しかけること、お金の支払い、会合の約束を守ること）で忘れっぽい。
（2）多動性および衝動性：以下の症状のうち6つ（またはそれ以上）が少なくとも6カ月持続したことが
　　あり、その程度は発達の水準に不相応で、社会的および学業的／職業的活動に直接、悪影響を及ぼす
　　ほどである。
　　注：それらの症状は、単なる反抗的態度、挑戦、敵意などの表れではなく、課題や指示を理解できない
　　ことでもない。青年期後期および成人（17歳以上）では、少なくとも5つ以上の症状が必要である。
　（a）しばしば手足をそわそわ動かしたりトントン叩いたりする、またはいすの上でもじもじする。
　（b）席についていることが求められる場面でしばしば席を離れる（例：教室、職場、その他の作業場所
　　　で、またはそこにとどまることを要求される他の場面で、自分の場所を離れる）。
　（c）不適切な状況でしばしば走り回ったり高い所へ登ったりする（注：青年または成人では、落ち着か
　　　ない感じのみに限られるかもしれない）。
　（d）静かに遊んだり余暇活動につくことがしばしばできない。
　（e）しばしば"じっとしていない"、またはまるで"エンジンで動かされているように"行動する（例：
　　　レストランや会議に長時間とどまることができないかまたは不快に感じる。他の人達には、落ち着
　　　かないとか、一緒にいることが困難と感じられるかもしれない）。
　（f）しばしばしゃべりすぎる。
　（g）しばしば質問が終わる前に出し抜いて答え始めてしまう（例：他の人達の言葉の続きを言ってしま
　　　う。会話で自分の番を待つことができない）。
　（h）しばしば自分の順番を待つことが困難である（例：列に並んでいるとき）。
　（i）しばしば他人を妨害し、邪魔する（例：会話、ゲーム、または活動に干渉する。相手に聞かずにま
　　　たは許可を得ずに他人の物を使い始めるかもしれない。青年または成人では、他人のしていること
　　　に口出ししたり、横取りすることがあるかもしれない）。
B．不注意または多動性─衝動性の症状のうちいくつかが12歳になる前から存在していた。
C．不注意または多動性─衝動性の症状のうちいくつかが2つ以上の状況（例：家庭、学校、職場。友人や親
　　戚といるとき。その他の活動中）において存在する。
D．これらの症状が、社会的、学業的、または職業的機能を損なわせているまたはその質を低下させていると
　　いう明確な証拠がある。
E．その症状は、統合失調症、または他の精神病性障害の経過中にのみ起こるものではなく、他の精神疾患
　　（例：気分障害、不安症、解離症、パーソナリティ障害、物質中毒または離脱）ではうまく説明されない。

出典：表3-1に同じ　pp.58-59

(2)　ADHDの原因・有病率

　ADHDも、DSM-5に記載されている発達障害の一つである。基本の症状
は、不注意、多動性、衝動性であり、診断基準にもなっている。原因は、血
縁者や一卵性双生児の研究などから、遺伝的な要素の可能性も指摘され、ドー
パミンという脳内ホルモン（神経伝達物質）の働きの異常にあるといわれて

いる。私たちはある精神活動をしているときは、他の感覚刺激は抑制して一つのことに集中している。この働きを調節しているのがドーパミンである。ADHDの子どもたちはこのドーパミンの働きが弱く、周囲のさまざまな刺激に無差別に反応してしまうので、注意が散漫になったり落ち着かなかったりするというのである。決して本人の努力不足が原因ではない。また、生育環境や保護者(親)のしつけが原因でもない。有病率は各国の報告に多少差はあるが、学童のおおよそ3～7％であり、男児のほうが多く、女児の4～5倍であるといわれている。

(3) ADHDの行動特徴

基本の症状は先にも述べたように、不注意（注意を持続できない）、多動性（常に体を動かしている）、衝動性（自分の欲求をコントロールできない）である。ADHDの行動特徴は、すでに示した診断基準（表3－10）を詳しく検討してほしい。

(4) かかわり方の留意点

治療的対応には薬物療法と、療育・教育的な介入があるが、これらを並行して行う場合も多い。

薬物療法では、コンサータやストラテラという薬が6～18歳までのADHD児に処方されている。コンサータは比較的即効的で、12時間の効き目があり、ストラテラは効果発現に数週間から2か月かかるが24時間効果が持続するといわれている。しかし、効果には個人差があるため、服用に関しては専門医の指示に従うことが大切であるということはいうまでもない。また、長期服用しても副作用が少なく安全な薬であるという研究報告が多いが、処方の開始は学習が始まる小学校に入ってからが一般的であり、遊びが生活の中心である幼児期における処方は比較的少ない。

療育・教育的な介入については、ADHD児の得意とする点、よいところを見出し、それを伸ばすことにより少しずつ自信をはぐくんでいけるようにすること、同時に社会的スキルを身につけることを目標とし、望ましくない行動を修正し、自己コントロール力を高めていくことも大切である。

ADHD児のなかで限局性学習症（SLD、本節次項参照）をあわせもつ子どもは約30％いるといわれている。SLDの合併や注意力の問題から学習のつまずきが生じやすい。その結果、周囲の人からは常に叱責され、自信を喪失し、自己評価が低下する。そして疎外感や被害的な感情が増し、反社会的、非社会的な行動を起こしてしまうという二次的な問題が生じてしまうこともしばし

ばある。周囲の人たちの障害についての正しい理解と援助が大切である。

　ADHD児は不注意、多動性、衝動性といった行動特徴から、生活のなかでは逸脱行動や規則違反が目立ち、禁止や注意を受けることが非常に多い。子どもたちは大人以上にこうしたことばを強く受けとめている。「できない」「またやってしまったの？」「だめだな」というような否定的なことばは避けたい。禁止して終わるのではなく、どうしたらよいかをメリハリよく伝え、うまくできたときにはほめて、少しずつ自信を育んでいくことが大切である。

　学習に関しては、環境整備も大切である。目の前に魅力的なものが散乱していれば注意はそちらへ奪われてしまう。いろいろな音が耳に入ってくれば、先生の声に集中できない。視覚的にも聴覚的にも触覚的にもなるべく気が散らないように環境を整える工夫も必要である。また、やるべきことがいくつかあるときは、それを紙に書き出し、何からやればよいか手順を決め、できたときにはシールを貼るなどし、達成度が視覚的に確認できるようにする。

　ADHD児への支援の他、保護者（親）や専門機関との連携や、他の保護者（親）への障害のある子どもに対する理解を促すことも重要である。

2 ── 限局性学習症（SLD）

　DSM-5では、「限局性学習症（Specific Learning Disorder：SLD）」の診断基準を表3-11のように示している。

　わが国ではこれに近似する障害を「学習障害（LD）」としてまとめ使用していることから、ここではDSM-5の診断基準を示すのみにとどめ、わが国で使用されている学習障害について解説していく。

　学習障害（LD）は「Learning Disabilities」の略で、本章第2節で述べられた狭義の発達障害のなかに位置づけられている。日本では文部省（現・文部科学省）が1999（平成11）年に次のように定義している。

　「学習障害とは、基本的には全般的な知的発達には遅れはないが、聞く、話す、読む、書く、計算する又は推論する能力のうち特定のものの習得と使用に著しい困難を示す様々な状態を指すものである。

　学習障害は、その原因として、中枢神経系に何らかの機能障害があると推定されるが、視覚障害、聴覚障害、知的障害、情緒障害などの障害や、環境的な要因が直接の原因となるものではない」。

　知的発達は正常であるにもかかわらず、読む、書く、計算するなどの特定の能力を身につけることが困難な子どもたちをさす。他の障害や環境的要因によってもたらされる学習上の困難は含まれない。LDのタイプとしては、①

第3章●対象別にみた障害の理解

表3−11　SLDの診断基準

A．学習や学業的技能の使用に困難があり、その困難を対象とした介入が提供されているにもかかわらず、以下の症状の少なくとも1つが存在し、少なくとも6カ月間持続していることで明らかになる。
　（1）不的確または速度が遅く、努力を要する読字（例：単語を間違ってまたはゆっくりとためらいがちに音読する、しばしば言葉を当てずっぽうに言う、言葉を発音することの困難さをもつ）。
　（2）読んでいるものの意味を理解することの困難さ（例：文章を正確に読む場合があるが、読んでいるもののつながり、関係、意味するもの、またはより深い意味を理解していないかもしれない）。
　（3）綴字の困難さ（例：母音や子音を付け加えたり、入れ忘れたり、置き換えたりするかもしれない）。
　（4）書字表出の困難さ（例：文章の中で複数の文法または句読点の間違いをする、段落のまとめ方が下手、思考の書字表出に明確さがない）。
　（5）数字の概念、数値、または計算を習得することの困難さ（例：数字、その大小、および関係の理解に乏しい、1桁の足し算を行うのに同級生がやるように数学的事実を思い浮かべるのではなく指を折って数える、算術計算の途中で迷ってしまい方法を変更するかもしれない）。
　（6）数学的推論の困難さ（例：定量的問題を解くために、数学的概念、数学的事実、または数学的方法を適用することが非常に困難である）。
B．欠陥のある学業的技能は、その人の暦年齢に期待されるよりも、著明にかつ定量的に低く、学業または職業遂行能力、または日常生活活動に意味のある障害を引き起こしており、個別施行の標準化された到達尺度および総合的な臨床評価で確認されている。17歳以上の人においては、確認された学習困難の経歴は標準化された評価の代わりにしてよいかもしれない。
C．学習困難は学齢期に始まるが、欠陥のある学業的技能に対する要求が、その人の限られた能力を超えるまでは完全には明らかにはならないかもしれない（例：時間制限のある試験、厳しい締め切り期限内に長く複雑な報告書を読んだり書いたりすること、過度に重い学業的負荷）。
D．学習困難は知的能力障害群、非矯正視力または聴力、他の精神または神経疾患、心理社会的逆境、学業的指導に用いる言語の習熟度不足、または不適切な教育的指導によってはうまく説明されない。

出典：表3−1に同じ　pp.65-67

読字障害、②書字障害、③算数計算障害があるが、LDの中心的な症状は読字困難（ディスレキシア）である。原因は中枢神経系の機能障害によるもので、生まれつきの障害と考えられている。したがって、成長するにつれて治癒するというものではない。有病率は、1960年代（アメリカでLDを対象に教育支援を始めた頃）のアメリカでは3〜5％であったが、現在では10％を超えている。日本では文部科学省の「今後の特別支援教育の在り方について（最終報告）」（2003年）において4.5％と報告されている。男女比はADHDと同じく男児に多く、4〜6：1程度といわれている。

　LDはいわゆる「勉強ができない」学業不振とはまったく違い、また「怠けている」のでもない。精一杯努力していてもうまく学習できず困っている子どもたちであり、適切な教育的支援を必要とする子どもたちである。

　診断は一般に、学習が必要となる小学校入学以降にされることが多いが、園にはLD児がいないということではない。文字を読む、書く、計算における問題は小学校入学以降に明らかになってくる問題ではあろうが、行動上の問

81

題や視覚認知、触覚認知、量的概念などの発達の偏りは幼児期から認められているはずである。すなわち、将来的にLDと診断される可能性の高い子どもは幼児期から見出され、保育のなかで「ちょっと気になる子」として気づかれることも多い。読み、書き、計算の基礎学力は生まれてから就学するまでの、日々の生活のあらゆる場面を通して学習し、少しずつ獲得していくものである。乳幼児期の家庭や園でのしつけや保育を通して身につけていくものであり、幼児期と無縁のものではないのである。

3 —— 特別支援教育

2007（平成19）年4月から「特別支援教育」が実施されている。障害の種別や程度に応じ特別の場で指導が行われていた旧来の「特殊教育」から、一人ひとりの特別な教育的ニーズに応えて適切な教育的支援をする「特別支援教育」へと転換が図られた。対象も「支援を必要としている子」へと広がり、これまで通常学級に在籍していたLD、ADHD、知的な遅れを伴わない自閉症スペクトラムも含まれることとなった。すなわち、本節で取り上げている子どもたちに対しても特別な支援の手がさしのべられるようになってきたのである。すべての小・中学校には、特別支援教育コーディネーターや校内委員会が設置され、すべての障害のある子どもについて、具体的な対策や課題を提示した「個別の教育支援計画」が策定される。また、盲・聾・養護学校は「特別支援学校」へ一元化され、地域の特別支援教育のセンターとしての機能を担い、教育上の高い専門性を生かして幼稚園や小・中・高等学校等を積極的に支援していくこととなった。

特別支援教育の場は確実に広がりつつある。今後は乳幼児期からの支援も含め、ライフサイクルすべてを念頭に置いた系統的な支援体制の確立が求められる（第9章第3節参照）。

第6節 ● コミュニケーション障害

コミュニケーションの定義はさまざまである。ここでは、「コミュニケーションとは、情報、考え、気持ち、要求などを相互に交換すること」と大まかに理解しておくことにしよう。

知的障害、肢体不自由、自閉症スペクトラムなどの障害のある子どもは、

話し手の意図が理解できない、自分の意思を相手に伝えられないといったコミュニケーション上の問題をもっていることが多い。このことによって、日常生活上のさまざまな困難性にぶつかることになる。

1 ── コミュニケーション障害

ASHA（American Speech-Language-Hearing Association, 1993年）は、「コミュニケーション障害は、概念ないし言語的・非言語的・図形的シンボルシステムを受け取り、送り、処理し、理解する能力の障害である」と定義している。このコミュニケーション障害は、聴覚（hearing）、言語（language）、話しことば（speech）のすべてかいずれか一つの過程の障害としてあらわれるとしている。

いうまでもなく、話しことばや言語の発達は、個人差（個人間差や個人内差）が極めて大きい。すなわち、子どもごとのばらつきが大きく、同じ発達経過を示す子どもなどはいない。また、その人が暮らす地域、文化的背景、時代的背景によってもその発達の様相は異なるだろう。具体的には、次のような例があげられる。

・3歳にも満たない子どもが、センセイを「テンテイ」あるいは「シェンシェイ」と発音する。
・男の子よりも女の子が話しことばを早く話し始める傾向が強い。
・東北・山形の片田舎で老年期の入口まで暮らした筆者の父などは、すし（寿司）を「すす」と生涯発音し続け、まったく異に介するところはなかった。
・また、その地で青年前期まで過ごした筆者は、「カ行」「サ行」「タ行」音を発音するとき緊張感を覚えるといった状態など。

それでは、このような要因とは異なる、どのような、どの程度のことばの発達の「差」の場合、コミュニケーションの障害とされるのであろうか。

アメリカの言語病理学者Haynes & Pindzola（1998年）は、次の基準のいずれか一つを満たすときがコミュニケーション障害にあたるとしている。

・メッセージの伝達と理解の両方またはいずれか一方に欠陥（faulty）があるとき
・そのためにその人が経済的に不利な状況に置かれるとき
・そのために学習において不利が生じるとき
・そのために社会的に不利な立場に置かれるとき
・そのためにその人の自尊感情や感情の発達にマイナスの影響が出るとき
・そのことが身体的損傷の原因となったり、健康を損なわせたりするとき

このような点を考慮に入れると、前に取り上げた例などは、子どもの発達における男女差や年齢要因であり、時代背景や地域的差異であることがわかるであろう。このように考えると、コミュニケーション障害は、すでに述べたさまざまな要因を考慮しなければならない相対的なものであることが理解できる。したがって、子どものことばの問題を考慮しなければならない保育者も当然これらの点に配慮しなければならないことがわかるだろう。

2 ── コミュニケーション障害の分類

　一般にコミュニケーション障害の専門家は、話しことばの障害、言語障害、聴覚障害、中枢性聴覚処理障害（CAPD）の4カテゴリーに区別して考えることが多い。本節ではこれら4つに簡単に触れ、特にはじめの2つについて詳しく述べていくことにしよう。

①話しことばの障害（speech disorder）

　構音障害、流暢性障害、発声障害の3つである。構音障害は、語音の発音上の誤り、流暢性障害はことばの流れあるいはリズムの障害、発声障害は声の質あるいは使い方の障害である。すでに述べたように、話しことばの障害を考える場合には、話し手の年齢、地域的文化的背景、頻度、誤りの期間（ヒストリー）などに配慮した相対的関係の中で考えていかなければならない。

②言語障害（language disorder）

　ASHA（1993年）は、「言語障害は、話しことば、書きことばあるいはほかのシンボル体系の一方あるは両者における理解と使用のいずれか一方あるいはすべての障害である。この障害は、(1)言語の形式（音韻論、形態論、統語論）、(2)言語の内容（意味論）、(3)言語のコミュニケーションにおける機能（語用論）のいずれか、あるいはその組み合わせの障害を含む」としている。この障害に位置づけられる「受容性言語障害」の子どもは、「あのゴミを拾って、ドアを閉めていらっしゃい」などという指示にしたがって行動することができない。また、「表出性言語障害」の子どもは、りんごの絵カードをポインティング（指でさし示す）できても、りんごの絵カードを声に出してネイミング（命名）することはできない、といった状態を示す。

③聴覚障害（hearing disorder）

　聾や難聴など身体的な聴覚システムの障害によって聴能力の弱さを示す状態で、ことばの表出やことばの理解の発達が遅れたりする（詳細は本章第8節参照）。

第3章●対象別にみた障害の理解

④中枢性聴覚処理障害（Central Auditory Processing Disorder：CAPD）

聴感覚器官の障害や知的障害を含まない聴覚情報の処理障害をいう。大脳における聴覚情報の処理過程に障害があると考えられるために、ことばの理解が困難、名前を呼んでも振り向かない、目覚まし時計などの重要な意味のある音を気にとめないといった状態を示すことがあり、LDとの異同が論じられる場合もあり、最近注目されてきている。

3 —— コミュニケーション障害の特徴

上述のようにはさまざまな状態を示すが、ここでコミュニケーション障害の特徴を述べておくことにしよう。

●語音の誤り

・省略 … 本来発音されるべき音が発せられず省略されている場合をいい、ひこーき（飛行機）を「コーキ」（ヒの省略）などと発音される。

・置換 … 特定の音が他の音と入れ替わってしまう場合で、ラッパが「ダッパ」などと発音される。

・歪み … 明らかに誤りであるが、その音声をカタカナ文字で表記しがたい発音である。

・付加 … 他の音を付け加えてしまう場合で、サラダを「オサラダ」と発音する。

●構音障害

子どもが現在その音をつくり出すことができず、語音を誤って発音している場合をいう。構音、つまりさまざまな語音をつくり出すことは、筋肉と発声・発語器官の複雑で協調的な運動によってつくり出される高度な活動である。したがって、語音の誤りは、発声・発語器官の機械的な動き上の一過的な機能不全とも考えられ、発達が進むにつれて音の誤りがみられなくなる場合もあるし、聴覚弁別力（音を聞き分ける力）の発達にもよって解消する場合もあるといわれている。

しかし、構音障害の背景には複雑な他の問題がある場合も非常に多く、慎重に検討したうえで、場合によっては早めの指導を開始する必要がある。

なお、構音障害は、器質的異常の有無によって、器質的構音障害と機能的構音障害とに分ける場合もある。

●音韻障害

音韻障害の子どもは、あるときはその語音を正しく発音できるが、別の場合には同じ語音が正しく発音できないといった形で障害を示すといわれてい

85

る。表出性音韻障害の場合は、学習場面での「綴り」や「読み」で困難性が強くあらわれると指摘されている。

● 流暢性障害

この障害では、吃音と早口症が代表的なものである。われわれの話しことばはリズムとタイミング、スピード、強弱の変化などが重要であるが、話しことばが途切れる、スピードが不自然である、などを特徴とする。

特に吃音では、「ぼ・ぼ・ぼくね」といった語頭音の繰り返し（連発）、「ぼ～くね」といった語頭音の引き延ばし、「"___"ぼくね」といった語頭音のブロッキング（つまって音が出ない）といったことばの非流暢性に特徴がある。しかし、障害の程度が重い場合には、発語に伴ってまばたきをしたり、手足で調子を整えたりする随伴症状が出現する場合もある。

早口症は話す速度が速いために、不適当なところで区切ったり、間をおいたり、音節や音をぼかしたり、省略したりするものをいう。

● 音声障害

声の高さや強さ、あるいは声の質に障害がみられる場合をいう。声が高すぎるもの、低くすぎるもの、抑揚に乏しく単調なもの、声が大きすぎたり、小さすぎたりするものがある。また、質の障害では、かすれ声、しわがれ声、鼻声などがある。

● 言語障害

言語の5つの次元、音韻論、形態論、統語論、意味論、語用論のいずれか、あるいはそのうちのいくつかに障害を示す場合をいう。言語障害は一般的にその理解の障害である受容性言語障害と表出の障害である表出性言語障害に分類される。受容性言語障害は、話しことばが理解できず、指示にしたがうことができない。表出性言語障害の場合は、語彙数が少ない、誤った単語や句を使う、まったく喋れず身振りでしか意思伝達ができなかったりする。しかし、臨床的にはいずれか一方のみが障害されている場合は比較的少なく、両者に障害をもっている場合が多いといえる。

4 ── コミュニケーション障害の原因

コミュニケーション障害の原因にはさまざまなものが考えられている。話しことばの障害や言語障害は、器質的原因、すなわち身体を構成するさまざまな部品（器官）の損傷や機能不全（働きの障害）、あるいは先天的異常などによる場合もあれば、このような器質的原因によらない機能的なコミュニケーション障害の場合もある。

第3章●対象別にみた障害の理解

●話しことばの障害の原因

　口蓋裂、発声筋のまひ、歯牙欠損、頭蓋骨奇形、アデノイド肥大、脳損傷など器質的原因によって生じる場合も少なくないが、緘黙のように対人関係の軋轢など心理社会的な問題を原因とする機能的な話しことばの障害もある。これらは、知的障害、聴力障害、脳性まひなどの二次的な障害として生じることもある。

●言語障害の原因

　言語障害は言語の脳内における過程の障害によって、言語を十分に使うことができなくなることから脳障害との関連性が指摘されている。自閉症スペクトラム、知的障害などが示すコミュニケーション障害の一部もこれに含まれよう。

第7節 ● 運動障害（脳性まひ）

1 ── 脳性まひ

　脳は運動、情緒、思考など人間の生命活動をコントロールしている重要な器官である。その脳が幼い時期に損傷を受けるとその後の成長発達にさまざまな影響を残すことになる。脳性まひとは、「受胎から新生児期（生後4週間以内）に生ずる、脳の非進行性病変に基づく、永続的なしかし変化しうる運動および姿勢の異常である。その症状は満2歳までに発現する。進行性疾患や、一過性の運動障害、または将来正常化するであろうと思われる運動発達遅延は除外する」と定義される（厚生省（現・厚生労働省）「脳性麻痺研究班」1968年）。一つの疾病というよりは、さまざまな原因により生じた脳性運動障害の総称である。出産前後の周産期※9ないし新生児期に生じた脳の非進行性病変による運動および姿勢の異常などである。

　脳性まひは新生児仮死、低出生体重（未熟児）、早産低体重出生、風疹などの胎内感染が原因となる場合もあるが、原因が不明、または胎生期に原因が考えられるものの比率が増えている。発生率は出生1,000人あたりおおむね2.2～2.3人程度と考えられる（産科医療補償制度調査専門委員会「産科医療補償制度設計に係る医学的調査報告書」（2007（平成19）年）。脳性まひは運動発達の遅れや停止、運動、姿勢の異常、筋緊張の異常などの運動障害が中心となるが、その他さまざまな障害（てんかん、知的障害など）を重複する

※9　周産期
周産期とは、妊娠満22週から生後満7日未満の妊娠後期から新生児早期までの期間をいう。出産を中心として突発的な緊急事態に対する備えが必要な時期であることから、この期間の母体、胎児、新生児を総合的に管理する。なお、母と子の健康を守る医療は周産期医療と呼ばれる。

ことが多い。

2 —— 脳性まひの分類と特徴

脳性まひには必ず筋緊張の異常が伴う。主に筋緊張の異常の違いにより次のように分類される。これらは明確に区分されるわけではない。たとえば、痙直型とアテトーゼ型の混在や、特徴が年齢につれて変化することもある。

(1) 痙直型

乳児の頃から四肢すべて、または左右いずれかの上下肢などをこわばらせている。筋肉が硬く動きが少ない。これらは中枢神経系[※10]の障害で高次の抑制コントロールが末端に届かず、筋肉をリラックスできないためである（過剰同時収縮）。このために、頭のコントロールや寝返りなどの基本的な運動パターンが身についていかないことが多く、成長につれて身体の変形、拘縮[※11]が進んでしまう。障害の部位により、片まひ（身体の片側半分、左右いずれかの上肢と下肢の障害）、両まひ（両側の下肢が上肢よりひどく障害される、早産児に多くみられる）、四肢まひ（両上下肢に障害があり重度）のタイプに分けられる。

(2) アテトーゼ型

筋肉が硬く、不随意運動（意図しないのに勝手に手足が動く）がある。頭のコントロールが悪く、顔の筋肉の不随意運動もあり言語障害を伴うことも多い。姿勢を保ったり、体重を支えるための筋肉も緊張が低すぎるか、高すぎたりして不安定である。こうした筋緊張の変化が突発的であるか、規則的に起きるかは個人により異なるが、いずれの場合も本人自身はコントロールできない。たいてい下肢より上肢が障害される。外見上は絶えず動いて落ち着かないという印象を与え、精神的緊張があると筋肉の硬さや不随意運動はさらに強くなる。

(3) 失調型

運動時のバランスが悪い、手指の動きの調整がしにくいため、指先に震えが出たり、目的からずれて触れてしまうこともある。乳児期早期には低緊張を伴うことも多い[※12]。

※10 中枢神経系
神経組織によって構成される神経系のうち、形態的にも機能的にも中心となる中枢部分をいう。身体各部に至る「末梢神経」に対し、脳や脊髄にある中枢神経系。中枢神経系には人間の活動を支える重要な神経が集まり、さまざまな情報が「神経伝達物質」と呼ばれる化学物質を通じて神経と神経の間を行き交っている。

※11 拘縮
拘縮とは、各関節を動かすことができる範囲が制限されている状態。拘縮があると、歩行機能やさまざまな日常生活動作に支障が出てくることから、リハビリテーションの対象となる。

※12 立位の平衡がよくないため、歩行の不安定性が強くみられる。

第3章 ●対象別にみた障害の理解

3 —— 主な随伴障害

　脳性まひの随伴障害は個々によって異なるが、脳性まひ児の特徴としていくつかの障害をあわせもつことが多い。重複の程度や重度さなどを総合したうえで障害を判断する必要がある。

(1) 視覚

　早産低体重出生に発生しやすい未熟児網膜症などにより大脳後頭葉視覚野が損傷されていた場合、視覚的情報を受け取れずにみえない状態になる。また、眼球運動障害である斜視が多く、程度によってはみることで獲得される学習に影響を与えることもある。視覚障害は「情報障害」といわれるように、物事の理解や学習面に影響することもあるので配慮が必要である。

(2) 聴覚

　核黄疸[※13]による脳性まひなどの場合、聴覚障害が生じることがある。核黄疸による聴覚障害は、内耳性の難聴（耳からの神経と音を読み取る脳の損傷による）と考えられている。聴覚は日常的に行われる発声、話しことばなどによるコミュニケーションの「入り口」であり、意思や情報の伝達に関係が深く重要であるが、脳性まひ児の聴力の測定は難しい。現在では他覚的聴力検査による診断が進んで聴力管理が可能になってきているが、脳性まひ児のコミュニケーションでは、聴覚だけでなく視覚や動作、表情などによるサイン（意思の発信）なども活用した総合的コミュニケーションが大切である。

(3) 呼吸、発声発語、摂食、よだれ

　脳性まひ児の多くは、声は出せてもことばが話せない、ことばは出ているが絞り出すような話し方で聞き取りにくいことも多い。呼吸は声を出す、話すことと関係が深いが、多くの脳性まひ児は上体の緊張が高すぎたり低すぎたりすることによって、深く規則正しい呼吸ができない。また、声やことばをはっきり話すために口やあご、舌などをコントロールし協調させて動かすことがとても難しい。これらが重なり合い、ことばの理解や話しことばの発達が遅れ、コミュニケーションが難しくなってしまうことが多い。

　また、多くの脳性まひ児は栄養摂取が困難である。摂食にかかわる、噛む、吸う、飲み込む、吹く（Chewing, Sucking, Swallowing, Blowing：CSSB）といった口腔機能の運動がうまくできないため食事に時間がかかる。誤嚥（ごえん）（誤って食物が気管に入ってしまう）の危険もあるため、食べ物を細かくす

※13　核黄疸（かくおうだん）
新生児溶血性疾患（血液型不適合など）、多血症などの病的黄疸によって血液中のビリルビン値が上昇し、脳内に沈着した結果、脳細胞が侵される病気。発病2～3日で筋緊張低下、眠っているような状態の意識障害、哺乳力の低下などがみられる。この段階に適切な治療（光線療法や交換輸血）が施されるようになって著しく減少している。

89

る、すりつぶすなど食べやすくすることなどが必要になることもある。

　経口摂取（口から食べる）ができない子の場合には鼻腔栄養（鼻から細い
チューブで直接栄養を摂る）などによって栄養摂取する。

　脳性まひ児は唾液のコントロールも難しい。呼吸、発声発語、摂食と同じ
ように口腔機能のコントロールが拙（つたな）く、唇を閉じて唾液を飲み込むことが難
しく、絶えずよだれで衣服の前を濡らしていることもある。このように、
CSSBの機能向上は、発声・発語を育てるうえで重要である。

(4)　知覚異常

　脳性まひ児の保育、教育的問題の一つに知覚の異常性があげられる。特に
視知覚、目と手の協応運動などは、みたものを正しく理解して働きかけるこ
とにつながり、身辺自立やその後の学習にも影響が大きい。たとえば、物を
みて一部分のみをとらえ、全体との関連や一つのまとまりとしてとらえるこ
とが難しい。また、「図形の輪郭をなぞる」「目でみながら物を操作する」と
いうような目と手の動きを協調させて行う動作が難しい。

(5)　身体意識

　身体意識は、自分とまわりの環境との関係を意識し理解する、心身の発達
にとって最も基本となるものである。身体意識にはボディ・イメージ※14やボ
ディ・シェマ※15があり、発達に伴い行動や動作が拡大するにつれてつくられ
ていく。脳性まひ児は生まれたときから行動の制限があり、成長にしたがっ
て身体の変形も生じるため、身体意識の混乱や遅れを認めることが多い。

※14　ボディ・イメージ
身体像、自分自身の身
体についての意識。通
常3～4歳頃に身につ
く。

※15　ボディ・シェマ
身体図式、身体各部の
位置関係がわかり、そ
れによって姿勢や動き
を調整できること。

▌4 ── かかわり方の留意点

　統合保育の広がりのなかで脳性まひ児が園に通うケースは増えてきている
が、身辺自立がある程度できるなどの、比較的軽度な場合に限られているの
が現状といってよい。脳性まひ児は、他の障害と比べて障害の症状が固定す
るまでに時間がかかる。また感染症にかかりやすいなど虚弱な場合が多く、
継続した医療を必要とするため、就学まで医療施設に入院や通院をしている
ことも多い。脳性まひ児の将来を考えると、早期発見・早期治療から就学ま
での教育（保育）的なアプローチのもつ意味は、障害のない子どもよりもは
るかに大きい。

　脳性まひ児が運動障害によって生活のほとんどを介助に頼らなくてはなら
ないとしても、子ども同士のなかでともに育つ喜びや厳しさを経験し社会性

第3章 ●対象別にみた障害の理解

を身につけていくことは必要である。脳性まひ児の多くは乳児期から機能訓練を受けていくことになるが、就学までの時期はどうしても機能訓練中心の生活になりがちである。子どもは就学してはじめて「教育」がスタートするということもありうるが、就学までの乳幼児期に学習のレディネス（準備状態、準備能力）、コミュニケーション力を身につけておくことは、その後の全人的な発達のうえでも重要となる。

　脳性まひ児を保育していくうえで特に留意したいことについて、次のような点があげられる。

(1)　運動障害を理解し配慮した保育

　障害のない子どもが発達していくうえで特別な働きかけをしなくとも身につけていくような運動であっても、脳性まひ児は姿勢と運動に異常なパターンをもっているため、妨げられてしまうことが多い。したがって、保育などで子どもとかかわるときには、筋緊張の異常から、上下肢を硬くこわばらせてしまうなどの望ましくない活動を抑えて、リラックスできる姿勢を配慮しながら遊びや日常の身辺動作（食事、排泄、衣服の着脱など）について働きかけ、支援することが大切である。励ましながら、たとえ不完全であっても「自分でやろう」という気持ちを幼い頃から身につけることが必要である。脳性まひ児に対する理学療法士（PT）などによる専門的な治療訓練分野と十分連絡をとり、異常なパターンが出ないような基本的姿勢を理解したうえで、日常の育児、保育活動を楽しい雰囲気で取り組むことが大切である。

(2)　トータルなコミュニケーションを心がける

　コミュニケーションは人間のあらゆる生活で最も基本となるが、脳性まひ児は日常のコミュニケーションに使われる発声・発語が困難なことが多い。運動障害によって呼吸する、声を出す、話す、明瞭に発音するなどがうまくできないことに加え、顔の表情、手の動き、身ぶりなどの動きも十分コントロールができないために、コミュニケーションがとりにくい。その結果、本人の意思を確認することなく一方的に扱われてしまう場合も出てきてしまう。脳性まひ児のコミュニケーションでは話しことばを中心とした「表出言語」だけでなく、細かな表情の変化、アイコンタクト、身ぶり、わずかな発声などに十分注意して訴えをくみ取り、普段の行動からその子なりの発信行動を読み取り、広げ、定着させていく取り組みが必要である。そのためには、周囲の人のかかわる姿勢を統一させておくことが大切になる。ごく限られた人にしか伝わらないような方法、手段を身につけてしまうのは好ましくない。

91

脳性まひ児は話しことばの表出が十分できないことが多いが、表現できる以上の多くを理解していて驚かされることが多い。たとえわずかしか伝え、表現することができないにしても、それまでの生活経験のなかで理解できていることも多いと考えてよい。最近のコンピュータを中心とした科学技術の進歩によって自分の音声言語を機器によって補ってくれるような電子コミュニケーション機器なども多く開発されて、簡単なスイッチ操作で意思を伝えることも可能になってきている。脳性まひ児は乳幼児期を治療・機能訓練中心の生活で送ることが多いが、並行してコミュニケーション力を育てていくためのトータルな方法・手段を探し、働きかけていくことが必要である。

(3)　周囲の人のかかわり方

　脳性まひ児の運動障害は永続的であるが、改善しうると定義されているように、脳性まひ児は、「今後も障害をもちながら生活していく」というライフサイクルを視野に入れたかかわりが大切である。たとえば、運動障害があるために障害のない子どもと同じように自分のことをできなくとも、「自分でやりたい」という気持ちや「まだみたことのない動物がいたら触ってみたい」などという気持ちは同じようにもっている。乳幼児期には、特にさまざまな経験を通して身のまわりの世界を学んでいくことが多いが、その機会が制限されがちである。まわりの人が、できるだけ年齢に応じた社会的経験を積み重ねられるよう支援しなくてはならない。運動障害のために身辺の介助が多いこともあり、必要以上に子ども扱いされて育ってしまう例が多い。たとえ障害が重く自分でできることは少ないとしても、幼い頃から行動の選択や意思決定は本人に任せるようにしていくことが、将来本人の生活の質を豊かにしていくことにつながるのである。

(4)　保護者（親）・家族の支援

　他の障害にもいえることであるが、保護者（親）は自分の子の障害を受容できるまでには時間もかかり、自分を責めるなど悩みや心理的な葛藤も多い。保護者（親）・家族は、障害のある子どもの最も身近にいて、生活のすべてにおいて果たす役割は大きいが、すべての負担がかかって疲れ果ててしまうことは、障害のある子どもにとってもよいことではない。保護者（親）、兄弟、姉妹などが生き生きと障害のある子どもにかかわれるように、障害のある子どもを一時的に預かる（レスパイト・ケア）、悩みを話し合い、共有できる機会をつくる、気軽に相談できる場を設けるなど、社会的な支援が必要である。

第8節 ● 聴覚・視覚障害

1 ── 聴覚障害

　われわれは聴覚によって外界の音を感じたり、感じた音を聞きわけたりしている。したがって、何らかの原因で外界の音を感じられなくなったり、感じにくくなったりすると外界の知覚が不可能となり、大きな影響を及ぼすことになる。このような状態が聴覚障害である。

　聴覚器官は図3－5のように外耳部・中耳部・内耳部で構成されている。外界からの音は外耳部で耳介により集められ、外耳道を経て中耳部の鼓膜に達する。膜に達した音は、鼓室小骨を経て内耳部の蝸牛に伝わり、蝸牛内で電気的インパルスに変換される。その電気的インパルスは聴神経から聴覚伝導路を上昇して、大脳皮質にある聴覚野へと伝えられ、そこで音として認識される。このうち、外耳部と中耳部は音を伝える部分なので「伝音部」、内耳部から聴覚野までは音を電気的インパルスに変換して認識する部分なので「感音部」という。

　また、障害の部位がどこにあるかによって「伝音性聴覚障害」と「感音性聴覚障害」あるいはその両方が混在している「混合性聴覚障害」とに分けて考えられることもある。

　聴覚障害はその聞こえの程度によって、軽度難聴から聾まで4段階に分け

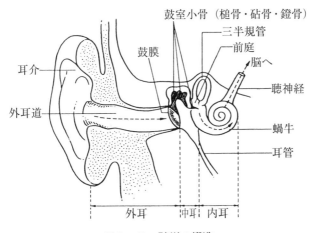

図3－5　聴覚の構造
出典：柴崎正行・大場幸夫編『障害児保育』ミネルヴァ書房　1990年

て考えられる。

①軽度難聴

平均聴力レベルが31〜50dBで、話声語を4.5m（ささやき語は50cm以上）離れても聞き取れる。

②中等度難聴

平均聴力レベルが51〜80dBで、話声語を1.5〜4.5m（ささやき語は50cm以内）で聞き取れる。

③高度難聴

平均聴力レベルが81〜100dBで、話声語を1m以内でかろうじて聞きうる程度のもの。

④聾

平均聴力レベルが100dB以上で、裸耳では話声語がまったく聞こえない。

かつては聴覚障害を聴力の損失時期によって先天性あるいは後天性聴力障害と分類していた。しかし、近年ではその原因が遺伝的要因によるものか外的要因によるものかによって遺伝性聴覚障害と獲得性聴覚障害に分類するようになっている。さらに獲得性のものについてはその侵襲を受けた時期によって、胎生期性、周産期性、後天性、原因不明の聴覚障害と分類するようになっている。これらについて簡単に述べると、次のとおりである。

①遺伝性障害

遺伝性、非遺伝性の分類は困難であるといわれているが、遺伝性の場合は他の障害をもたない単一型の感音性聴覚障害が多いといわれている。

②胎生期性障害

母胎の感染症、薬物投与、母胎の代謝異常や内分泌異常、妊娠高血圧症候群、放射線照射などがあげられる。

③周産期障害

未熟児、分娩外傷、新生児仮死、核黄疸などがある。脳性まひや精神遅滞との重複も多い。

④後天性障害

髄膜炎、流行性耳下腺炎、麻疹（はしか）などの生後の感染症の後遺症、あるいは薬物投与の後遺症、頭部外傷後遺症などがあげられる。

▌2 ── 視覚障害

視覚障害とは、眼球や視神経、大脳視中枢などの障害によって、「見る」ことが不可能あるいは不自由な場合をいう。近視や遠視、乱視などの屈折異常

表3－12　盲学校児童生徒の視覚障害原因の変遷

	調査年次	1910～29	1952	1959	1970	1975	1980
視覚障害原因	伝染性疾患	36.5	18.1	12.5	3.7	1.7	1.7
	外　　傷	3.5	4.5	3.8	2.2	3.1	2.9
	中　　毒		0.5	0.2	1.6	5.4	10.7
	腫　　瘍	0.9	0.5	0.3	1.8	2.6	3.8
	全　身　病	16.4	13.0	9.1	4.4	4.5	4.3
	先 天 素 因	29.7	52.3	71.6	80.9	76.5	66.9
	原 因 不 明	13.7	11.0	2.5	6.4	6.1	8.6
	合計　　％	100.0	100.0	100.0	100.0	100.0	100.0
	人数	988	3,645	8,686	8,873	8,464	7,799

注：1980年次については各原因の集計(98.9%)に無記入(1.1%)を加えて合計している。
出典：大川原潔他「全国盲学校及び小・中学校弱視学級児童生徒の視覚障害原因調査結果
　　　について」『弱視教育』19巻2号　1981年より一部改変

によって裸眼視力（眼鏡をかけない視力）が低い場合も多いが、通常眼鏡を
かけることによって視力がある程度確保できる場合も多い。したがって、視
覚障害という場合は、眼鏡をかけても良好な視力が得られない場合をいう。

　わが国においては学校教育や社会福祉など視覚障害に関連する各種法令の
なかで、それぞれ異なった判定基準が採用されている。

　学校教育では、視覚をどの程度活用しうるかといった観点から、視覚障害
を次のように区分している。

①盲——視力0.02未満（1mの距離で指数を弁じ得ない程度）

②準盲—視力0.02以上、0.04未満

③弱視—視力0.04以上、0.3未満（0.1以上のものを軽度弱視、0.1未満のもの
を強度弱視ということが多い）

　視覚障害の原因は、生活水準の向上や衛生思想の普及、治療医学の進歩な
どにより時代によって大きく変化してきている。表3－12はわが国の盲学校
在籍児童生徒の視覚障害原因を年次別に整理したものである[3]。近年の特徴
は白内障、網膜色素変性症、小眼球、屈折異常、視神経萎縮といった先天素
因による視覚障害が全体の3分の2を占めていることであろう。

3 —— 聞こえや見えの発達と保育

　かつて長い間にわたり、新生児は無力で白紙の状態で生まれてくるもので

あると信じられてきた。しかし、近年の胎児や新生児に関する研究はめざましく進歩してきて、彼らの優れた感覚能力に関する事実が次々と報告されている。母親の声に対する胎児の反応の研究、生活環境音に対する胎動の増減の研究、新生児期の母親の顔の模倣の研究などの成果は新生児が無力な存在などではなく、むしろ大変優れた能力をすでにもって生まれてくることを証明している。

　また、子どもは生まれたときから音の感受性が良好で、かなりの音の弁別も可能であることが知られるようになってきている。これらの研究は、音が変化すると新生児の心拍数や呼吸数が変化することを利用して行われているもので、低音では快の反応を示すが、高音では不快な反応がみられることを示している。

　2か月を過ぎる頃には母親が声をかけるとその声の方向をみようとしたり喜んだりするようになり、他の人とは明らかに異なる反応を示すようになる。3か月頃になると、音節の違いや子音の区別もできるようになることが実験的に知られるようになってきた。また、表3－13にみるように、視覚障害（盲）を有する場合とそうでない場合の発達上の差は極めて大きなものである[4]。こうしたわずかな期間に限ってみても、胎児期、乳児期の聞き取りや見えの経験と学習は、その後の子どもの全体的な発達に欠くことのできない重要な基礎となるものである。したがって、聴覚や視覚の障害の早期発見と障害を軽減するための対応が極めて重要であることが理解できるであろう。

　一般的に、聴覚や視覚に障害のある子どもが園で保育される場合には、その障害の程度は比較的軽度で、いわゆる難聴とか弱視と呼ばれる子どもたち

表3－13　視覚障害の有無と発達

項　　目	月齢の中央値		差
	視覚障害なし	視覚障害（盲）	
うつぶせになって、腕で身体をもちあげる	2.1	8.75	6.65
しばらく独りで坐っていられる	5.3	6.75	1.45
あお向けからうつぶせに寝返りをうつ	6.4	7.25	0.85
しっかりと独りで坐っていられる	6.6	8.0	1.4
自分で起きあがって坐る	8.3	11.0	2.7
ものに摑まって立つ	8.6	13.0	4.4
手を支えてやると歩く	8.8	10.75	1.95
独り立ち	11.0	13.0	2.0
3歩自分で歩ける	11.7	15.25	3.55
見えるものを手を伸ばして摑もうとする	5.0		
音がするものを手を伸ばして摑もうとする		11.0	

出典：T.バウアー著、古崎愛子訳『乳幼児の知覚世界―そのすばらしき能力』サイエンス社　1979年より一部改変

第3章●対象別にみた障害の理解

がほとんどであり、このような重度の子どもたちが通ってくることは比較的少ないといえよう。しかし、障害のある子どもたちへの理解がさらに進むことによって、園へ統合されていく場合も増加していくであろう。したがって、聴覚・視覚障害のタイプや程度、発達におけるそれぞれの器官の重要性を理解しておくことが保育者にとって不可欠である。

第9節 ● てんかん

1 —— てんかんの定義と分類

てんかんは、脳の神経細胞の過剰放電による反復性の発作を主徴とする脳障害であり、その原因はさまざまである。発作は短時間に経過する身体的、あるいは精神的な症状で、意識喪失を伴うものと伴わないものとがある。

諸説があるが、一般人口中のてんかんの発病率は、0.3〜0.5％程度とされている。また、精神遅滞や脳性まひではてんかんを合併する率が高く、軽・中度精神遅滞ではおよそ20％程度、重症心身障害では30％以上にみられるという報告もあり、脳障害との関連が考えられる。てんかんの発病は、約80％が20歳以前であり、特に0〜4歳頃の発病が多いとの報告もみられる。したがって、障害のある子どもを保育する保育者にとって無視できない重要な障害であるということができる。

てんかんの分類は、現在までさまざまに試みられているが、やや難解であるので、古典的ではあるが次のような発作型による分類をしておこう。

(1) 大発作

典型的なてんかん発作としてよく知られているものである。頭が重かったり、変なものがみえるといった前兆らしきものがあり、その後一連の流れに沿って、次のように発作が進んでいく。

強直期…数十秒、全身の筋肉が固くなる。

間代期…30〜60秒程度全身をガクガクさせる。

終末睡眠期…大きな呼吸をして入眠する。

間代期には、白眼をむき出しにして口から泡を吹くことも多い。入眠の長さは個人差があり、覚醒後も頭痛、筋肉痛、疲労感を訴える場合が多いものの、まったく何もなかったような状態に戻る場合もある。子どもの場合は、

97

間代発作（間代期の症状）や強直発作（強直期の症状）のみがあらわれる場合もあるといわれている。

(2) 小発作

小発作のなかでは、純粋小発作がよく知られている。ほんのわずかな間、意識がなくなることを繰り返すもので、頻度が少ない場合には気づかれないことも多い。尿失禁や無目的な動作の繰り返し（自動症）を伴ったり、意識混濁が数十秒に及ぶ場合などもある。学童期の女子に比較的多いとされる。また、精神運動発作といわれ、意識混濁に自動症が伴うタイプもある。

(3) ミオクロニー発作

瞬間的な不随意的筋収縮（ピクッとした不随意動作）を特徴とする。筋収縮は全身に起こったり、身体の一部分にしかみられないこともある。発症年齢がほぼ一定しており、進行性の経過をとるとされている。

本節では、上述のように発作型でてんかんを分類したが、実際には典型的な一つの発作型を示す場合はむしろ珍しく、これらの型が複合している場合も数多くあることを念頭に置いておかなければならない。

さらに、保育現場でよく耳にする「点頭てんかん」と「レノックス症候群」について簡単に触れておこう。

---

① 点頭てんかん

ウエスト症候群（West syndrome）とも呼ばれる。乳児期（多くは生後4〜9か月）に認められ、発作型の多くは屈曲型の短い全身性強直発作で、次のような状態を示すとされている。すなわち、両上肢を広げてあげ、頭部を前屈、体幹を屈曲する数秒間の短い発作で、また下肢も股関節、膝関節で屈曲する型がもっとも多くみられる。この型の発作を数秒ごとに反復（シリーズ形成）することが多く、うつらうつらした状態、特に起きがけ時にみられる。点頭てんかんの約半数は、後述するレノックス症候群に移行していくとされている。発症と同時に発達が遅滞していることに気づかれることがほとんどで、発作を繰り返すことで知能障害の程度が進んでいくことが多いとされている。

② レノックス症候群

主に3〜6歳頃の幼児に発症するもので、およそ3割は前述の点頭てんかん（ウエスト症候群）からの移行であるといわれている。発作型は多種類の小型発作（強直発作、非定型欠神、ミオクロニー発作、失立発作など）が頻繁にみられるのが特徴である。なかでも、短い強直発作が多く、これは点頭てんかんのそれと異なり、シリーズ形成を示さず、覚醒時、睡眠時を問わず出現するとされている。小型発作の重積状態（けいれん、意識混濁状態が10分以上続く）をきたしやすいことも特徴である。知能障害の合併も高率で、それが進行していく場合も少なくない。

第３章 ● 対象別にみた障害の理解

2 ── てんかんのある子どもへの対応

(1) 発作時の対応

　一般的には、てんかん発作の持続時間は短いので、発作中の安全を確保し、できるだけその場で安静にして経過を観察することが重要である。ここには２つのポイントがある。１つめのポイントは安静にすることである。衣服を緩める、涼しい場所に寝かせるなどの配慮が必要であろう。また、発作時に嘔吐物をのどに詰まらせる危険性があることから、顔を横向きにさせ気道を確保するといった配慮も必要である。

表３−14　てんかん小児の学校行事への参加の原則

〈発作回数と指導の原則〉

グループ	発作の程度
Aグループ	過去１年なし
Bグループ	過去１年に１〜２回くらい
Cグループ	過去１月に１回くらい
Dグループ	過去１週に１回くらい
Eグループ	過去１日に１回

●留　　意：気をつけて監視
●要 注 意：常に監視
●厳重注意：１対１の配慮

⑴運動会（徒競走、遊戯）
　ABは普通参加でよいでしょう。Cは留意、Dは要注意、Eは厳重に注意して大勢の前で倒れて恥ずかしい思いをさせないようにしてあげてください。

⑵陸上運動（マラソン）
　低学年で校庭内の場合には徐々に増やして普通参加、校外または長距離の場合DEは留意（列の中のほうにする、そばにつく）。

⑶キャンプ、修学旅行（１泊以上）
　Aは普通参加、BCは留意（はしゃぎすぎぬよう）、DEについては発作が起こるかもしれないことを前提に、そのための人員を確保して、場合によれば保護者同伴（隠れて）も考えてよいのではないでしょうか。

⑷バス旅行
　ABは普通参加、CDも留意でよいと思います。Eは要注意で、できるだけそばにいる、道路へ出るときはなるべく皆の中央へ包むように、など配慮してあげればよいと思います。

⑸体育的クラブ
　これが問題になるのは小学校高学年からでしょうが、野球、サッカーなどでは案外運動量が少なく、また頭にボールがぶつかったからといって発作が起こることもありません。
　ただ中学校上級になりますと、相当運動量が多くなり、疲労によって発作を起こしやすくなるタイプの子どもには適当な配慮が必要かもしれません。

⑹水泳
　Aは普通参加、Bは低学年は普通参加、高学年は留意、Cは低学年は留意、高学年は要注意（１対１の監視と救助要員）、Dは厳重注意（１対１の専門家による指導体制）、Eは専門家が水の中に入って常時そばにいる。

出典：永峯「行事参加へのアドバイス」『波』日本てんかん協会　1980年

てんかんの治療の基本は薬物療法である。発作の程度、好発時刻、発作誘因、発作前兆などに着目した冷静な保育者の観察報告は、医師の投薬時の情報として貴重である。これが2つめのポイントである。なお、発作が終わって意識が回復しないうちに次の発作が繰り返されるようであれば、専門的処置が必要である。

(2) 保育所、幼稚園などでの対応

永峯は、てんかんのある子どもの学校行事への参加の原則を示している。小学校就学後の子どもを意識しているものと考えられるが、園での保育にも参考となるので示すことにしよう（表3－14）。

● 「第3章」学びの確認
①発達障害児の特徴と対応を障害別にまとめ、整理してみよう。
②脳性まひとはどのような特徴をもつ障害なのか整理し、脳性まひの子どもの保育で配慮することは何か考えてみよう。
●発展的な学びへ
①実習園で出会った障害のある子どもの姿と、保育者の対応について振り返ってみよう。
②脳性まひの子どもが緊張せずリラックスして遊びや日常の身辺動作（食事、排泄、衣服の着脱など）ができるように援助するためには、どのような姿勢に注意したらよいか考えてみよう。

引用・参考文献

1) 小出進編『発達障害指導事典　第2版』学研プラス　2000年　pp.538－539
2) 日本発達障害福祉連盟編『発達障害白書　2011年版』日本文化科学社　2010年
3) 大川原潔他「全国盲学校及び小・中学校弱視学級児童生徒の視覚障害原因調査結果について」『弱視教育』19巻2号　1981年
4) T. バウアー著、古崎愛子訳『乳幼児の知覚世界―そのすばらしき能力』サイエンス社　1979年
5) American Association on Intellectual and Developmental Disabilities, *Intellectual disabilities : definition, classification, and system of supports*, 11th ed., Washington, D.C. : Author, 2010.
6) American Psychiatric Association, *Diagnostic and statistical Manual of Mental Disorders, 4th ed., Text rev. : DSM-Ⅳ-TR*, Washington, D.C. : Author, 2000.
　（アメリカ精神医学会編　高橋三郎・大野裕・染矢俊幸訳『DSM-Ⅳ-TR 精神疾患の診断・統計マニュアル新訂版』医学書院　2004年）

7) American Psychiatric Association, *Diagnostic and Statistical Manual of Mental Disorders, 5th ed .,* VA. : Author, 2013.

（アメリカ精神医学会編　日本精神神経学会監修・高橋三郎・大野裕監訳『DSM‑5　精神疾患の診断・統計マニュアル』医学書院　2014年）

8) Grossman, H. J. (Ed.)., *Classification in mental retardation,* Washington, D.C.：American Association on Mental Deficiency, 1983.

9) Luckasson, R., et al., *Mental retardation：Definition, classification, and systems of supports, 9th ed.,* Washington, D.C.：American Association on Mental Retardation, 1992.

10) 伊藤健次「最近の『精神遅滞』概念」名古屋経済大学・市邨学園短期大学幼児教育研究紀要　1998年

11) Hodapp, R.M., Burack, J.A. & Zigler, E., *Issues in the developmental approach to mental retardation,* NY：Cambridge University Press, 1990.

（R.M. ホダップ・J.A. ブゥラック・E. ジグラー編、小松秀茂・清水貞夫編訳『障害児理解の到達点―ジグラー学派の発達論的アプローチ』田研出版　1994年）

12) Heward, W.L., *Exceptional children : an introduction to special education, 7th ed.,* NJ：Pearson Education, Inc., 2003.

（ウィリアム・L・ヒューワード著、中野良顕・小野次朗・榊原洋一監訳『特別支援教育―特別なニーズをもつ子どもたちのために』明石書店　2007年）

13) Beirne-Smith, M., Patton, J.R., & Kim, S.H., *Mental Retardation : An Introduction to Intellectual Disabilities 7th Ed.,* NJ, Pearson Prentice Hall, 2006.

14) American Speech-Language-Hearing Association, *Definitions of communication disorders and variations, ASHA, 35 (Suppl.10),* 1993.

15) Haynes, W., & Pindzola, R., *Diagnosis and evaluation in speech pathology, 5th ed.,* MA：Allyn & Bacon, 1998.

16) 小林重雄（監）『発達障害の理解と援助』コレール社　1999年

17) 永淵正昭『言語障害概説』大修館書店　1985年

18) 「第43回日本児童青年精神医学会総会抄録集」2002年　p.160

19) 日本自閉症協会編『自閉症ガイドブック』2001年

20) 市川宏伸「高機能広汎性発達障害」『児童青年精神医学とその近接領域』2009年第50巻第2号　日本児童青年精神医学会　p.85

21) 伊藤健次編集代表『一部改訂　障害のある子どもの保育』みらい　2003年

22) ローナ・ウィング『自閉症スペクトラム』東京書籍　1998年　p.81

23) 小枝達也編『ADHD、LD、HFPDD、軽度MR児　保健室指導マニュアル』診断と治療社　2002年　pp.8-9

24) 「軽度発達障害の子どもへの援助の実際」『児童心理』2005年6月号臨時増刊No.825　金子書房

25) 長崎勤・古澤頼雄・藤田継道編『臨床発達心理学概論』ミネルヴァ書房　2002年

26) Nancie R. Finnie著、梶浦一郎・鈴木恒彦訳『脳性まひ児の家庭療育』医歯薬出版　1999年

27) American Association on Mental Retardation, *Mental Retardation : Difinition, Classification, and Systems of Supports, 10th ed.,* Washington, D.C.：Author, 2002.

28) 伊藤健次「乳幼児期における発達援助のあり方」成田朋子編『発達心理学』聖公会出版　2007年

●○● コラム④ ●○●

「AAIDD」ってなに？

　本章で紹介したAAIDD（アメリカ知的・発達障害学会：American As-sociation on Intellectual and Developmental Disabilities）は、AAMR（アメリカ精神遅滞学会）を2007年1月に名称変更したことから誕生した。したがって、現在はAAIDDという略称が使用されている。

　1876年、6名の医師によって「アメリカ白痴および精神薄弱者施設医務職員協会（The Association of Medical Officers of American Institu-tions for Idiotic and Feebleminded Persons）」が、著名なセガン（Seguin,E.O.）を初代会長としてアメリカ合衆国ペンシルバニア州に設立された。1906年には、「アメリカ精神薄弱研究協会（American Association for the Study of the Feebleminded）」、1934年には「アメリカ精神薄弱学会（American Association on Mental Deficiency）」、1987年には「アメリカ精神遅滞学会（American Association on Mental Retardation）」と改称を重ね、現在のAAIDDに至っている。

　設立以来この組織は、知的障害の、①施設入所とその制度、②知能と適応行動の測定、③教育・訓練・看護、④基礎および応用研究、⑤定義、分類システムとその用法、⑥啓発、⑦関連政策の推進、に主眼をおいて活動してきた。現在、関連する領域では歴史的にもその規模においても最大の組織に発展してきている。

　さて、現在のAAIDDは今日まで学会名称を変更するばかりでなく、その機関紙や知的障害に関する定義と分類についてもそれぞれの時代背景を考慮して改称、改訂を重ねてきた。定義と分類に着目すると、初版以降11回の改訂を重ねてきた。本章で紹介した定義は、その最新版（2010年）のものであり、呼称も「知的障害（Intellectual Disability：ID）としている。また、呼称ばかりでなく、その意味、内容においても重大な変更が含まれていることに注意したい。

第3章 ●対象別にみた障害の理解

●○● コラム⑤ ●○●

TEACCHプログラムとは

　TEACCH (Treatment and Education of Autistic and related Communication handicapped CHildren) プログラムは、1970年代初頭にアメリカのノースカロライナ州でショプラー（Schopler, E.）を中心とするグループによって開発された、自閉症スペクトラムの子どもたちのための包括的な支援プログラムである。

　TEACCHプログラムは「自閉症スペクトラム児・者がその特性をもちながらにして、できる限り家庭、学校、地域へ参加し、自立的、共生的に生活することを支援すること」を目的とし、家族や教師、ケアサービス提供者などと共同することで進められ、行政もこのプログラムに参画していることを大きな特徴としている。

　このプログラムでは、行動理論と認知理論に基づく一日がかりの観察から障害の診断評価を行い、その個人の特性を把握することから始まる。そして、その特性にあわせて、その人が周囲の出来事から自分で情報を読み取れるよう、環境側の要因を変化させる。そのなかで個別化されたトレーニングを行うが、これは構造化された指導と呼ばれている。その人のもつ能力をできる限り活用できるように、その特性にあわせ、必要であれば援助が求められる環境を用意し、個にあわせた課題を行うのである。

　TEACCHセンターでは、余暇スキル、ソーシャルスキルグループ、レスパイト・ケア、夏季のレクリエーションプログラムなども提供されている。また、教師、居宅のケアサービス提供者、その他の関連機関と連携し、ペアレントトレーニングやコンサルテーション、スタッフトレーニング、サポートつき雇用などの臨床的サービスの提供を行っており、これらのサービスによって家庭や学校、職場などの地域のなかでも同様のサポートが得られるように考えられている。さらに、生涯にわたる多様なライフステージにおいて支援が受けられるよう、さまざまな場所で包括的な支援をプログラム、マネジメントができる人材の育成にも力を入れている。

第**4**章 | 気になる子どもとその他の障害の理解

◆キーポイント◆

　第3章で示したような明らかな器質的問題がみられない場合でも、保育者としての経験に照らしあわせると、子どものなかには「何となく気になる行動をする」「発達が遅れている気がする」「他の子どもとのかかわりが気にかかる」といった子どもも少なくなく、個別の細やかな保育的配慮を必要とすることがある。

　本章では「気になる子ども」「情緒障害」といわれる子どもの保育について、主に養育環境の調整という視点から解説していく。また、養育環境から生じる問題だけでなく、器質的問題のリスクを少なからず抱えるといわれている「未熟児」についても、その特徴と保育についても述べていく。

第1節 ● 気になる子ども

　昨今の保育所・幼稚園・認定子ども園（以下、園とする）などの保育現場や学校においては、「気になる子ども」が増えてきているということをよく耳にする。2012（平成24）年に文部科学省は、小・中学校の通常学級に在籍している児童生徒（標本児童生徒数5万3,882人）を対象に、担任教師の回答に基づく全国実態調査を実施している。その結果、知的発達に遅れはないものの、学習面や行動面で著しい困難を示す児童生徒は、通常学級に約6.5％存在しているという数字が報告された。専門的な支援を必要としている子どもたちは決して稀な存在ではなく、どのクラスにもいるという実体が浮かび上がってきたといえよう。

　こうした子どもたちのなかには、前章で学んできた自閉症スペクトラム、学習障害（LD）、注意欠如・多動症（ADHD）などの発達障害の子どもたちが混在していることもあるが、家庭の養育環境や親子関係に起因している子どもたちも多い。本節では、障害があると診断されてはいないが、保育者にとって対応が難しいと感じられる「気になる子ども」について取り上げていく。

　「気になる子ども」を保育現場の保育者たちはどのようにとらえているのかについての調査研究※1によると、以下のような結果が報告されている。「保育

※1　青木紀久代「保育における気になる子どもたちへの対応を巡って」『保育の友』51（13）2003年　p.25

第4章●気になる子どもとその他の障害の理解

者が捉え得る気になる子どもの臨床像には、①認知や行動などの発達の進度に関する気がかり　②集団生活を送るうえで周囲に迷惑をかけるなど、注意・衝動の統制に関する気がかり　③緊張が強くて友達と遊べないなど、対人関係に関する社会性の問題　④親の子どもへの関わり方や保育への関心の薄さなどの家庭環境の4点が浮かび上がった」との報告である。①は前章でみてきた発達障害が疑われる子どもたちである。したがって本節では、②〜④の典型事例を一つずつあげ、その対応を述べる。

1 ── 注意・衝動の統制に関する気がかり─集中力に欠け、落ち着きのない子どもへの対応─

保育者にとって気になる行動としてあげられる「集中力に欠ける」「落ち着きのなさ」は、親にとっても「ことばが遅い」などのいわゆる発達の遅れより、大きな不安要因となっている[1]。しかし、その程度や内容はさまざまであり、すべてが問題になるものではない。本来、子どもはエネルギッシュであり、幼児期は好奇心や探索心旺盛な時期でもあることから、むしろ活発さは健全な発達の証といえよう。ここで問題になる「落ち着きのなさ」は、状況や場面に応じて行動統制することができず、絶えず不自然な過度の動きがあったり、園の集団場面で勝手な動きをする場合である。

こうした子どもへの対応としては、まず、子どもを取り巻く環境と人間関係を見直してみることが必要である。母親が厳格で躾に厳しかったり、口やかましく干渉しすぎることが多く、いつも厳しい目で子どもをみていると、その子どもは絶えず緊張を強いられ、情緒が不安定になったり、ストレスにつながり、落ち着きをなくすこともある。保護者（親）が子どもの乱暴や落ち着きのなさばかりを指摘し、子どもの気持ちを受けとめることができていない場合が多い。子どものほうも、保護者（親）に対して否定的な感情を抱いてしまう。保護者（親）には無理な期待を押しつけたり、干渉しすぎたりせず、一緒に生活を楽しみ、見守る態度を身につけてもらいたい。

また、このような子どもたちは、自分に注目してほしいという承認欲求が強く、誰も注目しないと落ち着きのない行動がますますエスカレートしていってしまうということも多い。保護者（親）や保育者は、その子どものよい点を認め、ほめてあげることをしていけば、子どもは自信をもち、情緒も安定し、行動面においても落ち着いてくる。

その他、父親の単身赴任、弟・妹の誕生、祖父母の介護、両親の離婚、入院など、子どもを取り巻く家庭状況により、子どもの情緒は大きく揺れる。こうした状況下での不安と混乱のサインの一つとして「落ち着きのなさ」を

示すこともある。したがって、「よく動く」という行動面のみに目を奪われることなく、その背景にある要因を探って対応していくことが大切である。

しかし、これらの注意や衝動の統制について、気になる子どものなかには発達の偏りとして何らかの専門的な対応が求められる場合も少なくないと考えられる。このような場合には、経験豊かな専門家、あるいは専門機関への紹介、依頼という姿勢をもつことも忘れてはならない。

2 ── 対人関係に関する社会性の問題—緘黙児への対応—[2]

担当クラスに一言もしゃべらない子がいると、保育者は「私のことが嫌いなのであろうか」と不安に思ったり、また逆に「私が担任をしているうちに、何とか一言でも話せるようにしたい」と意気込んでしまったりするものである。家庭ではしゃべっているのに、園ではまったく異なった状態を示す子どもを「場面緘黙児」という。緘黙の出現率は0.19％、すなわち1,000人に2人くらいいるということであり、決して多い数ではないが、本人や両親、担任にとっては深刻な問題であり、対応も難しい。

緘黙傾向が強く、身体も硬直させるような場合は担任の気づきも早いだろうが、一般に緘黙児は他児に直接迷惑をかけるわけでもなく、担任の目にはおとなしい子どもとして映ることが多い。そして「入園したばかりで緊張しているのだろうが、そのうち慣れてくれるだろう」と様子をみているうちに1学期、あるいは1年が過ぎてしまったというケースも少なくない。しかし、子どもはその間ずっと苦しんでSOSのサインを出し続けているのである。

ここで、ある幼稚園での対応をみてみよう。

> 「おはよう」のあいさつをしっかりさせることを目標とし、緘黙の子どもが登園するやいなや保育者がその子どもに顔を近づけ正面からあいさつする。保育中にはコミュニケーションを図るために、できるだけ担任からの声かけを多くし、答えを求めるといった対応をとっていた。小声ではあるが、思い切って返事をしたときには、「○○ちゃん、今、返事をしてくれましたよ。もう一度いってもらいますからみんな聞いていてね」とクラスの子どもたちからの注目を浴びさせた。こうした対応の結果、翌日からは表情まで硬くなってしまった。

この事例からは、保育者側の努力は感じ取られるが、こうした対応は緊張と抵抗を高め、まったく逆効果である。緘黙の治療は専門機関においても容易ではない。一度形成された行動をなくすということは大変な時間を要するものである。したがって、自分が担任している年度のうちに何とかしゃべれる

第4章●気になる子どもとその他の障害の理解

ようにしようというのは、なかなか難しい。緘黙の対応には焦りは禁物であり、力を入れれば入れるほど逆効果になってしまうことが多いものである。

保育者と会話できなかったり、みんなの前では発言できなくても、毎日楽しく登園していれば大成功といえる。緘黙の子どもは意外に強情なところがあり、中学を卒業するまではしゃべらないと決めた場合は、その時期がくるまでは決して家庭以外では口を利かないという子もいる。そして、顔見知りの友だちが少ない高等学校への入学を境に、多弁になったという例もある。

コミュニケーションとは、単に言語を交わすことだけではない。表情や視線、しぐさやかかわりを通してもなされる。緘黙の子どもに対しては、何かを共有するという手段により非言語コミュニケーションが成立しやすい。たとえば、折り紙や描画といった制作活動を一緒にしたり、担任の隣の席で給食を食べたり、あるいは簡単な手伝いをお願いしたりする。手伝いではあまり会話をすることなく、ともに過ごすことができ、作業中は黙っていても不自然ではない。終わった後に「ありがとう、助かったよ」というメッセージを伝えれば「先生の役に立てたんだ」という自己有能感を高めることができる。こうした時間や行動を共有するところから信頼関係が育つ。しかし、これを意図的に実行しようとするとかえって緊張感を増幅させてしまう。

緘黙児への接し方のポイントは「さりげなく」である。心が通う関係づくりから始めよう。決して焦らず無理をせず、ゆったりとした雰囲気づくりが大切である。「しゃべる」という苦手なところではなく、得意なことを見出し、十分に認め、自信をもって行動できるような援助を心がけたい。

3 ── 家庭環境・母子関係—母子分離不安の強い子どもへの対応—

登園時、母親とスムーズに離れられない子どもに対して、母親は「みんな泣かずに分離できているのに、どうしてうちの子だけ大泣きするの？」と焦りを感じるものである。このとき、「早く集団に慣れさせたい」「他の子と同じようにさせたい」との思いから、無理やり離そうするのは逆効果である。子どもに恐怖心と不安を募らせてしまう。大泣きするのは、母親から離れることの寂しさや不安が大きな原因と考えられる。ゆっくり時間をかけ、子どもが安心できるまでしばらく母親がそばにいてあげてもよい。

また、子どもが気づいていないうちに黙って帰ってしまうのもよくない。「お母さんがいなくなってしまう」という不安をより強くしてしまう。母親が帰るときは、「お母さん帰るからね。でも、お帰りの時間のときは絶対に迎えにくるからね。おやつを用意して待ってるからね」ときちんと告げて帰る

107

ようにすべきである。しばらくは泣いているかもしれないが、保育者が母親に代わって安心できる存在（安全基地）になれば、子どもの気持ちも安定してくる。

　そして、何より大切なことは、母親の愛情をたっぷりと与えてあげることである。子どもを抱きしめるなどのスキンシップや温かいことばかけによって、子どもの心は満たされる。「甘え」は「甘やかし」のように受け取られやすいが、子どもの成長にとって欠くことのできない「心の栄養」となる。子どものよい点に目を向け、ほめて、認めてあげることばかけをしてあげよう。母親がしっかり自分と向かいあってくれて、そしてありのままの自分を認めてもらえると、子どもの心は安定し、自信ももてるようになる。こうしたやりとりを通して、親子の信頼関係が成立してくる。自宅では母親が、園では担任保育者が「安全基地」となっていれば、子どもは安心して活動でき、自立心も育っていくものである。保育者には母親の不安を受けとめる役割も求められる。母親は他の子どもと比較して焦りを感じてしまうであろうが、子どもの成長には個人差があるものである。その点をしっかり告げ、何よりお母さんの愛情が大切であることを伝えよう。

　このように、これからの保育者には、子どもの健やかな発達支援と、親の子育て支援の両方が求められている。それによって保育者自身も保育者として成長していくことができるであろう。

　以上、3つのケースを取り上げ、その対応について述べてきたが、「気になる子ども」の保育を進めていくときには、行動面だけにとらわれず、その背景にどのような要因があるのか、そのときの子どもの心理はどのようなものなのかを十分にとらえ、対応していくことが重要である。「もっと僕のほうをみてほしいよ」「不安なんだよ」「寂しいよ」といった子どもの気持ちが、気になる行動として表現されていることが多いからである。

　また、保護者（親）や専門機関との連携も大切である。連携のパイプが整ってくると、専門機関の助言や保護者（親）の協力が得られるようになり、保育者の子どもの行動に対する「気がかり」の度合いも軽減されてくるであろう。そして、ここで大切なことは、保育者の専門性は子どもの障害に対する医学的なアプローチではなく、目の前にいる子どもの発達を最大限保障するための保育を実践していくことである。気になる子どもを集団から抜き出して個別対応するのではなく、保育集団のなかで子どもが適応し、成長していける保育を考えていくことが求められる。

第4章●気になる子どもとその他の障害の理解

第2節 ● 情緒障害

1 —— 情緒障害の定義と種類

　他の障害と比べて情緒障害（emotional disturbance）は非常にあいまいな概念であり、何をもって情緒障害とするかにはさまざまな意見がある。比較的明確な定義として、牧田の「身体的には少なくとも現時点の科学によって何等原因と考えられるような条件が認められないにもかかわらず、主として、心理的ないし情緒的原因が主役をなして、そのために起こってくる機能的な行動障害」[3] があげられる。この考え方では、聴覚障害や発達障害といった身体的に明らかな問題や障害がなく、対人関係や生活場面の変化などによるいわゆる心理的な要因がきっかけとなって情緒的に不安定になり、行動上の問題が起こっている状態を情緒障害としている。本章第1節で述べられた「気になる子ども」の一部は、この情緒障害にあてはまると考えられる。

　しかしこの定義に対しては、問題の背景に身体的な要因がないことを明らかにすることは実際問題として不可能であることや、また何らかの身体的な問題が発見されたとしてもそれが行動上の問題と関係しているかは明らかにならない場合が多いという批判がある[4]。この批判をもとに、心理的な要因によって生じる行動上の問題を狭義の情緒障害とする一方で、身体的に何らかの問題や障害のある子どもが、周囲とのかかわりのなかであつれきや葛藤を抱えて行動上の問題を起こしている場合も広義の情緒障害として含めたほうがより実用的であるという考え方もある[4]。いずれの考え方にせよ、情緒障害は子どもと子どもを取り巻く環境とのかかわりのなかであらわれ、あるいは悪化していくという点では共通しており、かかわりの調整によってそれらの障害の軽快や消失を図ることが可能であるということができよう。

　なお、第3章で述べられた自閉症スペクトラムは、かつては情緒障害の代表例として教育行政のなかでは扱われていた。しかし、2006（平成18）年の学校教育法施行規則の改正によって、これらは明確に区別されている。

　情緒障害として生じる行動上の問題として、以下のようなものがあげられる[5]。
　①食事の問題…拒食、過食、異食など
　②睡眠の問題…不眠、不規則な睡眠習慣など
　③排泄の問題…夜尿、失禁など
　④性的問題…性への関心や対象の問題など

109

⑤神経性習癖（狭義）…チック、髪いじり、爪かみなど

⑥対人関係の問題…引っ込み思案、孤立、不人気、いじめなど

⑦学業不振…全般性学業不振、特定教科不振など

⑧不登校（登校拒否）

⑨反社会的行動…嘘言癖、粗暴行動、攻撃傾向など

⑩非行（不良行為）…怠学、窃盗、暴走行為など

⑪情緒不安定…多動、興奮傾向、かんしゃく癖など

⑫言語（ことば）の問題…吃音、言語発達遅滞など

⑬緘黙

⑭無気力

　これらの行動のうち、何らかの障害が背景にある場合は、その障害特性を考慮した対応が不可欠となる。本節では、狭義の情緒障害にあてはまる行動上の問題をあげる。具体的には、⑤神経性習癖、および⑧不登校の幼児版として登園拒否（登園渋り）を取り上げ、その特徴と対応を説明する。

▎2 ── 神経性習癖

　習癖とはいわゆる「くせ」のことである。「くせ」は「なくて七癖あって四十八癖」というように、少なからず誰しもがもっているものである。しかしこの「くせ」のなかには、社会生活をしていくうえでさまざまな問題となる「困ったくせ」が存在する。ある「くせ」が気になり、やめようとするがうまくいかず思い悩む場合や、またある「くせ」が周囲に違和感や嫌悪感を与え、仲間外れやいじめにあうような場合、その「くせ」は「困ったくせ」といえるだろう。神経性習癖とは主に心理的要因によって生じたと考えられる「困ったくせ」のことをいう。高木[6]は「身体的・心理的要因により条件づけられた身体の部分的な反復行動」と定義している。また近年では、「習癖障害」や「習癖異常」という用語で説明される場合もある。

　神経性習癖は比較的幅広い概念であり、本章第1節で述べられた緘黙などの言語にかかわる問題、悪夢や夜驚といった睡眠にかかわる問題、偏食や異食といった摂食にかかわる問題も広義の定義には含まれる場合がある[6]。ここでは、身体玩弄癖とチックを取り上げる。

(1)　身体玩弄癖
①身体玩弄癖の特徴
　身体玩弄癖とは身体の一部をいじる「くせ」であり、狭義の神経性習癖と

して扱われることもある。代表的な例としては指しゃぶり、爪かみ、性器いじりなどがあげられる。指しゃぶりや爪かみは多くの子どもの発達の過程においてよくみられる行動であり、その出現がすぐに問題につながるものではない。また幼児期にみられる性器いじりは性的な意味合いはなく、ちょっとしたきっかけから行動が習慣化したものと考えられる。小林[7]は、これらの行動の習慣化につながる要因として、身体をいじることで得られる快刺激や、周囲から注目され、何らかの働きかけを受けることなどをあげている。

②かかわり方の留意点

身体玩弄癖は大半が一時的なものであり、該当する行動をあまり意識せずに育児・保育をしていくことで自然に消失するものも多い。あまりにその行動が著しく、社会生活をしていくうえで不都合が生じる場合には積極的な働きかけが必要となるが、その際には行動そのものへの介入よりもその行動を引き起こす環境の調整が重要となる。不適応行動全般にいえることだが、問題が起こってからの対応以上に問題が起こらないように予防案を検討することが非常に重要となる。小林[7]は、身体玩弄癖が生じる直前の状況として大きく2つの場面をあげている。一つは手持ちぶさたで退屈な場面であり、もう一つは何らかの原因で不安や緊張の状態に陥っている場面である。これらの場面を一時的に解消するために身体玩弄癖が用いられ、維持されている可能性が高いと考えられる。このような場面をいかにつくらないようにするかが、身体玩弄癖の対策の中心となる。一人ぼっちで手持ちぶさたという状況下で身体をいじる「くせ」が生じているのであれば、その「くせ」が始まる前に子どもが楽しめる遊びを構成し、遊びに導入していく。特に、身体玩弄癖を同時に行うことができないような、手を積極的に使う遊びなどを重点的に構成していくと、より効果的な働きかけができる。また、過度の不安や緊張がその背景にあるならば、保育機関内での子ども同士の関係や保育者との関係、家庭環境や親子関係などをよく検討し、子どもを取り巻く環境を調整していくことが対応の一例としてあげられるだろう。

(2) チック

①チックの特徴

チックとは、子ども自身の意図とはかかわりなく生じてしまう反復的な運動や発声のことであり、たとえば、まばたきや肩をすくめる、咳払いをするといった行動が発作的に繰り返されるものをいう。DSM-5では「突発的、急速、反復性、非律動性の運動あるいは発声」[8]と定義されている。チックの症状はその形態が運動によるものか音声によるものか、「素早くて明らかに

無目的」[9]（単純）なものか「ややゆっくりで一見すると目的性がある」[9]（複雑）ようにみえるものかによって、単純運動チック、単純音声チック、複雑運動チック、複雑音声チックの4つに分類される[10]（表4－1）。

　また、DSM-5ではチックの症状の内容だけでなく、その症状の持続期間も考慮した分類がなされている[8]（表4－2）。

　チックの多くは心理的要因により発生すると考えられてきたが、近年ではチックを引き起こしやすい身体的な基盤があり、心理的な要因はきっかけ（誘因）として作用する、という考え方が主張されるようになってきている。

②チックへのかかわり方の留意点

　チックはその大部分が暫定的チック症／暫定的チック障害に分類されるものであり、一定期間を過ぎると消失することが多い。金山[9]は、チックの身体的な基盤として脳内で働く神経伝達物質のアンバランスをあげており、これが発達の過程で改善されることで症状が消失するのではないかと指摘して

表4－1　チック症状の概要

	単純チック	複雑チック
運動チック	〈単純運動チック〉 まばたき、目を回す、白目を向くなどの目の動き、口を歪める、鼻を曲げる、顔しかめ、首を振る、首をグイッと引く、肩すくめ	〈複雑運動チック〉 顔の表情を変える、見繕いをする、飛び跳ねる、人や物に触る、地団太を踏む、物の匂いをかぐ
音声チック	〈単純音声チック〉 コンコン咳をする、咳払い、鼻を鳴らす、鼻をクンクンさせる、動物の鳴き声やほえ声のような奇声	〈複雑音声チック〉 状況に合わない単語や句の繰り返し、汚言症（コプロラリア）、反響言語（エコラリア）、反復言語（パリラリア）

出典：金山由紀子「チック障害、トゥレット障害」山崎晃資・牛島定信・栗田広・青木省三編『現代児童青年精神医学』永井書店　2002年　p.188　表1

表4－2　チック症の種類

	運動チック	音声チック	持続期間
暫定的チック症／暫定的チック障害	あり	なし	1年未満
	なし	あり	
	あり	あり	
持続性（慢性）運動チック症／ 　　持続性（慢性）運動チック障害	あり	なし	1年以上
持続性（慢性）音声チック症／ 　　持続性（慢性）音声チック障害	なし	あり	
トゥレット症／トゥレット障害	あり	あり	

（筆者作成）

第4章●気になる子どもとその他の障害の理解

いる。前述したように心理的な要因、たとえば、過度の不安や緊張などがチックの直接的な原因なのか、あるいはきっかけなのかについては、今後さらなる研究が求められるが、少なくともこういった心理状態がチックの症状を強めることがあるため、これらが解消されるように子どもの環境を調整しながら様子をみていくことが大切となる。チック症状が生じていること自体が保護者（親）や子どもにとって心理的負担となり、さらに症状の増強につながる可能性もあるため、チックに対する適切な情報提供や心理的支援が状況に応じて必要となるといえる。なお、対象となる子どもが小学校の中高学年ならば、心理的にも医学的にも積極的な対応が求められるので、専門機関への相談、受診が検討される必要もあろう。

3 ── 登園拒否（登園渋り）

(1) 登園拒否（登園渋り）の特徴

　登園拒否は主に心理的な要因によって園に行かない・行けない状態をさす。小学生以降にみられる「不登校」の幼児版という考え方が一般的である。状態像としては、園に行くことを嫌がり、「行きたくない」とぐずる、登園準備をしない、または頭痛や腹痛、倦怠感といった身体的な不調を訴えるなどがあげられる。登園拒否の原因について桜井[11]は、対人関係にかかわることと基本的生活習慣に関することの大きく2つに分けて解説している。対人関係については、代表例として分離不安と集団参加があげられている。園は子どもにとって比較的長時間にわたる保護者（親）との分離の場となり、また多くの子どもにとってはじめての集団生活の場となる。そこで経験される分離不安や新奇場面に対する不安、集団活動でのさまざまなあつれきや葛藤（おもちゃの取り合いや大型遊具の順番など）が登園拒否につながっていくと考えられる。また、基本的生活習慣については食事や排泄、衣服の着脱といった園生活をしていくうえで不可欠となる活動が確立しておらず、うまくこなすことができないということが苦痛となり、登園拒否に結びついていくという可能性も指摘されている。登園拒否の原因は一人ひとり異なるため、子どもの状態や子どもを取り巻く環境をよく考慮する必要があろう。

(2) 登園拒否（登園渋り）へのかかわり方の留意点

　園生活を送るなかで生じる不安や不快な出来事が登園拒否につながることが多いため、これらの調整、除去が重要な働きかけになる。保護者（親）と

の分離による不安が大きな原因となっているのであれば、本章第 1 節で述べた働きかけが有効であると考えられる。集団生活という新奇場面に不安を感じているのであれば、保育者が安全基地および調整役となって集団に誘い、集団活動のおもしろさを経験させることで不安を軽減させ、集団参加への意欲を高めることができると考えられる。園生活における不快な出来事については園環境に明確な原因がある場合と、園生活に必要な技能を十分に身につけていないというような、子ども側に原因がある場合がある。保育者は登園拒否を引き起こしている園環境を調整するとともに、保護者（親）と協力して園生活に必要な基本的生活習慣の確立や集団生活をするうえでの技能を子どもが身につけることができるように支援していくことが重要となる。

第 3 節 ● 未熟児

1 ── 未熟児の定義と種類

　何らかの原因により、子宮外の環境に適応するのに十分な成熟に至らない状態で生まれてきた新生児を、一般に未熟児という。医学的には出生体重 2,500g 未満の新生児を低出生体重児（low birth weight infant）と定義し、未

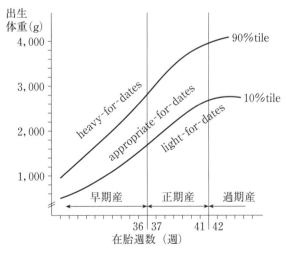

図 4 − 1　胎児発育曲線上からの新生児の分類
出典：仁志田博司『新生児学入門　第 3 版』医学書院　2004 年　p.7
図 1 − 2

第4章●気になる子どもとその他の障害の理解

熟児とほぼ同じ意味合いで用いられている。低出生体重児は、出生体重1,500g未満の極低出生体重児（極小未熟児：very low birth weight infant）、出生体重1,000g未満の超低出生体重児（超未熟児：extremely low birth weight infant）にさらに分類される[12]。

　新生児の成長・発達を考えるには、出生体重だけでなく、母親の胎内にいた期間（在胎週数）も重要な要因になる[※2]。同じ出生体重であっても在胎週数が大きく異なると新生児の成長・発達の状態やその経過に差が生じる場合がある。そのため、出生体重と在胎週数を組みあわせた新生児の分類もよく用いられている（図4-1）。この分類では胎児発育曲線（在胎別出生時体格基準曲線）をもとに、新生児は以下に示す3つのグループに分けられる[12]。

> ① LFD（light-for-dates）児：在胎週数に対して出生体重が軽い新生児。出生体重が胎児発育曲線のうち、10パーセンタイル[※3]の曲線以下の児をさす。
> WHOの基準では、出生体重とともに出生時身長が10パーセンタイル未満の新生児をSFD（small-for-dates）児と別グループにしているが、日本ではLFD児に含まれている。
> ② AFD（appropriate-for-dates）児：在胎週数相応の出生体重をもつ新生児。出生体重が胎児発育曲線のうち、10パーセンタイルの曲線と90パーセンタイルの曲線のなかに含まれる児のことである。
> ③ HFD（heavy-for-dates）児：在胎週数に対して出生体重が重い新生児。出生体重が胎児発育曲線のうち、90パーセンタイルの曲線以上の児をさす。

　LFD児またはSFD児に分類される未熟児は、主として在胎週数が十分であるにもかかわらず出生体重が軽い新生児であり、AFD児に分類される未熟児は、在胎週数が短いために出生体重が軽い新生児ということができるだろう。

2 ── 未熟児の特徴とかかわり方

(1) 未熟児の特徴

　未熟児出産の直接的な原因としては、在胎週数37週未満の早産や、母親の疾患や胎盤機能の問題などによって子宮内で成長・発達が不十分となった子宮内発達遅滞が代表的なものとしてあげられる。これらを引き起こす要因として、妊娠高血圧症候群や前置胎盤、羊水過多や過小、多胎、風疹などの子宮内感染症、高齢および若年出産、ストレスや妊娠中の喫煙などがあげられる。ここ10年は未熟児の出生の割合は横ばい傾向にあり、2013（平成25）年では低出生体重児は出生総数の9.6％（9万8,624人）、そのうち極低出生体重

※2　在胎週数による新生児の分類もある。この分類では、在胎週数37週未満の新生児を早期産児（早産児）、在胎週数37週以上42週未満の新生児を正期産児、在胎週数42週以上の新生児を過期産児と呼んで区分している。

※3　パーセンタイル（%tile）はデータの散らばりをあらわす数値の一つ。たとえば、在胎週数40週の新生児の出生体重データを100人分収集したとする。そのデータの値を小さい順に並べ、ある新生児のデータを取り出したとき、その新生児の出生体重が全体で下から10番目（10%）の場合、その新生児の出生体重の値を10パーセンタイルという。

115

児は0.8%（7,888人）となっている[13]。

　未熟児の成長・発達の経過については一貫した研究結果は出ていないが、概して幼児期を通して成長・発達の促進がみられ、就学前には年齢相応の状態にキャッチ・アップ[※4]することも多い[14]。また、AFD児かLFD（SFD）児かによって経過が異なり、AFD児のほうがより早く成長・発達のキャッチ・アップが生じ、年齢相応の範囲内に至る場合が多い。LFD（SFD）児もキャッチ・アップは生じるが、一部は年齢相応の状態に到達しないこともあるといわれている[15) 16]。未熟児の成長・発達の経過を明確にするには、今後さらなる研究が必要であろう。

　未熟児は、その特性ゆえ医学的な問題が生じやすい。慢性肺疾患などの内臓疾患が生じる危険性が高い。またそれ以外にも、皮膚のびらんや乖離、未熟網膜症、免疫機能の弱さによる感染症、低血糖や低体温、低カルシウム血症、高ビリルビン血症とそれに伴う核黄疸、脳室周囲白質軟化症（PVL）などが問題の例としてあげられる。未熟網膜症は視覚障害のリスク要因、核黄疸や脳室周囲白質軟化症は脳性まひの原因として継続的な影響をもたらすといわれている。また、発達障害にかかわる要因としての可能性も指摘されている。たとえば、金澤ら[17]は学齢期に達した超低出生体重児229名に対して心理検査を実施し、そのうち21.8%が知的発達の遅れやその可能性を示し、24.9%が学習障害（LD）と思われる子どもであったと報告している。

(2)　かかわり方の留意点

　これまで述べたように、一口に未熟児といってもさまざまなタイプが存在する。低出生体重児なのか超低出生体重児なのか、AFD児なのかLFD児なのか、明らかな障害の有無はどうか、などによってその未熟児の成長・発達の状態やその経過は大きく異なる。未熟児一人ひとりの出生時の状態や現在の成長・発達の程度などをしっかりと考慮した丁寧な保育が必要となる。

　未熟児へのかかわりを考えるにあたっては、未熟児本人だけでなく保護者（親）への働きかけ、支援も重要となる。未熟児はその特性ゆえ、通常よりも子育てに多くの労力が求められる。また、子育てをしていくなかで保護者（親）は未熟児として生まれたわが子の現在および将来の成長・発達を心配し、どのような働きかけが望ましいのか思い悩むことも多いと考えられる。これらのことから、未熟児の保護者（親）は育児不安を抱えやすい。保育者は、子育ての専門家として未熟児として生まれた子どもに対する働きかけのモデルとなり、また子育てに対して保護者（親）がもつさまざまな悩みや不安に心理的な支援を行うことで、未熟児とその家族が健やかに生活し、より

※4　キャッチ・アップ
p.50のコラム③参照

よい成長・発達を達成できるようバックアップしていくことが求められる。

● 「第4章」学びの確認

①保育所・幼稚園実習で出会った「ちょっと気になる子ども」について振り返り、保育者のかかわり方と子どもの反応について話し合ってみよう。

②自分自身の出生体重や在胎週数を調べ、成長・発達の経過を振り返ってみよう。

● 発展的な学びへ

①「ちょっと気になる子ども」の行動を他にもあげ、参考文献等で適切な対応について調べてみよう。

②未熟児を育てる保護者（親）に対する支援として、何が行われているか調べてみよう。

引用・参考文献

1）刀根洋子「保育園児を持つ親のQOL─発達不安との関係」『小児保健研究』59　2000年　pp.493-499

2）荻原はるみ「コミュニケーションが下手な子への対応」『児童心理』10月号臨時増刊794　金子書房　2003年

3）牧田清志「精神薄弱と情緒障害」『精神薄弱児研究』134　日本文化科学社　1969年　pp.6-11

4）小林重雄「情緒障害」佐藤泰正編『改訂　心身障害学』岩崎学術出版社　1991年

5）杉山雅彦「情緒障害」小出進編集代表『発達障害指導事典　第2版』学習研究社　2000年　pp.319-320

6）高木俊一郎「習癖」依田新監『新・教育心理学事典』金子書房　1977年　p.389

7）小林正幸「身体玩弄癖」坪内宏介・小林正幸編『情緒障害児双書4　習癖』黎明書房　1993年　pp.124-145

8）アメリカ精神医学会編　日本精神神経学会監修・高橋三郎・大野裕監訳『DSM-5　精神疾患の診断・統計マニュアル』医学書院　2014年

9）金山由紀子「チックとは何か」NPO法人日本トゥレット協会編『チックをする子にはわけがある』大月書店　2003年　pp.10-26

10）金山由紀子「チック障害、トゥレット障害」山崎晃資・牛島定信・栗田広・青木省三編『現代児童青年精神医学』永井書店　2002年　pp.187-196

11）桜井登世子「なじめない─登園拒否／幼稚園・保育園」杉原一昭・桜井茂男・大川一郎・藤生英行・藤岡久美子編『発達臨床教育相談マニュアル』川島書店　2006年　pp.60-61

12）仁志田博司『新生児学入門　第3版』医学書院　2004年

13）母子衛生研究会編集協力『母子保健の主なる統計（平成26年度刊行）』母子保健事業団　2015年

14）穐山富太郎監修・鶴崎俊哉・大城昌平編『ハイリスク新生児への早期介入─新生児行動評価』医歯薬出版　1996年

15）高橋道子「未熟児」高野清純監修・杉原一昭・渡辺弘純・新井邦二郎・庄司一子編『事例発達臨床心理学事典』福村出版　1994年　pp.121-122

16）伊藤健次編集代表『一部改訂　障害のある子どもの保育』みらい　2003年　pp.87-88
17）金澤忠博・安田純・糸魚川直佑・南徹弘・北島博之・藤村正哲「超低出生体重児の精神発達予後」日本未熟児新生児学会雑誌 15　2003年　pp.21-33

●○○　コラム⑥　●○○

ソーシャルスキルとSST

　情緒障害は、子どもと周囲の環境とのかかわりのなかで生じる問題だが、この背景の一つとして、子どものソーシャルスキルの未熟さがあげられる。

　ソーシャルスキルにはさまざまな考え方があるが、大まかには「社会的な場面で、自分にとっても相手にとっても、快く、社会的にも受け入れられるやり方で、対人的なやりとりをするのに用いられる技術」[1] といわれている。幼児期ならば、「（遊びに）入れて」「（おもちゃを）貸して」とはっきりといえることや、順番に遊具を使うことなどが一例としてあげられるだろう。ソーシャルスキルの未熟さは、対人関係におけるさまざまなあつれきを引き起こし、不安や緊張といった情緒的な不安定さにつながることが多い。

　ソーシャルスキルは対人関係のさまざまな経験のなかで学習されるものであり、これらの経験の少なさはソーシャルスキルの未熟さにつながる要因になるといえる。また、一部の障害においては、その障害特性がソーシャルスキルの学習や使用に影響を及ぼすことも指摘されている。たとえば、学習障害や注意欠如・多動症のある子どもは、その障害特性として外界からの情報の処理や記憶に何らかの問題を抱える「認知能力のアンバランスさ」や自分の気持ちや行動をコントロールする力の弱さである「自己調整能力の未熟さ」をもつ場合が多く、これらがソーシャルスキルの学習や使用を困難にすることが指摘されている[2]。

　ソーシャルスキルを伸ばす教育的な働きかけとして、ソーシャルスキルトレーニング（SST）がある。主に強化やモデリング、般化といった行動理論（学習理論）の考え方をベースにスキルの指導が行われている。

［参考文献］
1）佐藤容子「ソーシャルスキルの指導〔1〕基礎理論」特別支援教育士資格認定協会編　上野一彦・竹田契一・下司昌一監『S.E.N.S養成セミナー特別支援教育の理論と実際Ⅱ指導』金剛出版　2007年　pp.104-133
2）小貫悟・名越斉子・三和彩『LD・ADHDへのソーシャルスキルトレーニング』日本文化科学社　2004年

第4章●気になる子どもとその他の障害の理解

●○● **コラム⑦** ●○●

PECSとは

　PECS（Picture Exchange Communication System：絵カード交換式コミュニケーションシステム）とは、自閉症スペクトラムをはじめとするコミュニケーションに困難のある子どもたちに対する、絵カードを用いて「自発的」な「機能的」コミュニケーションを教えるためのトレーニングシステムである。

　「機能的」とはつまり、その人にとって有効であり、意味がある、と考えればよいかもしれない。たとえば、棚の上のおもちゃに手が届かないとき、大人をよんできて「（おもちゃを）とって」と伝えるのはとても機能的である。しかし、特に、年少で発語のみられない自閉症スペクトラムの子どもたちの場合、コミュニケーション上の困難からその場で泣き叫んだり、自傷や他害などの行動を示す場合も少なくない。あるいは、誰もいないその場で一人、おもちゃを指さしているかもしれない。これらはすべて、機能的とはいいがたい。では、これらの子どもたちに対してどのように他者とやりとりすることの意味を伝えられるであろうか。

　そのような流れのなかで開発されたのがPECSである。PECSでは、まずはじめに「機能的」なコミュニケーションの「自発」の仕方を子どもたちに教えていく。その際、発語のない子どもたちのことばの代わりをするものが絵カードである。これまでの自閉症スペクトラム児に対する指導についての知見から、PECSの指導は子どもにとって本当に魅力的なお菓子やおもちゃを要求するという文脈で行われる。子どもたちは、絵カードを聞き手に手渡すという、単純で簡単な行動を起こすことで、大好きなおもちゃを手に入れることができる。動機づけの高い文脈で聞き手とのコミュニケーションする経験を積むことによって、自分から聞き手に対して働きかけることを学んでいく。

　PECSの原理は行動理論（応用行動分析学）に基づく手法を用いて、系統的に必要なスキルを教えていく。今日では、身体障害のある人に対してもPECSが取り入れられるようになり、その人にあわせた機器を用いて指導を行っている。重要なのは、「絵カード」を使うこと自体ではなく、それを用いて他者とのコミュニケーションがどのように広がっていくかである。

第**5**章　障害のある子どもの保育の方法

◆キーポイント◆

　障害のある子どもも障害のない子どもも、保育の対象としては同じ子どもであり、保育の目標や目的、方法に特別な差があるわけではない。乳児の保育では特にそうであるように、保育者は子どもたち一人ひとりを丁寧に観察し、それぞれの発達課題にあわせて保育していく必要がある。障害のある子どもにおいては、外界からの情報をとらえ、処理していくことに困難があるため、それぞれの課題設定やかかわりをさらに丁寧に行う必要がある。

　特に、障害のある子ども一人ひとりの将来の自立や社会参加をめざして、保育ではどのようなことを目標として、どのようにかかわればよいのか、集団の保育活動のなかで個別に支援を行う意義や方法について、すべての保育者がしっかりと向きあって考えたうえで保育を行う必要がある。

第1節 ● 保育者の基本姿勢

▌1 ── 障害のある子どもの保育の基本目標

(1) 障害と支援

　障害とは、欠けていたり動かなかったりする部分があることでも、何かの活動をするための能力がないことでもない。その人が社会のなかで生活していこうとするときに、それを困難にしている状態を障害という。すなわち、その人の周囲にある環境を調整していくことで、その人や関係する人が生活しやすい状態をつくり出すことも可能であり、ノーマライゼーション※1を実現していくためにはそのような環境改善が重要である。たとえば、視覚障害とは、目がみえないことそのものが障害なのではない。目がみえないことによって外出することが困難になっていたり、判断が不可能になっていたり、仲間から疎外されることがあれば、それが障害なのである。そして、外出をしやすくするために白杖や盲導犬を使用すること、点字ブロックや音声ガイドの整備をすることなどが環境改善による障害支援の例であるといえる。

※1　ノーマライゼーション
1960年代に北欧から広まった社会福祉をめぐる理念の一つであり、その後の障害福祉の方向性に大きな影響を及ぼした。障害のある人に「普通に」生活する権利があることを認め、そのための環境調整という点での支援の必要性を示している（p.32のコラム①参照）。

第5章 ●障害のある子どもの保育の方法

(2) 障害のある子どもの保育

　障害のある子どもの場合、現在の生活の困難さの改善だけでなく、「将来の
生活」も見据えて支援を考える必要がある。たとえば、自分の意思を十分に
表出できない自閉症スペクトラムの子どもがいるとする。他児が遊んでいる
おもちゃを取り上げたり、他児を叩いたりする「不適切」な行動が出現する
ことで、仲間から疎外されたり避けられたりするとすれば、「障害」があると
いえる。保育者は、その子どもが自由に使えるように専用のおもちゃを用意
したり、その子どもが優先的に使えるように他児におもちゃを譲らせるよう
な働きかけ(環境調整)をしたりするかもしれない。そうすることによって、そ
の子どもの「不適切」な行動は出現しなくなり、仲間関係の悪化という問題
が解消するだろう。しかし、それは現在の子どもの姿からすれば確かに有効
な「支援」であるといえるかもしれないが、教育的な支援ではない。その子
どもは、その保育者が環境調整をしそびれたり、他の新しい環境に直面する
と、おそらく今までと同じように他児のおもちゃをとったり叩いたりするだ
ろう。そして、そのような環境の変化は、新年度で担任が変わったり進学し
たりすることによってしばしば起こることである。

　障害のある子どもの教育の目標は、将来の自立と社会参加の実現である[1]。
将来社会で生活していくためには、他人のものをとってはいけないこと、他
人を傷つけてはいけないこと、お互いに納得がいくように交渉する必要があ
ることなどを幼児期において学ぶことが求められる。そのような目標のなか
で、現在の姿と照らしあわせつつ、どのような環境調整をすればよいかを考
えるのが、障害のある子どもの保育である。そして、このことは障害のない
子どもの保育でも同様のことである。

　学校教育の基本は集団活動にある。人は社会のなかで生活するため、その
ための振る舞い方やルールなどを、学校教育をはじめとした集団活動のなか
で学んでいくのである。そして、多くの子どもにとってはじめて経験する集
団活動場面が保育所、幼稚園、認定こども園（以下、園とする）における保
育である。園は、障害の有無にかかわらず、子どもたちが一緒に活動するな
かで、お互いの行うことを模倣し、さまざまなことを学習し、発達が促され
ていく場といえる。また、障害のある子どもにとっては、多くの活動に対す
る動機づけを高め、地域社会で生活していくために必要な友だち関係が拡大
していくことなどの効果が期待される。しかし、障害のある子どもに対して、
障害特性や子どもの実態を考慮せずにかかわっても、効果的な学びにはつな
がらない。現在では、インクルージョン※2の考え方のもと、障害の有無にか
かわらず、すべての子どもたちのそれぞれの教育的支援ニーズに対して支援

※2　インクルージョン
教育においては、すべ
ての子どもたちの多様
な状態やあり方を認め、
障害のあるなしにかか
わらず同じ場でともに
学ぶこと。また、その
うえで個別の教育的
ニーズのある子どもに
対しては、自立と社会
参加をみすえてニーズ
にあわせた支援を行う
こと（第1章第3節参
照（p.21））。

121

することが求められている。そのうえで、特に障害のある子どもに対しては、障害特性を把握して個別的に対応することが重要であるといえる。

2 —— 保育者の基本姿勢

保育指針では、保育の方法の重要なこととして、子どもの状況や生活実態の把握、一人ひとりの発達課題や思いの理解、集団活動の工夫と環境の調整、生活や遊びを通した総合的な保育の実施などをあげている。

特に障害のある子どもは、自らの意思を表現することが難しい場合も多く、保育者には子どもの思いや願いを的確に受けとめることが求められる。つまり、子どもの視線の動きや細かい仕種、表情の変化など、小さくて微弱な反応を敏感にとらえ、客観的に判断する必要がある。また、パニックやかんしゃく、乱暴な行動などの大きな反応にも、そこに隠れている子どもの思いや願いをとらえ、対応していくことが求められる。保育者には、子どもを丁寧に観察し、思いを客観的に読み取るスキルと、それを可能にしようとする姿勢をもつことが求められる。また、これらをふまえ決して忘れてはならないのは、子どもの最善の利益を保障するということである。そして、最善の利益を保障するためには、将来の自立や社会参加を実現するための支援を実施していくことが必要となる。

(1) 集団保育

集団、特にインクルーシブな環境で保育する場合、おそらく最も難しい点は、それぞれの子どもの支援ニーズが異なるということである。まったく同じ状況、同じ場面を考えてみても、子どもによって必要な支援の程度は異なるのである。同様に、障害の有無と援助の必要性も、必ずしも関係性があるわけではない。つまり、援助が必要な子どもに十分な援助をすることでそれぞれが自立に向かっていき、人格形成に向けた基礎が培われていくのである。障害のある場合も、すべての場面で全面的な援助が必要ということではなく、援助が必要な場面と程度に応じてそれがなされれば、子どもは集団のなかで生活しやすくなり、いきいきと行動していけるのである。しかし、20〜30人の子どもを一人で担任する保育者にとって、それぞれの支援ニーズすべてに応えることは容易ではない。特に、障害のある子どもは集団での活動から遅れたり離れたりしてしまう場合もある。また、自立を目標に支援する場合、子どもが行動することを待たなければならないこともある。集団場面で生活していれば、クラスのみんなが一人を待っていることは現実的に不可能であ

ることが明白である。

　集団による保育は、子どもたちがそれぞれお互いを意識し、模倣し、協力し、競いあうなかで新しいことを発見したり覚えたりして、お互いを高めあって動機づけられていくのである。教育要領においても、「集団の中で生活することを通して全体的な発達を促していくことに配慮」する必要性が述べられている。しかし、集団のなかで生活するには、その前提として子どものスキルや知識が必要となる。そのため、子ども一人ひとりに応じた対応（個別的な対応）を行う必要が生じるのである。

(2)　個別対応と保育者の専門性

　現在では、ノーマライゼーションの考え方に基づき、障害のある子どもが障害のない子どもとともに保育・教育を受ける「統合保育」が一般的なものとなっている。単純に同じ集団にいればよいというわけではない。同じ集団で同じ活動をすることがノーマライゼーションであるというのは誤解である。保育におけるノーマライゼーションとは、同じ集団で同じ活動をできるよう、配慮や工夫を行うことである。すでに述べたとおり、障害のある子どもは集団で活動することが難しい場合もあり、配慮なしで集団にいることは、むしろその子どもの自立や社会参加を阻害するものとなってしまうこともある。そこで、保育場面においては、子どもの支援ニーズに応じてきめ細やかな配慮や工夫を行うことが必要となる。

　午睡の時間に眠れない子どもに対して、他の子どもの眠りを妨げない範囲で静かに活動ができる場所を確保したり、次の活動の準備をことばだけでなくジェスチャーや絵カードなどを用いて伝えたりすることは、集団保育のなかで実施可能な個別的対応の例である。また、障害のある子どもではないが、食物アレルギーのある子どもに対して給食のメニューや配膳を工夫することも個別的対応といえる。

　子どもの障害の程度や実態によっては、集団活動の時間に他の部屋に移動し、ボタンをはめたりひもを通したりはさみを使ったりする練習や、発音やことばの指導を行うこともあるかもしれない。このような個別指導は、本来の集団保育の趣旨からは外れるものであるが、集団活動を行うための前提となるスキルであるともいえ、個別指導でできるようになったことを集団活動に活用していくことで効果が期待できる。

　これらの個別的な対応は、すべて子どもの実態と将来の姿、集団保育の内容を総合的に考慮して工夫されるものである。このような取り組みを通して保育者の力量も次第に高められていくのである。

(3) 合理的配慮

わが国は、2014（平成26）年に国際連合の「障害者権利条約」（障害者の権利に関する条約）に批准した。この条約の発効により、今後は障害のある人の権利を確保する取り組みを一層強化することが国際的に求められることとなった。この条約における重要な点として、障害のある人へのあらゆる差別の禁止があげられるが、そのなかで「合理的配慮（reasonable accommodation）」を行うことが求められている。2016（同28）年4月から施行された「障害を理由とする差別の解消の推進に関する法律（障害者差別解消法）」のなかでも、「合理的配慮の不提供の禁止」が定められており、今後は「合理的配慮」をキーワードの一つとして支援を考えていく必要がある。

本条約第2条において、「合理的配慮」とは、「障害者が他の者との平等を基礎として全ての人権及び基本的自由を享有し、又は行使することを確保するための必要かつ適当な変更及び調整であって、特定の場合において必要とされるものであり、かつ、均衡を失した又は過度の負担を課さないものをいう」と述べられている。これに基づき文部科学省は、「合理的配慮」とは、「障害のある子どもが、他の子どもと平等に「教育を受ける権利」を享有・行使することを確保するために、学校の設置者及び学校が必要かつ適当な変更・調整を行うことであり、障害のある子どもに対し、その状況に応じて、学校教育を受ける場合に個別に必要とされるもの」であり、「学校の設置者及び学校に対して、体制面、財政面において、均衡を失した又は過度の負担を課さないもの」と定義している[2]。また、具体的な合理的配慮の例として、表5－1のようにあげている。

これらをふまえて、園においても、障害のある子どもが他の子どもと同じ活動を同じように行うのではなく、保育者にとって「過度の負担」とならない範囲において、配慮していくことが求められるのである。

(4) 保護者支援

保育者にとって、保護者（親）への支援は重要な役割の一つである。保育指針、教育要領、教育・保育要領においても、在園している子どもの保護者（親）だけでなく地域における保護者（親）への支援について規定し、家庭を基盤とした子どもの生活の連続性や安定性を重視している。特に障害のある子どもの保護者（親）は、現在の子育ての方法や子どもの将来のことなどについて悩みや不安を抱えている場合が少なくない。保育者は、子どもや保護者（親）にとって最も身近な保育および教育の専門家として、その思いを共感的に理解し、支援していく必要がある。しかし、障害のある子どもといっても、実

第5章 ●障害のある子どもの保育の方法

表5−1　教育における合理的配慮の例

1．共通
・バリアフリー・ユニバーサルデザインの観点を踏まえた障害の状態に応じた適切な施設整備
・障害の状態に応じた身体活動スペースや遊具・運動器具等の確保
・障害の状態に応じた専門性を有する教員等の配置
・移動や日常生活の介助及び学習面を支援する人材の配置
・障害の状態を踏まえた指導の方法等について指導・助言する理学療法士、作業療法士、言語聴覚士及び心理学の専門家等の確保
・点字、手話、デジタル教材等のコミュニケーション手段を確保
・一人一人の状態に応じた教材等の確保（デジタル教材、ICT機器等の利用）
・障害の状態に応じた教科における配慮（例えば、視覚障害の図工・美術、聴覚障害の音楽、肢体不自由の体育等）

2．視覚障害
・教室での拡大読書器や書見台の利用、十分な光源の確保と調整（弱視）
・音声信号、点字ブロック等の安全設備の敷設（学校内・通学路とも）
・障害物を取り除いた安全な環境の整備（例えば、廊下に物を置かないなど）
・教科書、教材、図書等の拡大版及び点字版の確保

3．聴覚障害
・FM式補聴器などの補聴環境の整備
・教材用ビデオ等への字幕挿入

4．知的障害
・生活能力や職業能力を育むための生活訓練室や日常生活用具、作業室等の確保
・漢字の読みなどに対する補完的な対応

5．肢体不自由
・医療的ケアが必要な児童生徒がいる場合の部屋や設備の確保
・医療的支援体制（医療機関との連携、指導医、看護師の配置等）の整備
・車いす・ストレッチャー等を使用できる施設設備の確保
・障害の状態に応じた給食の提供

6．病弱・身体虚弱
・個別学習や情緒安定のための小部屋等の確保
・車いす・ストレッチャー等を使用できる施設設備の確保
・入院、定期受診等により授業に参加できなかった期間の学習内容の補完
・学校で医療的ケアを必要とする子どものための看護師の配置
・障害の状態に応じた給食の提供

7．言語障害
・スピーチについての配慮（構音障害等により発音が不明瞭な場合）

8．情緒障害
・個別学習や情緒安定のための小部屋等の確保
・対人関係の状態に対する配慮（選択性かん黙や自信喪失などにより人前では話せない場合など）

9．LD、ADHD、自閉症等の発達障害
・個別指導のためのコンピュータ、デジタル教材、小部屋等の確保
・クールダウンするための小部屋等の確保
・口頭による指導だけでなく、板書、メモ等による情報掲示

出典：文部科学省ホームページ：特別支援教育の在り方に関する特別委員会（第3回）「配付資料　別紙2「合理的配慮」の例
　　　http://www.mext.go.jp/b_menu/shingi/chukyo/chukyo3/044/attach/1297377.htm

態はそれぞれまったく異なっており、保護者（親）もさまざまであることから、悩みや相談の内容は多様である。また、保育者も経験が少ない場合もあるだろう。重要なことは、一人の担任として保護者支援にあたるのではなく、園全体として支援するということである。そしてそのためには、保育者間の協働が重要になる。

(5) 保育者間の協働と保育者としての資質

　昨今の社会情勢を考えると、園に在籍する子どもは今後も増え、保育時間についても増加していくことが予想される。また、保育者の労働環境の改善という観点も含め、一人の担任のみでクラスの子どもを保育するということは難しくなり、時間帯によって複数の保育者が交代で保育するということが通常の勤務形態になっていくと考えられる。また、障害のある子どもの園の利用形態として、療育センターなどを並行して利用している場合もあるため、保育者の勤務形態とあわせて対応を考慮したい。

　障害児保育を行う園では、障害のある子どもが在籍するクラスの担任や加配といわれるクラスの担任以外の補助保育者が障害のある子どもの保育を主に担当する場合も多い。また、時間帯によってはその他の保育者が保育するということもあろう。このような場合、保育の内容や指導の方法を決めるのは担任保育者で、他の保育者にその方法を伝達することが必要となる。

　しかし、重要なことは、担任保育者がすべての責任を負うのではなく、園に所属する保育者全員がその子どもの様子を観察し、課題を考え、それを共有することである。保護者（親）への支援についても同様で、保育者間で問題や情報を共有し、園全体で解決に向けて取り組んでいくことが重要である。担任保育者が一人で問題を抱え込んでいる場合も少なくないが、それでは保育者の負担になるばかりか、子どもの支援にとって最善の方法が考えられない可能性もある。不幸な場合には、障害のある子どもを保育することが負担となると、担任から外れれば幸運、当たれば不運という構図が形成されかねない。そのような事態を防ぎ、保育の質を高めるためには、保育者個人の倫理観や保育観に期待するだけでなく、保育者一人ひとりが連携して働きやすい環境をつくっていくことが重要となる。

　障害のある子どもを保育することは、保育者にとっても、子ども一人ひとりの個性や特徴を認め、それぞれのよい面を伸ばしていくという保育の本質を再認識するきっかけとなる。そしてそれは、保育者としての資質を高めることにもつながると考えられる。

第5章●障害のある子どもの保育の方法

3 —— 応用行動分析の保育への応用

(1) 応用行動分析

応用行動分析（Applied Behavior Analysis：ABA）とは、心理学の知見に基づき、人の行動をその内面からではなく、環境との関係性から分析して理解しようとする理論である。障害のある子どもへの教育や福祉を実現するための支援方法として有効であることから、特に注目されてきている[3]。

ABAにおける最も基本的でかつ重要な行動理解の枠組みとして、「行動の直後に環境の変化が起きることによって行動の生起頻度が上昇する」という強化随伴性があげられる。誤解を恐れずにいえば、「ある行動の直後によいことが起きれば、再びその行動をする可能性が高まる」ということである。これを応用して、望ましい行動の直後に子どもにとってうれしい状況をつくり出すことで望ましい行動を増やしていくことができる一方、不適切な行動の直後にうれしくない状況をつくり出すことで当該の不適切な行動を減らしていくことができる。有効な保育の方法として応用することができるのである。

> ※3 通常学校での普通教育や教科学習の他、企業などの組織における行動マネジメントやスポーツにおけるコーチング、リハビリテーションや接客サービスなどにも理論が応用され、効果が示されている。

(2) ABAに基づいた保育者のかかわり

ABAの考え方に基づいて、子どもの行動に対して保育者が行うことと、その後の子どもの行動の変化の関係をまとめると図5-1のようになる。

以下、具体的に述べてみよう。

① "よいことを与える" かかわり（うれしい状況をつくる）……（A）

子どもがある行動をした直後に、その子どもにとってよいこと（好ましいこと）を与えることは、うれしい状況をつくることとなり、次に同じ状況に

保育者が……	子どもにとって……			
	よいこと		嫌なこと	
与える	増える	（A）	減る	（B）
取り除く	減る	（C）	増える	（D）
何もしない	（徐々に）減る	（E）		

図5-1 ABAに基づいた保育者のかかわりとその後の行動の変化

なったときにその行動を起こしやすくする。ABAでは、このようなかかわりを「正の強化」と呼ぶが、簡単にいえば、ほめられると次も同じことを繰り返すということである。ほめられたり成功したりすることによって、得意気に同じことを繰り返す子どもをみることは、保育者であれば誰もが経験したことがあるだろう。しかし、ここで重要なことは、「ほめられる」ということがすべての子どもにとって「うれしい状況」であるとは限らないということである。特に、言語面や社会的なかかわりの苦手さに特徴のある知的障害や自閉症スペクトラムの子どもの場合、保育者が「ほめた」と思っていても、本人にとっては耳障りだったり、迷惑だったりすることもある。すなわち、増やしたい行動の直後には、「ほめる」ことにこだわるのではなく、子ども自身が「うれしい」と思えるようなことをしてあげることが重要である。そのためには、子どもの表情や仕種などから、何を「うれしい」と感じるのか、日頃からよく観察しておくことが必要となる。

　ところで、ほめられてうれしいと感じることは、生涯を通じて社会生活を営むうえで非常に重要な要素であるといえる。そこで、教育的な視点から考えると、現在はほめられてもうれしいと感じることができない子どもも、将来的にはほめられることによってうれしさや達成感を味わえるようになることが望ましい。また、本人が喜ぶからといって行動の直後にお菓子やおもちゃを与えるだけというのも不適切である。そこで、望ましい行動の直後には、本人がうれしいと感じるものを与えるとともに、保育者からの笑顔や承認、ほめことばなどを付加していくことが重要である。そのようなかかわりによって、将来的にお菓子やおもちゃなどの物ではなく、「ほめられる」だけで望ましい行動が増えるようになる可能性があり、生活の質も高まるのである。

② "嫌なことを与える" かかわり（うれしくない状況をつくる）……（B）

　子どもがある行動をした直後に、その子どもにとって嫌なことをすると、次に同じ状況になったときにその行動をしにくくなる。ABAでは、このようなかかわりを「正の弱化」と呼ぶが、簡単にいえば、叱られると次は同じことをしなくなるということである。これも、多くの保育者は経験したことがあるだろう。しかし同時に、叱ったのに同じ行動をするときもあることにも気づくだろう。これは、「叱られる」ということが本人にとって「嫌なこと」になっていないために起こることである。

　また、嫌なことを与えることによって行動を減らすという方法の本質は、本人にとって嫌なことが起こるということであり、意地悪をすることや厳しく接することではない。つまり、不適切な行動を減らすという目的のために保育者が叱る必要はまったくないのである。「本人にとって嫌なことが起こ

る」とは、たとえば「積み上がっていた椅子の上に乗って遊んでいたら落ちて痛い思いをした」という事故のようなものも含んでいる。大怪我につながるような事故が起こるのは保育者として避けなければならないことだが、そのような経験をするということは、行動変容という点では重要なことである。

③ **"よいことを取り除く" かかわり（うれしくない状況をつくる）……（C）**

　子どもがある行動をした直後に、その子どもにとってよいことを取り除くと、次に同じ状況になったときにその行動をしにくくなる。ABAでは、このようなかかわりを「負の弱化」と呼ぶが、たとえば、おやつの時間に立ち歩いている子どもに対して、おやつを取り上げて食べさせなければ、次からは立ち歩かなくなるということである。しかし実際には、「立ち歩くならおやつはなしよ」といって取り上げる「フリ」をしても、子どもが泣いて謝ってくるとおやつを「返す」という手だてがとられることが多い。これでは、「立ち歩く」という行動を減らすことにはならず、むしろ「泣いて謝る」という行動を増やすことになってしまう。すなわち、「泣いて謝る」という行動の直後に「うれしいこと」（おやつが返ってくる）が起きているのである。このようにして、「立ち歩いたり他の子どものおやつを取り上げたりするような行動が止まらない」という相談が保育者からあげられることは多い。

④ **"嫌なことを取り除く" かかわり（うれしい状況をつくる）……（D）**

　子どもがある行動をした直後に、その子どもにとって嫌なことを取り除くと、次に同じ状況になったときにその行動をしやすくなる。ABAでは、このようなかかわりを「負の強化」と呼ぶが、たとえば、給食のときに下を向いて泣いている子どもに対して、嫌いなニンジンを取り除いてあげると、次もニンジンが出てくると下を向いて泣くようになる。

⑤ **"何もしない" かかわり……（E）**

　子どもがある行動をした直後に、その子どもにとってよいことも嫌なことも、与えもしなければ取り除きもしないという手だてをとる場合である。すると、①から④までの行動の変化とは少し異なる様子がみられるようになる。これまでの行動の変化は、比較的すぐに効き目があらわれるものが多い。つまり、「次の同じ状況」での行動に影響するものだった。しかし、この「何もしない」かかわりは効き目がすぐにはあらわれない。これまで続いていた行動に対して、よいことを与えたり嫌なことを取り除いたりすることをやめても、やはり行動は続くのである。むしろ、これまではその行動をすることによってうれしい状況になっていたのに、同じ行動をしてもそうならなくなると、その行動を頻発するようになる。また、場合によってはとても攻撃的になったり、今までにやったこともないような新しい行動をしてみたりする。

それでもなお「何もしない」というかかわりを続けることによって、行動が徐々に減っていくのである。

このような手続きを「消去」といい、他者からの注目を集めようとして不適切な行動をしている場合によく用いられる。たとえば、静かに話を聞かなければならない時間に、お笑い芸人のギャグを大声でいうと、友だちがクスクスと笑ったり保育者が叱ったりする。「叱られる」ことによって「うれしくない状況」になればその行動は減っていくだろうが、特に知的障害や自閉症スペクトラムの子どもの場合はそうならないことが多い。つまり、友だちや保育者からの注目が「よいこと」となっているため、行動が増えるのである。このような「おふざけ行動」を減らしたい場合、①から④までの考え方に基づけば、２つの方法が考えられる。すなわち、おふざけ行動に対して"嫌なことを与える"ことと"よいことを取り除く"ことである。前者の場合、おふざけ行動の直後に厳しく叱るということが考えられるが、先述の通り効果は期待できない。また、後者の場合、よいことは他者からの注目であるので、おふざけ行動の直後に友だちをどこかへ遠ざけたり、保育者自身がどこかにいなくなったりするという手だてが考えられるが、これは集団保育という点からいうと非現実的である。そこで、保育者も他の子どもたちも、示しあわせておふざけ行動に対して「反応しない」ということができると、消去手続きが成立する。もちろん、誰か一人でも反応してしまうとその行動は持続しているので、全員の協力が不可欠である。そして、そのようなことを子どもたちに求めるのは難しく、やはり非現実的であろう。

さて、実際の保育では、これまで述べたような手続きをとることができない場合も多い。図５－１の（B）のように、子どもにとって嫌なことを与えると負の感情を引き起こし、以後の保育をいよいよ難しくしてしまう場合も少なくない。重要なことは、どのようにして子どもの望ましい行動を増やしていくかという視点、とりわけ"子どもにとってよいこと"を"保育者が与える"という視点から保育を構成し、実践していくことが大切である。

▌4 ── 保育支援と環境の構造化

構造化とは、指導および学習を組織化、体系化することである[3]。特に、知的障害や自閉症スペクトラムの子どもにおいては、聴覚的な情報や抽象的なものの理解や反応が難しい一方で、視覚的な情報、具体的で明確な情報や課題には良好な反応を示しやすいという傾向が知られている。そのため、あ

第5章●障害のある子どもの保育の方法

いまいな環境構成や指示による保育ではうまく行動できないばかりか、場合によっては不適応行動を示すこともあり、時間や空間、やるべきことややってよいことなどを明確に組織化、体系化した保育を行うことが重要である。

以下、主要な構造化のポイントを述べるが、第3章第3節の表3－6（p.69）も参考にしてほしい。

(1) 物理的構造化

空間を物理的に区切り、場所と活動内容の対応を明確にすることを物理的構造化という。たとえば、保育室は一つの空間であり、そのなかでさまざまな活動を行うことになるため、同じ空間を複数の用途で使用することになる。そこで、保育室をパーテーションなどで区切ってスペースをつくることによって、ブロック遊びをする場所、絵本を読む場所というように活動ごとに場所が異なることを明確にすることができる。しかし、実際には物理的構造化が必要ない子どもが大多数を占める通常の園において、パーテーションなどで保育室を区切るという環境調整は、保育室の面積を狭くしてしまうなどの理由もあって行われにくい（過度な負担となってしまう）。そこで、活動のための保育室と午睡のための部屋を分けたり、表5－1（p.125）に示されているようにクールダウンなどに利用できるフリースペースとしての空間を保育室の端に設置したりするという工夫や、他の構造化の方法を用いることが多い。もちろん、保育室を整理整頓し、すっきりとまとまった空間にして保育を行うよう心がけることは、構造化の構成要素として重要であることを認識しておかなければならない。

(2) 視覚的構造化

視覚的構造化とは、空間だけに限らず、時間や指示、保育内容などを視覚的に明確にすることである。たとえば、これから行う活動がどの順番でどのように起こり、すべて終わったら何があるのかなどを絵カードや写真を使って一列に並べるなど、本人にとってわかりやすい方法で提示する方法がある（図5－2）。また、シールを貼る場所や名前を書く場所、提出物を置く場所や集会での立つ位置、保育室内の椅子の位置などを枠で囲ったり色分けしたりして強調する方法もある。保育において行いやすい工夫としては、下駄箱やロッカー、タオルハンガーなどの自分の場所に、動物や乗り物などの同じシールなどを貼ることなどがあげられる。このようにすることで、自分の場所が理解しやすくなり、援助なしで行動できる範囲が広がる可能性がある。また、発表会の飾りつけを制作したり、簡単な文字学習などを行ったりする

131

図5－2 子どもに活動の見通しをつけさせる（情報の視覚化）

際にも、手順表などを提示してどのように行うのかを明確にしたうえで、どのくらいの量を行うのか、はじめに示しておくことが重要である。たとえば、子どもの右側に箱を置いてやるべき課題をすべて入れておき、それを1つずつとって完成させたら左側の箱に入れるようなシステムをつくることも、工夫の一つである。

(3) ルーティンの利用

「ルーティン」とは、いつも繰り返して行うパターンのことである。たとえばスポーツ選手などが競技に入る前に、同じ動作を繰り返すことがあるが、そのようにすることで、本番で練習と同じ行動がしやすくなるということである。特に自閉症スペクトラムの子どもにおいては、一定のパターンを儀式的に繰り返し行う特性があることもあり、「こだわり行動」といわれるルーティンをもっていることが多い。このようなルーティンは、本人が主体的に行っている活動であり、この活動の順番を崩すことは困難である一方、援助なしでも遂行できるという利点もある。このルーティンのなかに、課題として取り組む活動をうまく組み込んでいくことが望ましい。

たとえば、幼稚園の年少組に在籍していたAちゃんは、登園時に友だちや教師にあいさつすることはなかったが、靴を履きかえた後、廊下を少し歩いて職員室の前に置いてある水槽の前にしゃがみ、なかにいる亀に向かって「おはよー」といってから保育室に入るというルーティンがあった。以前は亀に向かってあいさつすることもなかったが、他児がそのようにしているのを模倣し、いつの頃からか行うようになったとのことであった。そこで、登園時

第5章●障害のある子どもの保育の方法

に靴を履きかえる前にあいさつするよう促すことをやめ、亀に向かってあいさつをした後で職員室に向かって「おはよー」というよう促すようにしたところ、すぐにできるようになった。このように、その子どもがすでに行っているルーティンに一つずつ課題を組み込んで促していくことで、子どもの活動の幅を広げて応用していくのである。

(4) テクノロジーの利用

　現在は、技術の進歩に伴い、以前は物理的に不可能だったさまざまなことが可能になってきている。たとえば、タブレット端末等のICT機器※4を使用することによって、これまで大量にストックしておかなければならなかった絵カードや写真の束が、端末一つで利用可能となっている。また、正しくタッチしないと機器が反応しないなど、扱い方が明確であり、自分で操作することによって理解が促進されやすく、障害のある子どもの支援にとって非常に有効なものである。さらに、タブレット端末等の機器は、白杖や補聴器といったいわゆる障害のある人専用の支援具と異なり、一般社会において誰もが利用しているユニバーサルな機器である。つまり、園において子ども全員が使用することも可能であり、皆がタブレット端末を使ってお絵描きをしたり、クイズゲームをしたり、虫や植物について調べたりしているなかで、自閉症スペクトラムの子がコミュニケーションに使っていても、まったく違和感がない。

　しかし、たとえ最新の機器を使用して支援したとしても、それによって障害が治るわけではない。また、特に多機能な機器であればあるほど、子どもが管理しきれない可能性があり、一種の危険性も伴っている。そこで、保育者に求められていることは、どのような機器を使用するかということではなく、どのように機器を使用するかということである。技術の進歩をまったく利用せずに不十分な支援をすることは合理的配慮に欠けるといえるが、機器を利用しただけでは十分な保育にはならない。保育内容を慎重に吟味し、個々の支援ニーズにあった保育を体系的に計画することが重要である。

※4　ICT機器
ICTとはInformation and Communication Technology（情報通信技術）の略で、コンピュータやインターネットなどを用いた情報処理や情報通信に関連する技術・産業・設備・サービスなどの総称である。日本ではIT（Information Technology）という用語のほうが一般的。現在では、ICT機器を教育に用いる試みが国際的に広く行われている。

第2節 ● 基本的生活習慣への援助

　基本的生活習慣を確立することは、人格形成に向けた基礎を培う幼児教育・保育において、また障害のある子どもにとっては将来の自立をめざすうえで

も非常に重要である。また、基本的生活習慣の援助については、課題が明確となるため家庭と連携がとりやすい。さらに、課題が達成できたかどうかの評価も生活場面において顕著にあらわれてくることから、直接支援していない家族にもわかりやすく、子ども本人の達成感にもつながりやすいという特徴がある。その反面で、できないということも評価されやすく、本人の自己効力感[5]や肯定感などに直結する課題という点で、慎重に着実に援助する必要もある。

1 ── 領域別課題と課題設定にあたって

基本的生活習慣に関する活動は、日常生活での必要性という点でいくつかの場面や領域に分けることができる。また、それぞれの領域において、年齢によって必要な、あるいは求められるスキルは異なっており、その子どもの将来の自立のために、「今」必要な課題を設定していく必要がある。「今」必要な課題とは、現在の子どもの状態や状況から判断して必要ということであり、そのためには自立に向けたステップと、子どもの発達段階を明らかにする必要がある（第3章第3節の図3－4、表3－7（p.69）を参照）。

(1) 自立に向けたステップとしての基本的生活習慣の課題

日常生活を営むうえで必要な活動という点で基本的生活習慣を分類すると、表5－2のように分けられる。それぞれの領域において、自立のために必要な内容について、一つずつスモールステップ[6]で援助していく必要がある。

(2) 子どもの発達段階のアセスメント

保育者は、子どもの発達段階を考慮しながら課題を設定し、具体的な活動を考えることになる。子どもには、「援助がなくても一人でできること」の領域と「その時点ではできないこと」の領域の間に、「援助や見本のようなヒン

表5－2　基本的生活習慣の領域と内容

領域・場面	内容
食事	咀嚼、嚥下、スプーン・箸の使用、好き嫌い、あいさつ　など
排泄	おむつ交換への協力、排尿・排便の報告、便意への気づき・報告、便座に座る、おしりを拭く　など
整容	靴の着脱、衣服の着脱、ボタン・スナップの操作、持ち物の理解　など
移動	手をつないで歩く、歩道の歩き方、信号の渡り方、危険の予測　など

※5　自己効力感
自己効力感（self-efficacy）とは、目標を達成できるかどうかに関する自分の評価や感覚のことである。つまり、ある行動を起こす際に、それがどの程度できそうかということである。自己効力感が高いと、「やってみよう」という意識が高まり、行動しやすくなるが、自己効力感が低いと、「失敗するかもしれない」という予測のもとで行動しにくくなる。

※6　スモールステップ
具体例としては、本節第2項（1）③を参照のこと（p.138）。

第5章●障害のある子どもの保育の方法

トがあればできること」の領域がある。これを「発達の最近接領域」という
が、子どもの発達援助においては、この領域に働きかけ、「一人でできる」領
域を広げていくことが重要であるとされている。保育者には、できること、
できないこと、発達の最近接領域を正確に見極め、基本的生活習慣の援助の
ターゲットを絞っていくことが求められる。

(3) 基本的生活習慣の獲得の意義

①子どもにとっての意義

　毎日の生活のなかで、食事をしたり排泄をしたり衣服を着替えたりするこ
とは、自立した生活を送るためには不可欠である。保育指針等では、教育の
内容を示すいわゆる5領域の一つである「健康」のねらいとして、「健康、安
全な生活に必要な習慣や態度を身に付ける」ことをあげており、それを通し
て子どもの自立心や自主性を養うこととしている。また、保育所保育指針解
説書には、衣服の着脱などの援助において重要なこととして、発達過程に応
じて丁寧に優しく援助することにより、子どもの自分でしようとする気持ち
を芽生えさせ、子どもが自分でできたことの喜びを味わえるようにすること
を示している。このように、子どもが「やりたい」とか「がんばってみよう」
と思えるような状況をつくり出し、援助を受けながら成功し、少しずつ「一
人でできる」ことを増やしていくことで、子どもの自己効力感を育てること
が重要である。

　特に障害のある子どもにとっては、将来、自立した生活を送ることができ
るように、必要な態度や習慣を育てることが重要である。子どもたちは、障
害特性や個人特性によって、基本的生活習慣の定着しやすさや身体の動かし
やすさ、身につけたことの応用のしやすさなどが異なる。そこで、個々の子
どもの課題を詳細に分析し、身につけやすいようにスモールステップを設定
したり、日常的な自然な保育場面で練習ができるような機会を工夫したりす
ることが必要になる。そのような個々の支援ニーズにあわせたかかわりを続
けることにより、子どもたちの自己効力感が高まり、自立した豊かな社会生
活に向かっていくのである（図5-3）。

②保育者にとっての意義

　基本的生活習慣の獲得は、障害のある子どもにとって特別な課題というわ
けではない。障害のない子どもにとっても、個々の発達段階に応じて必要な
内容であり、保育指針等にも示されている。しかし、障害のない子どもたち
の基本的生活習慣は、子どものそれぞれが、家庭や園での生活のなかで保護
者（親）や保育者からの声かけや援助、集団での活動を通していつの間にか

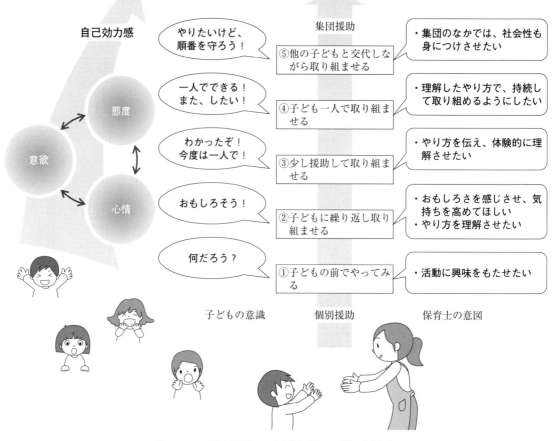

図5-3 保育環境での活動を通じて描く将来像

※7 PDCAサイクル
事業における管理業務を円滑に進める手法の一つ。Plan（計画）、Do（実行）、Check（評価）、Act（改善）の4段階を繰り返すことで事業を継続的に改善することができる。教育や福祉においては、教育支援計画を実施するだけでなく、その後の評価から改善し、次の計画につなげることが重要である。

できるようになっていることが多い。子育て中の保護者（親）の大きな関心事の一つである排泄の自立でさえも、比較的容易に達成することがある。一方で障害のある子どもたちは、「トイレットトレーニング」として詳細な記録や頻繁な定時排泄など、きめ細かいプログラムが必要になることが多い。その際には、個々の障害や発達の状態に応じて、どのような援助をすればよいのか、その結果どのようになってきたのか、手続きの修正は必要かどうかなど、保育計画を計画、実行、評価し、改善していくことが必要となる。保育者にとっては、このようなPDCAサイクル※7を遂行していくことによって、子どもを客観的に観察し、支援の効果を評価する視点が養われるといえる。

第5章 ●障害のある子どもの保育の方法

2 ── 援助の進め方

基本的生活習慣の援助は、生活のなかで実行されることを原則として行われなければならない。園のなかの特定の場所や特定の保育者を相手にしなければできないものや、療育施設での訓練場面でしかできないものでは意味がない。また、さまざまな領域における基本的生活習慣の獲得に向けた活動があるが、援助の進め方は基本的に同じである。

(1) 対人的なかかわりや感覚過敏への対応

特に自閉症スペクトラムの子どもの場合、対人的なかかわりや感覚過敏の問題によって、身体的な援助に拒否反応を示したり、保育者が接近できなかったりすることがある。そのような場合、まずは援助できる体制をつくることが必要となる。また、どのような場合でも、子どもと保育者の間には良好な関係（ラポール※8）が形成されていなければ効果的な援助は不可能である。保育者は、日頃から子どもとの関係性を良好にしておかなければならない。

①直接的な身体遊び

子どもに感覚過敏が認められていても、すべての身体的接触に対して拒否的という子どもは少ない。強制的な誘導や手を引っ張られるのは嫌でも、「くすぐり」や「たかいたかい」、「抱っこ」「おんぶ」「ハイタッチ」「握手して手をぶるぶる震えさせる」など、感覚的な身体遊びを好む子どもは少なくないのである。しかし、子どもの好きな感覚刺激の種類や強さは個々によって異なる。保育者は、子どもの様子を伺いながら直接的な身体遊びをすることによって、子どもの好む感覚刺激のアセスメントをすると同時にラポールを形成し、さらに身体接触に慣らすという3つのことを同時に行うことができる。

②物を使った接近行動の形成

以上のような身体遊びにも拒否的な子どもに対しては、まず保育者に接近する行動を形成しなければならない。そのためには、物を使って興味を引きつけることから始めるとよい。子どもが興味を示して一人遊びをしている物を隣で模倣して使ってみたり、おもちゃや遊具を少し大げさに楽しそうに使ってみたりすることで、子どもがそれを注視することや手を伸ばしてくることを目標にする。しかし、子どもが手を伸ばしてきてもすぐに手を握って遊ぼうとしたり、身体的な接触を図ったりするのは注意しなければならない。子どもの表情や細かい動作を丁寧に観察し、緊張せずに物を介して保育者と接触できるようになってから、徐々に直接的な接触を図っていくとよい。

※8 ラポール
臨床心理学の用語で、セラピスト（治療者）とクライエント（対象者）が信頼しあい、安心して相談が行える関係が成立している状態をあらわす。保育においては、子どもと保育者の良好な関係をさす。ラポート（Rapport）ともいう。

137

③感覚過敏への具体的な対応

　保育者への接近やかかわりなどの前提条件を確立しても、その子どもの感覚過敏という特性が治ったわけではない。そこで、基本的生活習慣への援助の際には、第一歩として具体的な対応が求められることになる。たとえば、洗面をする際には、顔が水に濡れることを我慢することが必要になる。また、歯磨きをする際には、口のなかに異物（歯ブラシ）が入ることや、歯茎にブラシがあたることを我慢することが必要になる。そこで、顔が水に濡れたりることや歯茎にブラシがあたるといった最終目標に至るまでのスモールステップを丁寧に設定していく。顔が水に濡れるまでには、乾いたタオルで顔を拭く、湿ったタオルで顔を拭く、濡らしてから絞ったタオルで顔を拭く、水を含んだタオルで顔を拭くなど、少しずつ顔にかかる水分量が多くなるように段階的に近づけていくステップが考えられる。また、顔を拭くというのも、目のまわりよりも頬やあご、首の後ろのほうが我慢しやすいなど、個々の特性にあわせてステップを検討していくことが必要になることもある。

(2) 「うれしいこと」を探る

　子どもの行動を増やしていくためのかかわりとして、行動の後に子どもにとってうれしい状況をつくっていくことが重要である。うれしい状況をつくるとは、よいことを与えたり、嫌なことを取り除いたりすることである（前節第3項参照）。教育的支援の場合、よいことを与えることが望ましいため、援助に際しては子どもにとって「うれしいこと」が何か、検討していかなければならない。つまり、好きなこと探しである。

　好きなことを探すということは、子どもの普段の様子をよくみていなければ難しい。特に障害のある子どもの場合、「できないこと」や「やってしまうこと」などには注目されやすいが、「できていること」は見逃されがちで、そのような場面に好きなことが隠れていることが多い。その子どもが自主的に行っている活動、よく使っている遊具やおもちゃ、食べているもの、みている景色、近寄っていく相手など、普段の様子をよく観察し、好きなことをあげていく必要がある。また、そのうえで基本的生活習慣の援助の際に与えやすいものを選び、使っていくことが重要である。

(3) 援助の目標と場面の設定

　援助の目標は、子どもが自主的に行う活動を増やしていくことである。しかし、子どもの発達段階や障害の種類や程度によって、援助なしにできる活動の範囲や必要な援助の種類が変わってくる。その子どもが生活のなかで必

第5章 ●障害のある子どもの保育の方法

要とする場面を具体的にイメージし、どのように援助をしていくか検討しなければならない。

　具体的な援助の方法としては、プロンプト（prompt）とプロンプトフェイディング（prompt fading）が基本となる。プロンプトとは行動のヒントやきっかけとなる援助のことであり、それを徐々になくしていくことをプロンプトフェイディングという。たとえば、靴を履くという行動を援助する際、はじめは子どもの手をとって履くのを手伝ったり、場合によってはほとんど保育者が履かせたりするかもしれない。これは、靴を履いてから外に行くという活動の流れを定着させ、靴を履こうという子どもの意識を高める点で必要な援助である。しかし、目標は自分で靴を履くことであるので、子どもが靴を履こうとする様子がみられるようになったら、靴を履くのを手伝う手を弱めたり、手を出すのを少し遅らせたりする。そうすることで、子ども自身が力を入れて靴を履く割合が徐々に増えていく。このように、援助を徐々に減らし、段階的に自力で行うことができるようにしていく方法をプロンプトフェイディングというのである。

(4)　般化や他の行動への影響

　設定された環境のなかで自発的にできるようになった行動は、他の新しい環境においても発揮されなければ自立とはいえない。そして、新しい場面における適応に苦手さがある自閉症スペクトラムの子どもたちにとっては、それが大きな課題となる。このように、一つの場面でできるようになったことが他の場面でもできるようになることを般化という。行動の般化を成功させるためには、複数の場面で練習することや、練習で用いた場面になるべく近い環境で試してみることなどが効果的である。

▌3 ── 障害のある子どもの保育におけるサービス利用

　障害のある子どもの保育において、園の他にさまざまな支援サービスを利用することがある。障害の種類や程度によって利用するサービスも異なるが、園に在籍する子どもたちが並行して利用するサービスとしては、いわゆる障害児通園施設やデイサービスといわれる児童発達支援が一般的である。その他、入所施設へのショートステイ（短期入所）やホームヘルパーを利用する場合もある。保育者は、このようなサービス支援者や各施設の専門家などと連携しながら、障害のある子どもの健康面や情緒面を把握し、園における援助の方法などを検討していく必要がある。

第3節 ● 遊び・集団活動への援助

1 ── 遊びと集団活動の意義

　藤野は、子どもが自発的に何かを学ぶ機会をつくるために必要なこととして、子どもが思わずやってみたくなる興味を引く場面をつくることと、子どもがまねしてみたくなる魅力ある見本を示すことの2つをあげている[4]。そして、それらが自然にできる子どもの活動として、遊びがある。遊びとは、子どもが自主的に行っている活動であり、他の何かが目的であるわけではなく、遊ぶこと自体が目的となる。そのような活動は動機づけが高いため、新しいことを覚えやすくなる。

　乳幼児期の教育においては、保育者が一方的に働きかけて教えるのではなく、子どもの興味や関心、好奇心のままに、子どもの自発的な活動としての遊びを通してさまざまな学びを積み重ねることが重要である。このようなかかわりのなかで、子どもたちは生きる力の基礎となる心情、意欲、態度を身につけていくことができるのである。すなわち、乳幼児期の遊びには、子どもの成長や発達にとって重要な体験が多く含まれているといえる。

　一般に障害のある子どもは、活動の制約もあって遊びの経験が少なかったり、遊びの種類が限られていたりすることが多い。特に知的障害や自閉症スペクトラムの子どもたちは、遊びを新しく工夫したり想像したりすることが苦手な傾向にある。また、子どもは友だちとかかわって遊ぶことによって、遊びが発展したり、新しい場面への適応力や判断力、協調性が育てられたりするが、社会的なコミュニケーションや対人関係の困難さや変化への適応の困難さという障害特性から、そのような経験をすることが難しい。障害のある子どもには、障害特性や個々の支援ニーズに配慮しながら集団の遊びのなかで興味・関心を広げ、多様な経験ができるよう援助することが求められる。

2 ── 遊びを通して学ぶもの

　保育指針、教育要領、教育・保育要領では、幼児期の教育として、5つの領域について子どもたちがさまざまな体験を積み重ね、相互に関連させながら総合的に実施されることの重要性を示している。特に、心身全体を働かせて活動する遊びは、運動能力、認知能力、言語能力、社会性などの獲得に必

第5章●障害のある子どもの保育の方法

要な経験が複雑に関係しあい、子どもの発達を総合的に促すことになる。以下、5領域に沿って、遊びを通して学ぶものについてまとめていく。

(1) 健康

　子どもの遊びの多くは身体を大きく使うものである。また、室内遊びが好きな子どもであっても、幼児期の運動発達を促すためには十分に身体を動かす活動を用意することが必要である。しかし、障害のある子どもは身体を動かす遊びが少なくなることがある。特に自閉症スペクトラムの子どもにおける感覚の特異性や、発達性協調運動障害※9の子どもの不器用さ、肢体不自由の子どもの動きの困難さなどは、ボール遊びや縄跳びなどの遊びを難しくすることがある。保育者は、子どもの障害特性や発達段階を客観的に判断し、子どもの「もうすぐできること」を的確にとらえ、興味を引きつけるような遊びを環境設定も含めて準備したい。

　また、障害のある子どもには睡眠や食事に問題があり、生活のリズムが身につきにくい場合もある。よく遊び、よく食べ、よく寝ることは規則正しい生活の基本であり、身体を使った遊びの量や質を調整することで三者のバランスが改善され、生活のリズムが定着することを強く認識しておく必要がある。

(2) 人間関係

　保育者や友だちとの関係のなかで遊び、さまざまな対人的やりとりを経験することは、社会的なルールや協調性を学んでいく。そして、それは障害のある子どもにとって苦手な部分であることも多い。障害のある子どもは保護者（親）や保育者など、大人と過ごす時間が長くなる傾向にある。そのような場合、順番を待ったり遊具を交代したりしながら遊ぶ経験が少なく、ルールや仲間意識が育ちにくくなりがちである。さまざまな遊びを集団のなかで行うことにより、社会性や人間関係を育てていくことが重要である。

(3) 環境

　子どもたちは遊びのなかでさまざまな人やものに出会う。そして、さまざまなものをみたり、聞いたり、触れたり、匂いを嗅いだりすることで、さまざまな事象に興味や関心をもつ。そのようななかで好奇心や探究心が育っていき、ものの違いや性質、しくみなどを理解していくのである。特に視覚障害や聴覚障害のある子どもにとっては、このような感覚の働きを豊かにし、障害による情報入力の困難さを補っていくことが重要であり、遊びを通して

※9　発達性協調運動障害(Developmental coordination disorder)
明らかな知的障害や身体的な異常がないにもかかわらず、日常生活に支障が出るほどの不器用さや身体のぎこちなさがあらわれる脳機能の障害で、発達障害の一つ。ADHDやLDとの合併が多いとされる。特徴として、たとえば、スキップやダンス、縄跳びなどの協調運動（身体の複数のか所を動かし、一つの動作として協調させる運動）を伴う活動や、ボタンの着脱、靴ひも結び、箸の使用、書字などの微細運動を伴う活動に困難を示すことがある。

141

それを学ぶことができる。

(4) 言葉

　他者とかかわるなかで、自分の意志を表現することは必要不可欠である。特に知的障害や自閉症スペクトラムの子どもの場合、意思を十分に表現することができずに不適切な行動を示してしまうことがある。保育者や友だちとの遊びのなかでことばのやりとりを楽しみ、相手のことばに興味や関心をもち、自分の意志を表現する経験をすることは、社会的コミュニケーションの困難という障害特性の本質にかかわることでもあり、非常に重要である。また、子どもにとって興味のない活動のなかでことばを教えようとしても、困難な場合が少なくない。しかし、興味のある遊びのなかでは、どうしても伝えたいことや、伝えなければできない遊びなどもあり、子どもにとってはことばを使うことの意味を学びやすくもなるといえる。

(5) 表現

　砂場や自然環境のなかでの遊びや、粘土やちぎり絵などの造形遊びでは、さまざまな素材に触れ、自由に表現することで豊かな感性を育てることができる。また、音やリズムにあわせて身体を動かしたり歌を歌ったりすることは、自分の内面にあるイメージを表現することにもなる。このようななかで自分を表現する方法を学ぶことは、他者に自分を理解してもらうための方法につながっていき、将来にわたって支援を受けながら自立をめざしていく障害のある子どもにとって、非常に重要なことであるといえる。

▌3 ── 個別的支援と集団援助

　子どもたちは、一人ひとり違った発達の仕方をする。また、それぞれ生まれた日も異なり、生まれてから今までの育ち方も違い、現在の状態がそれぞれ異なっていて当然である。とはいえ、多くの子どもたちはおおむね同じような筋道で発達し、それぞれの異なった状態は「個人差」や「個性」として集団活動のなかではほとんど同様に扱われる。しかし、特に障害のある子どもは、その異なった状態が「個人差」とはいえないほど大きな差異となってしまっており、集団活動で同様に扱うことが困難になる。そこで、子どもたち一人ひとりのニーズにあわせて、必要に応じて個別的に支援を行うことが重要となる。

　保育現場においては、前述した加配保育者が障害のある子どもを担当する

第5章 ●障害のある子どもの保育の方法

こともあるが、障害のある子どもの自立を促すような個別的支援を行うというよりも、安全確保やスムーズな保育活動のために配置され、「集団のなかにいるための支援」がなされていることがある。保育の基本となる集団活動のなかで、個別的な支援ニーズのある子どもにどのようなかかわりをすればよいのか、加配保育者の有無にかかわらず、計画的に行うことが重要である。

(1) 個別的支援

集団での保育の流れにおいて、たとえば制作活動や衣服の着脱など、スキルの未熟さのために遂行できない場合、あるいは一人ではスムーズに参加できないことがある場合、その子どもに対して個別的支援が必要となる。

①スキル不足への個別的支援

スキルが不足しているために活動できない場合の個別的支援は、基本的生活習慣への援助と同様に、効果的なプロンプトとプロンプトフェイディング、そして子どもにとって「うれしい状況」をつくり出すような設定の工夫の他、教材や課題場面の工夫が必要となる。たとえば、着替えの支援をする際に、ホール式のボタンをうまくとめられない子どもに対して、面ファスナーやスナップの服を着ることをはじめの目標として、「自分でやればできる」「自分でできてうれしかった」という経験をさせることも工夫の一つである。特に集中力が持続しにくい子どもや手指の巧緻性（器用さ）に問題がある場合などは、取り組む時間を短くしたり、課題の難易度を調整したりすることが重要である。

②スムーズな参加への個別的支援

知的障害や自閉症スペクトラムの子どもたちは、活動を切り替える際に困難を示すことがある。また、視覚障害や聴覚障害のある子どもたちは、その障害特性ゆえに保育者の指示や友だちの動きなどの情報が入りにくいこともあり、次の活動にスムーズに参加できないことがある。担任保育者や加配保育者が、個別に伝わる形で指示を出すことにより活動に参加できる場合もあるが、子どもにとって重要なことは、生活の流れのなかで自発的に活動を切り替えていくことである。そこで、子どもたちにとって活動の見通しがもちやすくなるよう工夫することが必要になる。

たとえば、知的障害や自閉症スペクトラムの子どもたちには、絵カードや写真カード、あるいは文字を用いて活動の順番や内容を視覚的に示すことが有効である。このような方法で活動の流れを示して構造化することは、障害のない子どもにとっても有益な情報となる。

(2) 集団援助

　保育の基本は他者とのかかわりのなかでの活動であり、集団活動をどのように経験するかが重要となる。しかし、障害のある子どもたちはそれぞれの障害特性によって集団活動に参加することが難しい。それでも、子どもたちが集団のなかでさまざまな経験をし、総合的な発達を促すために集団活動に参加できるようにするための援助が必要なのである。

　また、前述した保育上の合理的配慮も求められていることから、個別的支援をしていれば十分ということでもない。集団のなかでの個別的配慮とは、ある時間を抽出して支援を行うことではなく、障害のある子どもが集団活動に参加しやすくなるようには、どのような配慮をするとよいかということである。

　まず一つには、保育活動における目標の設定があげられる。子どもたちの発達段階は多様であり、障害のある子どもであればなおさらである。特に3歳未満のように低年齢の子どもたちの集団の場合も含めて、多様な子どもたちを一つの目標のもとで同じ活動をさせる必要はない。集団としての目標とは別に、個々の子どもの保育目標や援助の内容を設定していく必要がある。たとえば、集団での砂場遊びにしても、全員が同じように砂を掘って山をつくったりお店屋さんごっこをしたりする必要はないのである。子どもの特性にあわせて砂の感触を味わったり、道具の使い方を知ったり、協力して山をつくったりすることができればよいのである。そのような個々の子どもの目標をもって活動するなかで、全体として楽しみを共有できたり、興味をもったりすることが集団活動の要点である。

　次に、保育環境の工夫がある。たとえば、知的障害や自閉症スペクトラムの子どもたちは、保育室のような賑やかな環境が苦手な場合が多い。また、掲示物や壁面装飾などの視覚的刺激が多様になると、視覚的に混乱してどこに注目してよいかわからず、活動できなくなったりもする。そのため、子どもの特性にあわせて、掲示物を貼る場所と注目してほしい場所を明確に区切ったり、子どもの机や椅子の位置や向きを調整したりして保育室内の環境を統制することが重要となる。また、興奮したりパニックを起こしたりした場合にクールダウンできるようなコーナーを保育室の隅に設置することや、椅子が床にこすれる音を緩和するために布やゴムなどを椅子の脚につけることなども環境の工夫といえる。

　本章では、障害のある子どもの保育の方法として、集団の保育活動のなかでの個別支援の意義や具体的なかかわりについて述べた。これを実践するた

めには、それぞれの子どものことをよく観察して知り、そのかかわりが子どもにどのような影響を与えているのか、あるいは与えていないのかについて考えながら保育することが重要である。また、子ども一人ひとりの個性や特徴を認め、それぞれのよい面を伸ばしていくということは、障害の有無にかかわらず、保育の本質であるといえる。保育者はそのことを改めて認識し、子どもにかかわってほしい。

●「第5章」学びの確認
①障害のある子どもを集団で保育することの意味を考えてみよう。
②基本的生活習慣の課題設定と援助の進め方についてまとめてみよう。
③集団活動のなかでの個別の支援ニーズへの配慮について整理してみよう。
● 発展的な学びへ
①園で行うことができる合理的配慮の具体的な内容について考えてみよう。
②子どもの様子を客観的に把握し、保育者間で共有できるためのツールや記録の方法について考えてみよう。
③障害のある子どもの保育が障害のない子どもにどのような影響を与えるか、考えてみよう。

引用文献

1）文部科学省「今後の特別支援教育の在り方について（最終報告）」2003年
2）文部科学省 特別支援教育の在り方に関する特別委員会「共生社会の形成に向けたインクルーシブ教育システム構築のための特別支援教育の推進（報告）」2014年
3）伊藤健次編『新・障害のある子どもの保育 第2版』みらい　2011年　p.70
4）藤野博編『障害のある子との遊びサポートブック─達人の技から学ぶ楽しいコミュニケーション』学苑社　2008年　p.11

●○●　コラム⑧　●○●

カップ麺と「課題分析」

　日常生活で必要となる行動には、複雑な一連の動作から構成されるものがあり、そのような行動を教えるときに「課題分析」が有効である。たとえば、「服を着る」という行動は「袖に腕を通す」「ボタンをとめる」「裾をズボンにしまう」などの複数の動作から構成されている。

　課題分析とは、一連の行動を順に沿って細かいステップに分けていくことである。カップ麺のつくり方などはフタに書かれているが、課題分析のわかりやすい例である。たとえば、

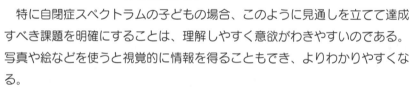

　　　　　①フタを矢印まではがす。
　　　　　②熱湯を内側の線まで注ぐ。
　　　　　③フタをする。
　　　　　④３分待つ。
　　　　　⑤よくかきまぜる。
　　　　　⑥できあがり。

　特に自閉症スペクトラムの子どもの場合、このように見通しを立てて達成すべき課題を明確にすることは、理解しやすく意欲がわきやすいのである。写真や絵などを使うと視覚的に情報を得ることもでき、よりわかりやすくなる。

　実際に障害のある子どもに支援をする際には、その実態にあわせてステップを細かくしたり簡略化したりすることが重要である。たとえば、６つのステップの前に「ビニールの包装紙をとる」とか「包装紙をゴミ箱に捨てる」というステップを入れることが必要となる場合もある。また、「よくかきまぜる」というのを「箸で10回混ぜる」としたほうがわかりやすい場合もある。

　課題分析を上手に行うためには、一つの行動をぼんやりとみるのではなく、どのような動作から成り立っているのか詳細に分析する力と、子どもがどこにつまずいているのかを明確に見極める観察力が必要となる。子どもをしっかり観察するためには、毎日の様子を丁寧に記録し、観察のポイントを絞ることも重要である。

　子どもができていない活動について、保護者（者）に伝えるときに、「がんばっていますが、ちょっと難しいようです」という伝え方と、「○○と○○はできているのですが、△△のときにお手伝いが必要です」という伝え方とでは、どちらが信頼されるだろうか。

第6章●障害のある子どもの保育の計画

第**6**章 障害のある子どもの保育の
計画

◆キーポイント◆

　心身に何らかの障害がある乳幼児の発達を促すための保育の目標や内容、そのための場や条件は、通常の保育と基本的には何ら変わりはない。一般に、保育・指導目標や課題は、子どもの発達段階や発達特性にふさわしいものでなければならないが、特に障害のある子どもの場合、心身の発達特性を見極めて、長期にわたる発達の可能性を考慮し、焦らず保育・指導にあたることが大切である。

　さらに、保育のねらいや目標を実現するための具体的方法においても、通常の保育の場合よりもきめ細かいものにする援助と配慮が必要である。そして、家庭生活、集団生活の場面で情緒が安定し、生活行動や遊びを生き生きと行い、他の乳幼児とのかかわりのなかで基本的生活習慣が形成され、社会性が育っていくことが期待される。

　今、障害のある子どもの保育の実際は、統合保育の形態で行われることが多い。1枚の指導案のなかに障害のある子どもの保育のねらいをどこにおくか、また、クラスの他の子どもたちがどう理解し受け入れようとしていたかなど、深い洞察に映し出されたものが必要になる。

第1節 ● 障害のある子どもの保育の視点

　障害のタイプ・程度・部位は、一人ひとりの子どもによってかなり異なっている。運動機能のハンディキャップであるのか、知的なハンディキャップであるのか、社会性の発達はどの程度であるのか、言語面ではどうなのかなどを考えあわせると、単純に保育の場を扱うことや保育の計画を作成することはできない。

　障害のある人が、障害のない人と同じように生活できる社会をめざすという考え方が次第に受け入れられるようになって、統合保育の考え方も普及してきた。

　実際、障害のある乳幼児を受け入れる保育所、幼稚園、認定子ども園（以下、園とする）が増えており、保育の方法や形態はいくつかあるが、障害のある子どももない子どもも、ともに保育を受ける統合保育を行っているところが多くなってきている。

　前述のように障害のある子どもは、一人ひとりそのハンディキャップのタ

イプや程度が異なる。そのため、画一的な指導方法では対応できないことが多くある。まず、それぞれの子どもの様子を十分に把握し、保育を行ううえでどのような援助や配慮をしたらよいかを検討することが大切になる。

次に、障害のある子どもの発達に対して長期的な視野をもち、この子どもが将来、自分のもつ力を十分に発揮して生活するためには、今どのような生活や遊びをすることが必要なのかを考えていくことが重要である。

また、統合保育では、障害のある子どもにとって、障害のない子どもの働きかけは大いに刺激となり、模倣行動が増えたり、集団で生活する手だてを身につけたり、自分の意思を伝える方法を増やしたりすることがある。

さらに、障害のない子どもが「障害のある子どもは特別な子ども」という意識をなくし、障害のある子どものハンディキャップをあるがままの状態として素直に受け入れ、ともに保育を受ける仲間という受けとめ方ができるようになることは、障害についての理解の促進、ノーマライゼーションの浸透に向けて大切なことである。

第2節 ● 障害のある子どもの保育と指導計画

1 ── 年間指導計画と月間指導計画（月案）

それぞれの園には、保育・教育の方針を定めた保育課程・教育課程・全体的な計画（以下、カリキュラムとする）がある。このカリキュラムに基づき、保育者が受けもちのクラスの子どもたちを1年間どのように保育・教育の支援を行うかを立案したものが年間指導計画である。したがって年間指導計画はその園のカリキュラムに示された基本方針を具体化するものである。

保育所における月間指導計画（月案）は、年間指導計画をもとに、1年間の流れのなかで、子どもの発達の様子、季節や社会現象をふまえながら、その月に必要な「保育のねらい」を見定めて立案されるものである。

2 ── 障害のある子どもの保育の指導計画

障害のある子どもも障害のない子どもも、豊かに成長していく可能性をうちに秘めており、その子どもたちが現在をもっともよく生き、望ましい未来のために基礎となる力を培うように援助することが、保育の目標であること

第6章●障害のある子どもの保育の計画

にかわりはない。指導計画はそうした目標に向かって望ましい活動を選択し、配列し、年・期・月・週などの区切りによって、その内容を具体的にしていくものである。とはいえ、障害には多くの種類があり、一人ひとりの状態が異なっている。あるタイプの障害のある子どもの場合は見通しもつきにくく、年間指導計画の立案に困難性を伴うこともある。一般的にみられるような全体を包括した指導案は、障害のある子どもにとって指導から遊離したものになってしまうことも考えられる。したがって、統合保育を受けている場合でも、そのクラスで設定されている指導案の他に、ともに生活する障害のある子どもがよりよく適応できるための指導案が必要になる。

　そこで、現時点での個々の子どものもつ能力とその傾向、興味の対象などをよく観察し、近い将来、すなわち明日、あるいは来週にどのような活動を展開していくかが大切になってくる。ただし、個別の指導案は設定されていても、必ずしも指導が個別に行われるのではなく、いかに個々の子どもが集団での活動を有意義なものにできるかをそのなかで工夫していく必要がある。

　障害のある子どもの年間指導計画の実際としては、大まかに次の4点を目標としたい。

①情緒の安定を図り、障害に起因する望ましくない行動を減らしていく。

②基本的生活習慣の自立を図る。

③社会への適応性を高めていくようにする。

④障害に応じて、個性を最大限に伸ばしていく。

第3節 ● 障害のある子どもの指導計画の実際

1 ── 障害のある子どもの指導計画作成のポイント─月案（7月）─

　月間指導計画（月案）（表6-1）では、特に「障害のある子ども」として考えるのではなく、障害のない子どもと共通する目標のもとで、個々の目標達成への段階を考えていく。

　発達障害のあるA君（3歳）の特徴は次のとおりである。

A君の特徴

・ほとんどじっとしておらず、ぐるぐると走り回ることが多い。

・ことばはあまり出ていない。気分次第なところもあり、大人のいうこと

149

に理解を示すこともある。単語が少々出ており、気分のよいときは２語文も出る。

・基本的な生活習慣はまだまだ未熟でオムツを使用している。

・対人関係に敏感で集団のなかでは落ち着かず、一人で遊ぶ。

・２歳までは何でも食べていたが、少し偏りができてきた。

表６－１　平成△年度　７月　指導計画　３歳児組

ねらい	養護・教育	・清潔で安全な環境をつくり、快適に生活できるようにする。 ・自分のことは自分でしたいという気持ちを尊重し育てていく。 ・友だちや保育者と一緒に夏の遊びを十分に楽しむ。 ・歌ったり、リズムで身体を動かして遊び、友だちとかかわる。	
内容	養護	気温・天候により部屋の換気・通風などに気を配り、Ａ児が気持ちよく過ごせるようにする。 水分補給や休息を十分にとり、元気に過ごせるようにする。 尿意や便意を知らせたりする動作を見逃さず、トイレに誘う。	**環境構成** プールでの水遊びに戸惑いをもつ様子なので、プールサイドに洗面器やたらいを置くなどして他児と水で遊ぶ機会を準備する。 ジョーロやコップを取り出しやすいように用意しておく。 いつでも足や身体が拭けるようにタオルを準備しておく。
	教育 健康	楽しんで食事、間食をとることができる。 昼寝の習慣がつき、休息を十分にとる。 生活に必要な習慣を身につける。	手洗いや衣服の着脱・始末ができるような環境を整える。 ゆっくり昼寝ができるよう、子どものペースにあわせて場所を準備しておく。
	人間関係	好きな遊びをみつけ保育者や友だちとかかわって遊ぶ。 いろいろな友だちがいることがわかる。 友だちに呼んでもらったり、教えてもらうことを受け入れる。	他児とのつながりがみられるときは、保育者も援助しながら同じおもちゃや道具を共有できるように準備しておく。 友だちとかかわって遊びが楽しめるような場や遊びを準備する。 保育所の庭や、保育所の近くの公園のブランコ、スベリ台、その他の遊具を点検し使いやすいように準備する。
	環境	水、砂、泥など自然の素材に触れる遊びを楽しむ。 リズム、戸外遊具、散歩、生活などを通して人や物に関心や興味をもつ。	
	言葉	名前を呼ばれたら返事をする。 自分の気持ちや要求を態度やことばで表現しようとする。 したいこと、してほしいことを保育者に伝えようとする。	交通標識や信号のある道路のコースで、特にＡ児の行動に配慮する場所を確認しておく。
	表現	楽しんで水遊びや泥遊びをするなかで、気持ちがよい、冷たいなどの感覚がわかりあらわす。 いろいろな素材、用具を使って、描いたりつくったりして遊ぶ。	他児の水遊びや泥遊びの様子をみて、物の名前や意味が理解できるよう、繰り返し保育者が話しかける。また他児にも話しかけてもらえる雰囲気をつくる。

第6章 ●障害のある子どもの保育の計画

　月案では、行事の占めるウェイトも大きく、それらにクラスの一員として
参加させていく「ねらい」としていきたい。また、月案では障害のある子ど
もを含むクラス集団の戸惑いや成長が子どものなかで生じてくるので、保育
者が障害のある子どもとない子どもの間に立って意図的に指導し、体験させ
る立案が望ましい。

家庭地域との連携	夏の遊びを理解してもらうように連絡ノートで様子を知らせる。 　生活習慣の取り組みや、健康状態について連絡を密にする。	行事	七夕まつり プール開き 誕生会 身体測定

予想される活動	保育者の援助及び留意点
プールに入る前の着替えや準備の順序が理解できずウロウロする。 　プールのなかで身体を洗ったり、砂のついた足や手のまま入ろうとする。 　プールのなかで顔に水をかけられたりすると「キーキー」という。 　濡れたままの身体であちこち走り回り、手当たりしだいに他児のタオルや衣服で身体を拭く。 　自分の持ち物の始末ができない。 　昼寝をしないで歩き回る。 　時々、奇声をあげて他児を驚かす。 　ようやく眠りについた後は、他児と一緒に目覚めることができない。 　お気に入りの子どもの名前を何度も呼ぶ。 　隣の子と手をつなぐことができず、奇声を発する。 　道路標識や看板に触り意味のないことばを発することがある。また一つひとつトントンと触って確かめる様子がみられる。 　スベリ台には喜んでのぼり、他児に順番を変わらない（ブランコも同じ）。 　トイレの水の流れには興味を示すが、自分で排尿できない。	「Aちゃん、プールに入るから、はだかんぼうになって、水着を着るよ」と他児の準備できた様子をみせる。 　「Aちゃん、プールに入るときは足を洗います」と声をかけ、保育者の足を洗ってみせる。 　足を洗って入ったとき「Aちゃんきれいになったね、お友だちも喜んでいるよ」とほめ、他児にも知らせる。 　「Aちゃんのパンツ・シャツはどの袋にしまうのかなあ、アンパンマンの袋が、早く入れてって待ってるよ」など声をかけ、袋を手に取って示す。 　A児が眠りたくなるように身体をさすったり、好きな歌を口ずさんだりして安心させる。 　散歩のとき、車道に飛び出さないようにA児の近くを歩いたり、具体的到達点を示すなどを行うとともに、保育者が手をつないで目的地まで行く。 　信号などで「赤」「青」のことばが出たときは、「赤だね、さあ止まれ」と意味を示しながら同意する。 　順番などを示すいろいろな方法（「～君がやったらね」「～ちゃんの次ね」など）を工夫しながら教えていく。 　他児がトイレを使用することを知らせながら、「Aちゃんも座ってみよう」と勧める。

以下に、月案の「ねらい」「内容」「環境構成」「予想される活動」「保育者の援助及び留意点」を作成するポイントを述べよう。

(1) 「ねらい」の作成

　入園から2か月ぐらいは片時もじっとしておらず動き回り、落ち着きのない様子のA君。しかし、他の子どもの活動から目を離すという様子はなく多動ではあるが、活力のある子どもという感じも受ける。

　基本的生活習慣はまだ未熟で、食事前の手洗いや食事中のマナーは他の子どものようにはいかないが、自分の好きなものはさっさと食べてしまう。

　「自分のことは自分でしたいという気持ちを尊重し育てていく」という養護面におけるねらいは、そのようなA君の主体性を大切に見守りたいという願いから設定された。

　また、水遊びが特に好きで、手洗いの後は必ず水で遊んでしまうが、あまり長くこだわらなくなってきた。7月には水遊びやプール遊びを取り入れ、気持ちよい生活、友だちとのつながりを広げ、「友だちや保育者と一緒に夏の遊びを十分に楽しむ」を教育面におけるねらいとする。

　たとえ障害によって友だちや保育者との関係づくりが上手にできなくても、人と人とのかかわりのなかで生きている「人としての喜び」を味わうことを大切にしたい。特にA君の場合、人とのかかわり方に問題があり、1人で行動することが多いが、保育者は放任することなく“人とかかわれた”という喜びや友だちと一緒に活動できた充実感を味わうきっかけをつくり、友だちのそばにいるだけで楽しいという思いを育てたい。

　A君のように活力のある子どもには、他の子どものエネルギーあふれる動きに同調しやすいところもあるので、リズムの伴う身体運動に参加させ、そのなかからルールのある遊びを楽しむといった段階に進めたい。

　また、養護の面からは、「清潔で安全な環境をつくり、快適に生活できるようにする」といったねらいが年間指導計画で立案されることが多いが、月案においてもそのまま計画する。養護面におけるこのねらいは、当然子どもたち全員に援助・配慮されなければならない事項であるが、障害のある子どもは自ら安全に配慮したり、病気の予防（手洗い、うがいなど）ができなかったりする場合が多く、特に配慮する必要がある。

(2) 内容「養護」の作成

　養護としては、「気温・天候により部屋の換気・通風などに気を配り、A児が気持ちよく過ごせるようにする」「水分補給や休息を十分にとり、元気に過

第6章●障害のある子どもの保育の計画

ごせるようにする」とした。このように、養護面の内容として当然毎日続けなければならないことであっても、それを指導計画に記入することによって、より明確化することになる。水分は十分摂れているはずという姿勢ではなく、保育者の当然の配慮として水分補給を心がける。ことばが遅れているために、「暑い」「水がほしい」などの要求を自分から伝えることができないこともあるので、忘れないようにしたい。

基本的生活習慣の自立には、A君のこだわりもあまり強いものではないので、まずは排泄の自立を促したい。他の子どもがトイレを使用する様子をみせたり、一緒に誘ったりする。また、家庭との連携も大切にしていく。

(3) 内容「教育」の作成

ここでは「健康」「人間関係」「環境」「言葉」「表現」の領域で、保育者が"子どもの発達を促す"ための視点から「指導したい、経験させたい事項」として立案するが、必ずしも5つの領域別に示すことにはこだわらない。特に障害のある子どもの発達の個人差、個人内差（第2章第4節参照）を理解すれば、今、子どもが興味をもって自らかかわってみようとするそのときに、保育者として援助できる柔軟なかかわりが必要である。

集団生活において身につけていくことに関しては、普段から保育者や他の子どもが手本となっている。ゆっくりと焦らず、無理強いせず、どのように話しかけ、かかわればよいのかを考えながら、口やかましく指導するのではなく、じっと待ってあげることが重要である。

たとえば、「言葉」の領域を取り上げてみても、ことばが遅れているからといって発語ばかりにとらわれず、友だちや周囲の人との交わりを大切にし、人間関係・周囲の状況判断などを相互作用的に発達させられるよう総合的な活動を工夫しなければならない。名前を呼んでくれる人がいてそれに応答することや、A君に関心を示してくれる友だちに話を聞いてもらったり、自分の意思が伝わったりする喜びを味わえる体験をさせるための援助や配慮も必要である。

教育は、保育のねらいを子どもが達成するために、体験させたり指導する事項であり、一人ひとりの子どもの発達を促すという視点を忘れてはならない。それに5つの領域が総合的に絡みあった活動として展開されるなかで達成されていく。

(4) 「環境構成」の作成

環境構成とは、指導計画の「ねらい」や「内容」にふさわしい保育をする

153

ために物的・人的環境を整え、子どもの状態や生活の状況を考慮して工夫するものである。A君の場合には、「ねらい」や「内容」にあるように、いつも大人にやってもらっていた生活面での行動を、失敗するかもしれないが自分でやってみて、うまくできたときには喜んでくれたり励ましてくれたりする保育者や友だちがいる。大好きな水遊びを楽しくできるような玩具や遊具が用意されている。そこには同じように楽しみながら遊べる友だちがいる。障害のために他の子どもとは異なった行動をすることを理解してくれる子どもたちがいる。このような物的・人的な環境構成をすることなのである。子どもの興味・関心を引き出す環境、子どもの状態や能力に応じた安全面や保健衛生面には常に留意が必要である。

(5) 「予想される活動」の作成

ここでは「ねらい」と「内容」にふさわしい「環境構成」に対して、A君がどのようにかかわるかを保育者が予測する。予想に反してプールの水の多さに驚いてしまい、プールに近づくのをやめてしまう場合もあろう。逆に、自分一人の水遊びの活動から友だちとかかわった活動へと幅が広がり、楽しいプール遊びの体験ができるということもあろう。こうしたさまざまな予想が、次に保育者としてどのように援助するかの視点につながっていく。

したがって、予想される行動を的確に把握するには、障害に伴う行動の特徴を理解しておくとともに、その子ども一人ひとりの日頃の行動の様子を十分に観察していなければならない。つまり、日頃から障害のある子どもの立場で、目、耳、足、手になってその子どもを取り巻く環境(景色、音、部屋、遊具など)をみつめ、通常では理解しにくいさまざまな不自由さが数多く彼らを取り囲んでいることを知ることが必要である。少しでも彼らの行動を知ることが、指導計画を立案する手だてとなる。

(6) 「保育者の援助及び留意点」の作成

指導計画のなかで、障害のある子どもに対して「ねらい」や「内容」にふさわしい保育の具体的な働きかけや援助を示すところが、「保育者の援助及び留意点」である。

障害のある子どもは、一人ひとりその障害の部位や程度が異なり、そのため画一的な指導法では対応できないことが多くある。まず、それぞれの子どもの様子を十分に把握し、保育を行ううえでどのような援助や配慮をしたらよいのかを考慮する。障害のある子どもの発達に対して長期的な視野をもち、将来子どもが自らの力を十分に発揮した生活をするためには、今、その子ど

第6章 ●障害のある子どもの保育の計画

もをどのようにとらえていくかが大切である。決して短期間に成果を期待することはできない。ゆっくりと繰り返し子どもの活動に沿いながら、援助したり自立を促す姿勢をもち続けなければならない。そして、その子なりの心の動きを少しでも理解できるように、心の動きを示すサインを受けとめる保育者であることが求められる。

また、本人が努力してできたことは必ずほめる、頭をなでる、握手をする、抱っこするなど、ことばと行動の両方で喜びを表現することにより、障害のある子どもにとっても「自分は受け入れられている」という感覚を味わうことになる。

2 ── 統合保育の指導計画の作成

(1) 月案・週案の作成（1月）

表6−2は、統合保育を実施しているM保育園における1月の月案の例である。この例では、障害のある子ども（B児）だけの「ねらい」も明確にされている。これによって、クラス全体の「ねらい」と障害のある子どもの保育の「ねらい」を明確にして、保育の評価をわかりやすくすることができる。

また、この表には、B児を含めたすべての子どもたちの状況に応じて、保育者が適切に行うべき事項が具体的に記入されている。さらに、特別な配慮事項を記入し、周囲の子どもに障害のある子どもとのかかわりに気づかせたり、実際に障害のある子どもの活動にどのようにかかわってくるかなど、「予想される活動」にもクラス運営にも広い考慮ができるよう立案している。

なお、同様の考え方で週案の立案をしているのが、表6−3（p.158）にある、1月第4週の指導計画である。特に月案と週案との関連を理解できるよう努めてみよう。

(2) 個別指導計画の作成

表6−4（pp.159−160）は、統合保育における障害のある子どもの個別年間指導計画の例である。担任は、年度の当初にクラス全体の子どもを対象にした年間指導計画を作成する。それを参考にしながらクラスにいる一人ひとりの障害のある子どもの特性にあわせた個別の年間指導計画を作成し援助・配慮をしていく。特に年度当初にⅠ〜Ⅳ期まで見通して計画を立案した場合、予想と違う姿がみられることが多い。その場合は、年度途中で見直し、変更して柔軟に対応する必要がある。

表6−2　平成△年度　1月　指導計画　5歳児組

ねらい	養護・教育	・冬を衛生的で安全な環境のなかで、快適に過ごせるようにする。 ・保育士との信頼関係のなかで安心して過ごせるようにする。 ・戸外や室内での遊びのなかで友だちとのつながりを深め、遊びを発展していく楽しさを味わう。 ・遊びを通して、文字や数字・量・記号に親しみ、積極的に書いたり数えたりする。 ・就学に向けて期待をもち、見通しをもって、意欲的に取り組む。 ・異年齢児とのかかわりのなかで、遊びや生活を知る。 ・冬の自然に触れ、試したり確かめたりする。
内容	養護	・室内環境の整備や感染症の予防に努め、その流行状況にも注意をしていく。 ・自分の気持ちを受けとめてもらい自信をもっていろいろな活動に取り組めるようにする。
	教育	・冬を健康に過ごす生活の仕方がわかり、身のまわりのことを進んでする。 ・寒さに負けず、友だちとしっかり身体を動かして遊ぶ。 ・友だちの立場になって、考えたり行動したりする。 ・異年齢児と一緒に集団遊びのルールや楽しさを伝えながら遊ぶ。 ・いろいろな体験や行事を通して、就学への期待を膨らませる。 ・お正月遊びを楽しむ。 ・冬の自然現象に興味をもち、みたり触れたりして遊ぶ。 ・新年のあいさつをしたり、正月に経験したことを友だちや保育者に話す。 ・身近にある文字や数字・記号に興味をもち、自分で書いたり読んだりすることを楽しむ。 ・友だちと一緒に歌ったり、リズムにあわせて表現遊びを楽しむ。 ・さまざまな素材を使って、つくったり飾ったりすることを楽しむ。

環境構成	B　児	予想される子どもの活動
・手洗いやうがい、衣服の調節が病気の予防につながるという話をしたり、健康に関する絵本を用意したりする。 ・集団遊びなど積極的に身体を動かせる活動を用意する。 ・保育者も一緒に話し合い、お互いの立場になって考えられるような場をもつ。 ・集団遊びなど、互いに交流できる機会をつくったり給食交流をしていく。 ・カルタ・すごろく・トランプ・コマ・凧などの用意をする。 ・氷づくりをしたり、雪が降ったときは一緒になって遊べるような材料を用意する。 ・休み中の経験を、皆で話す機会をもつ	声かけして手洗いやうがいができたことを確認していく。 鬼ごっこや大縄跳びなどに誘っていく。 簡単なカルタなども用意する。	・身のまわりのことを自分でする（衣服の調節、手洗い、うがい、鼻をかむ、防寒着の片づけなど）。 （園庭遊び） ドッジボール、縄跳び、フープ、氷鬼、はじめの一歩、はないちもんめ、三輪車、おしくらまんじゅう、凧上げ、サッカー、砂遊び等 （室内遊び） お絵かき、写し絵、折り紙、パズル、ごっこ遊び（お家ごっこ、病院ごっこ、アイドルごっこなど）、ミニカー、人形、絵本、あやとり等 ・折り紙やあやとり、マフラー編みなど指先を使った遊びを楽しむ。 ・異年齢の友だちとのかかわりを楽しむ。 ・お正月遊びを友だちや保育者と一緒に楽しむ。 ・冬の自然に触れて遊ぶ（氷や雪、霜柱など）。 ・年始のあいさつをしたり、休み中の話をしたりする。
・郵便ごっこのはがきや切手など補充していく。ひらがなの筆順がわかる表を貼るなど意識づけられるようにする。 ・さまざまな曲調やリズムの音楽を用意する。 ・マフラー編みの器具を用意し、やりたくなった子から順次、毛糸をもってくる。 ・廃材なども利用し素材や用具を十分用意する。 ・卒園制作に対して、イメージを広げ、準備する。	文字に興味がもてるような教材やひらがなのスタンプを用意する。 興味をもったときは個別に援助し、材料やつくりやすい題材を用意する。	・郵便ごっこを楽しみ、文字を書くことに興味をもつ。 ・歌を歌ったりリズム遊びをする（「雪だるまのチャチャチャ」「ドキドキドン！一年生」「ほんとにほんとにありがとう」「一年生になったら」「卒園の歌」）。 ・描いたり、つくったりして遊ぶ（鬼のお面、凧、マフラー編み、広告紙など）。

第6章●障害のある子どもの保育の計画

B　児	行事	
保育者に促されて健康に過ごせるようにする。 クラスのなかで安定して過ごし、友だちや保育者とかかわって遊ぼうとする。		遊ぼう会 避難訓練 もちつき（予定） 中学体験学習 誕生会、クラス懇談会

	家庭との連携		B　児
身のまわりのことを促されて自分でしようとする。 保育者に援助されながら相手の気持ちに気づく。 生活や遊びに必要なルールやきまりを守ろうとする。 遊びを通して文字や数字に興味をもち、読んだり書こうとする。		・流行している感染症の状況を知らせ、病気の早期発見と適切な対応ができるように連絡をとっていく。 ・寒くなると登園時間が遅くなったり、生活リズムが乱れがちになるので、朝食をきちんと食べることや、早寝早起きすることの大切さを伝えていく。 ・就学についての不安や質問なども受けとめながら、懇談会で意見交流を深め参考にしてもらう。 ・雪が降ったときの手袋や長靴、着替えや防寒具を用意してもらうよう知らせる。	鼻水が出始めると中耳炎になりやすいので、体調の変化を早めに伝える。 送り迎えのとき、子どもの様子を詳しく伝えたり、巡回指導を通して就学に向けての援助の仕方を一緒に考えて母親にその子の特徴を理解してもらう。

B　児	配慮事項・援助事項	B　児
ジャンパーを着たままで入り、なかなか手洗い、うがいをしようとしない。 友だちを追いかけても「○○くんが追いかけてくる」といって泣いてしまう。 友だちとうまくかかわれるときもあるが、強引に引っ張ることもあり、嫌がっている相手の気持ちに気づきにくい。 絵本は簡単なものはみれるが、朝の会などの読み聞かせのときはほとんど聞けない。 集中時間は短く、少しがんばると反動で疲れてしまう。	・手洗いやうがいの大切さや仕方について機会をとらえて繰り返し伝え、意識して行えるようにしていく。 ・保育者も一緒に遊びながら、身体を動かして遊びを楽しめるようにしていく。 ・一方的な解決にならないよう、そばで成り行きを見守り必要に応じて仲立ちとなる。 ・遊びの手本となったり、頼られたりすることで、年長児として自覚や自信を感じられるようにする。 ・雪や氷のできる季節を生かして工夫してつくったり、触れていく。 ・一人ひとりの思いをしっかり聞き、受け入れることで話をすることの楽しさが味わえるようにする。人の話を聞く大切さを知らせ、落ち着いて聞けるようにする ・一人ひとりの文字、数に対する興味のもち方を考慮しながら、絵だけの手紙もよいことを知らせ無理なく関心がもてるようにしていく。 ・子どもたちのイメージが膨らむような読み聞かせを心がける。 ・いろいろな場面でいろいろな歌が楽しく歌えるようにしていく。 ・一人ひとりの工夫を認め、つくったものを飾ったり、それで遊んだりして、表現する楽しさが味わえるようにする。	入室時にやるべき手順を知らせる。 友だちとうまくかかわっているときは見守り、相手が困っているときは気づかせる声かけをしていく。 気持ちが安定できるように不安なときは受けとめていく。 集中時間は短いががんばっている姿を認め、自信につながるようなほめる声かけをしていく。 B児の達成感がもてるように家庭にも協力してもらい作品を完成させ、できあがりの喜びを味わわせる。

表6－3　1月　第4週　指導計画　5歳児組

ねらい	養護・教育	内容	養護	B 児
	・一人ひとりの子どもが健康で快適に過ごせるようにする。 ・冬の自然に興味をもつ。 ・身体を動かして楽しむ。 ・指先を使った遊びを楽しむ。 ・節分の制作を楽しむ。		・気温に応じて、衣服の調節をする。 ・個々の体調に留意する。	・体調や機嫌などに気を配る。
		教育	・手洗い・うがいを丁寧にする。 ・相手にわかるように話し、人の話も聞く。 ・マフラー編みなど指先を使った遊びを楽しむ。 ・中学生の子たちと楽しく遊ぶ。	・手洗い・うがいを忘れずにする。 ・マフラー編みを自分のペースでする。

環境構成		予想される子どもの活動	B 児	(遊びや歌)	援助・配慮事項	B 児
・ホワイトボードを利用して一日の流れをみんなで確認する。 ・当番は胃腸風邪など出てきたら以前のセルフサービスに変更する。	22日月	係の確認をする。 節分のますに飾りをつける。 室内遊びをする（マフラー編み）。	休み明けなので、落ち着かず泣いたりすることもある。 不安になると保育者を呼ぶ。	園庭遊び ・ドッジボール ・氷鬼 ・フープ ・縄跳び ・固定遊具 ・砂遊び 室内遊び	係の表を回して、自分たちのグループの仕事を意識できるようにする。 切り紙を楽しみ、ますの飾りつけをしていく。糊を丁寧につけさせていく。	目の前に見本をみせ、つくるものをはっきりとわかりやすくする。
・文集の原稿を集める。22日をしめきりにしているのでまだ出していない人には個別に声をかけるようにする。 ・毛糸をもってきた子からマフラー編みのやり方を丁寧に知らせ、編み機に名前のテープを貼る。 ・鬼のお面づくりの材料を用意する（紙皿・折り紙・毛糸・目などの部品・ボンドと糊をあわせた物・糊つけ用台紙・お手拭き） ・帰りの会などの機会に長編の読み聞かせを少しずつ進めていく。	23日火	鬼のお面づくりをする。 ドッジボールをする。	取りかかりのところで保育者を呼んだりする。 中学生に甘える。	・折り紙 ・お絵描き ・ぬりえ ・写し絵 ・カルタ ・トランプ ・すごろく ・マフラー編み	前日に話をし期待させておく。好きな色をちぎり紙して紙皿に貼っていく。ちぎる大きさの見本をみせる。 中学生と一緒にドッジボールを行う。	様子を見守りながら、飽きたら一緒に貼って達成感が得られるようにする。
	24日水	鬼のお面づくりをする。 園庭遊びをする	毛糸をつけるところではうまく扱えず泣きそうになる。	・車、積み木 ・人形 ・ままごと ・コマまわし ・パズル等 歌	前日の続きで髪の毛を毛糸で貼ったり、角・目・眉・牙・鼻などを貼って仕上げていく。 友だちとかかわって好きな遊びを楽しむ。	困っているところでは手伝いながら安心して取り組めるようにする。
	25日木	誕生会に参加する。 園庭遊びをする。 ☆絵本の貸し出し	後半になってくると、声を出したり、立ち上がったりする。	・一年生になったら ・ドキドキドン！一年生 ・本当に本当にありがとう ・世界中の子どもたち	クラスの誕生児を紹介し、お祝いの気持ちがもてるようにする。出し物をみて一緒に楽しむ。他のクラスと一緒になるので、遊びを工夫する。	席に落ち着いて座っていられるように援助する。
	26日金	文集に向けてインタビューをする。 折り紙（雪だるま）をする。 リズム体操をする。	喜んで始めるが混乱すると泣いて折り紙をグチャグチャにしてしまう。	・雪だるまのチャチャチャ 手遊び ・もちつき ・てんやのお餅 ・霜柱	折り方を丁寧に説明しながら進めていく。台紙を用意してできた子から貼って飾れるようにする。ピアノにあわせて身体を動かせるようにする。	完成への見通しをもてるように、見本をそばに置いておくとともに後少しで完成する途中の折り紙も用意しておく。
	27日土	園庭遊びをする（異年齢交流保育）。 雨天時：室内遊び			外では危険のないように見守る。 異年齢でゆったり交流して遊べるようにおもちゃを出す。	

第6章●障害のある子どもの保育の計画

表6－4　平成○年度5歳児組　B児　年間指導計画（個別）

ねらい	養護・教育	子どもの姿
	・清潔で安全な環境をつくり、快適に生活できるようにする。 ・自分の気持ちを受けとめてもらいながら安心して過ごせるようにする。 ・生活の見通しをもち、自分の身のまわりのことを自分でしようとする。 ・好きな遊びをみつけ、じっくり落ち着いて遊ぶ。 ・気のあった友だちとかかわって遊ぶことを喜ぶ。 ・自分の思いや要求をことばで表現しようとし、ことばでのやりとりをしようとする。 ・描画や制作など描いたりつくったりすることを楽しむ。	・前年度の3月頃から不安定な時期が続いたので、クラス移動や進級に関しては家庭とも連携して不安が解消されるよう配慮した。移動当初は予想したよりスムーズであったが、1週間ほどしてからこだわったり大泣きする姿がよくみられるようになってきた。 ・ジャングルジムなど遊具でも遊べるようになってきたが、身体の動きはまだ幼く、散歩先の遊具では積極的に遊ぶことはあまりみられない。 ・友だちより保育者と1対1のかかわりを求める時期が続き、最近少しずつ友だちと一緒に遊ぶようになってきた。 ・当番や係の仕事は意欲的に行っている。 ・視覚的な刺激に弱く、集中力がなかなか持続しにくい。 ・絵本や紙芝居などは好きで、お話の会でもだいぶ聞けるようになり、受け答えしている。

内容		Ⅰ期（4・5月）	Ⅱ期（6・7・8月）	Ⅲ期（9・10・11・12月）	Ⅳ期（1・2・3月）
養護		・施設内の採光、保温、清潔など環境保健に配慮し、快適に生活できるようにする。 ・新しい環境に慣れ、自分の気持ちを受けとめてもらい、情緒の安定を図る。	・室内の気温、湿度、衛生や衣服の調節に留意し、快適に過ごせるようにする。 ・受け入れられているという安心感がもてるようにする。	・季節の変化に応じながら、室内の温度調節や換気を行い、快適に過ごせるようにする。 ・自分の気持ちを安心してあらわすことができるようにする。	・室内の気温、湿度、換気、暖房器具の取り扱いに十分気をつけ、快適に過ごせるようにする。 ・保育者との信頼関係のなかで、安心して生活できるようにする。
教育	健康	・嫌いな物は「へらして」と意思表示し量を調節してもらい食べる。 ・食べ終わるまで席を立たずに座って食べようとする。 ・自分から知らせてトイレに行き、後始末をしようとする。 ・靴や衣服の着脱を保育者に援助されて自分でする。 ・戸外で身体を動かして遊ぶ。 ・自分の好きなおもちゃや遊具で遊ぶ。	・泥んこ、水遊び、プールなどを楽しみ開放的な気分を味わう。	・保育者に励まされながら一定量食べる。 ・助言されて正しい姿勢で食べようとする。 ・自分の身のまわりのことをやろうとする。 ・いろいろな運動遊びに取り組んで身体を動かして遊ぶ。	・嫌いな物でも少しは励まされて食べる。 ・自分から知らせてトイレに行き、後始末をしてほめてもらい、自信をもつ。 ・友だちと身体を動かして遊ぶ。
	人間関係	・友だちの遊びに興味をもってみたり、模倣して遊ぼうとする。 ・あいさつや返事を助言されてしようとする。 ・生活や安全に必要なルールやきまりを知る。 ・苦手なところを友だちに受け入れてもらい、かかわりながら一緒に遊ぶことを楽しむ。	・保育者や友だちとかかわって遊ぼうとする。 ・異年齢児とのかかわりを喜ぶ。 ・保育者に援助されながら行事に喜んで参加する。	・保育者や友だちとかかわりながら一緒に好きなおもちゃや遊具で遊ぶことを楽しむ。 ・生活や遊びに必要なルールやきまりを覚える。 ・よいところを友だちに認めてもらい、一緒に遊んだり生活する。	・あいさつや返事を助言されてする。 ・生活や遊びに必要なルールやきまりを守ろうとする。 ・苦手なことを友だちに理解してもらい、クラスのなかで安定して過ごす。 ・保育者に援助されながら友だちと一緒に行事に喜んで参加する。
	環境	・散歩に出かけ、保育者や友だちと手をつないで励まされて歩く。 ・虫などの身近な小動物や植物に興味をもつ。 ・助言されながら自分の持ち物を片づける場所を覚える。	・野菜の様子などに関心をもってみる。	・散歩に出かけることを喜び、保育者や友だちと手をつないで歩く。 ・身近な小動物や植物に興味・関心をもつ。 ・自分の持ち物を片づけようとする。	

159

	言語	・泣かないで要求や思いを保育者に言葉で伝えようとする。			・自分から話そうとしたり、保育者や友だちの話に少しずつ関心をもって聞こうとしたりする。
			・ごっこ遊びを保育者や友だちと一緒に楽しむ。	・絵本や紙芝居をみることを楽しむ。	
		・友だちと一緒に絵本や紙芝居をみる。			
	表現	・歌や手遊びを模倣して楽しむ。	・友だちと一緒に歌おうとする。	・友だちと一緒に楽器をならしたり、歌うことを楽しむ。	
		・保育者の援助を受けながら自由に描いたりつくったりして楽しむ。		・自由に描いたりつくったりして楽しむ。	

| 援助及び配慮事項 | ・進級時は、クラス移動や進級に関しては家庭とも連携して不安が解消されるよう配慮する。
・こだわり行動が出たときは、2つのものから選択させたり、気持ちを少しでも切り替えられるように対応する。
・感覚の過敏さがあるので、着脱のときは十分気持ちを受け入れて援助していく。
・生活の流れなどわかりやすい見通しをもたせるような声かけをする。特に行事では、いろいろな場面を想定して援助する方法を考える。できるだけ無理なく参加できるよう保育者間で役割分担して援助する。行事の取り組みに関しては行事が近くなったら母親に対し話をする機会を設けるようにして、家庭と連携して保育を進めていくようにする。
・係や当番など意欲を大切にし、疲れてできないときや別の仕事でもやりたがるときは柔軟に対応する。
・視覚的な刺激に弱く、生活の流れでも途中で忘れてしまうことがあるので、できるだけ最後までやり通せるよう声かけしたり、見守ったりする。また、遊びでも集中力が短く、すぐ飽きてしまうので、少しでもじっくり遊べるよう遊びを必要に応じて手助けしていく。
・文字に興味をもてるように、スタンプ遊びなど環境を整え、意識的に働きかけていく。
・友だちとのやりとりで混乱したときは、まず落ち着かせ、ことばで本人の気持ちを代弁したり、相手の気持ちを伝え、本児と友だちのことばでのやりとりの橋渡しをする。 |

注：進級児なのでⅠ～Ⅳ期まで一応見通して指導計画を立案したが、予想と違う場合は変更するなど柔軟に対応する。
　　行事については、保護者（親）の思いを受け入れ信頼関係を築きながら進めていく。

第4節 ● 個別の支援計画と指導計画の実際

　現在、文部科学省は特別支援教育の体制整備を推進している。2007（平成19）年度からは改正学校教育法の施行により、全国の幼稚園、小学校、中学校、高等学校、中等教育学校および特別支援学校において、支援体制の整備が進められている。この特別支援教育体制推進事業の実施にあたっては、厚生労働省との連携により、保育所も支援対象機関に加えることができるようになった。

　文部科学省の「今後の特別支援教育の在り方について（最終報告）」（2003（平成15）年）によると、「『個別の教育支援計画』は、障害のある児童生徒の一人一人のニーズを正確に把握し、教育の視点から適切に対応していくという考えの下、長期的な視点で乳幼児期から学校卒業後までを通じて一貫して的確な教育支援を行うことを目的とする」としている。

第6章●障害のある子どもの保育の計画

1 ──「個別の（教育）支援計画」の内容

(1)「個別の（教育）支援計画」とは

　「個別の（教育）支援計画」とは、それぞれの園だけでなく、家庭、福祉、保健・医療機関等からの取り組みや、障害のある子ども一人ひとりの多様なニーズに応じて関係機関が連携して適切な支援を行うための計画である（図6－1）。生涯にわたって支援し、自立と社会参加をめざして必要な支援を行うために作成される計画であり、就学の移行期にも「個別の支援計画」を活用し、小学校や特別支援学校等に引き継ぎをしていくことが必要となる。

　なお、「個別の教育支援計画」とは、学校等の教育機関が中心になって作成する場合の呼称であり、障害者基本計画[※1]（2002（平成14）年12月閣議決定）における「個別の支援計画」に含まれるものである。保育所保育指針解説書における「支援のための個別の計画」、幼稚園教育要領解説や幼保連携型認定こども園教育・保育要領解説における「個別の教育支援計画」なども同様のものと理解してよい。

※1　障害者基本計画
障害者基本法に基づき、障害者の自立および社会参加の支援等のための施策の総合的かつ計画的な推進を図るために策定される。第2次障害者基本計画（2003～2012（平成15～24）年度）のなかで、「個別の支援計画」の策定・活用の促進があげられた。なお、2013（同25）年度からの「第3次計画」においても同様に示されるとともに、作成率の成果目標が掲げられている。

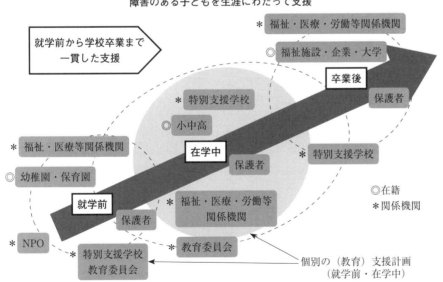

図6－1　個別の支援計画

出典：渡邊健治編『幼稚園・保育園等における手引書「個別の（教育）支援計画」の作成・活用』ジアース教育新社　2010年　p.10

(2) 「個別の（教育）支援計画」と「個別の指導計画」

「個別の（教育）支援計画」では、障害のある子ども一人ひとりのニーズに基づいた支援目標を設定する。その目標を達成するために、園、家庭、療育機関、保健・医療機関、教育相談機関等の支援内容と担当者を決め、役割分担を行う。支援を行い、その後、各々の支援の結果を評価し、支援目標・支援内容等を見直し、生涯にわたる支援を継続していく。この「個別の（教育）支援計画」における支援をふまえ、各関係者・機関が各々の支援の内容を充実させていくのである。「個別の指導計画」は、園において障害のある子ども一人ひとりの保育を充実させるために作成するものである。「個別の（教育）支援計画」をふまえて適切な指導や支援を行うために、障害のある子ども一人ひとりの障害の程度や発達過程に応じて指導目標、指導内容、指導方法、配慮事項等を記述する。指導内容・方法は各園の実態にあわせた項目を立てる。「個別の（教育）支援計画」と「個別の指導計画」は、作成にあたり相互に関連するものとなるようにする。

(3) 保育指針、教育要領、教育・保育要領に示された「個別の指導計画」と「個別の（教育）支援計画」

保育指針、教育要領、教育・保育要領には、「個別の指導計画」と「個別の（教育）支援計画」を作成、障害のある子どもの保育・指導をするにあたり、特に配慮する事項として、以下のように示されている。

保育指針では「障害のある子どもの保育については、一人一人の子どもの発達過程や障害の状態を把握し、適切な環境の下で、障害のある子どもが他の子どもとの生活を通して共に成長できるよう、指導計画の中に位置付けること。また、子どもの状況に応じた保育を実施する観点から、家庭や関係機関と連携した支援のための計画を個別に作成するなど適切な対応を図ること」と示されている。

教育要領、教育・保育要領では「障害のある幼児[2]の指導に当たっては、集団の中で生活することを通して全体的な発達を促していくことに配慮し、[3]特別支援学校などの助言又は援助を活用しつつ、例えば指導についての計画又は家庭や医療、福祉などの業務を行う関係機関と連携した支援のための計画を個別に作成することなどにより、個々の幼児[2]の障害の状態などに応じた指導内容や指導方法の工夫を計画的、組織的に行うこと」と示されている。

[2] 教育・保育要領では、「幼児」は「園児」となる。

[3] 教育・保育要領では、ここに「適切な環境の下で、障害のある園児が他の園児との生活を通して共に成長できるよう、」が入る。

第6章 ●障害のある子どもの保育の計画

(4) 「個別の（教育）支援計画」の記入上の注意と様式例

　「個別の（教育）支援計画」に記述すべき項目や内容については特に決めら
れていないので、それぞれの園の実情に応じた計画の内容を実施することに
なる。ここでは、計画の記入上の注意と様式例を表6－5と表6－6に示す。

表6－5　「個別の（教育）支援計画」　記入上の注意

1　支援会議の前に記入しておく内容（保護者と相談し、担任等が記入し、園としてその内容を確認しておく） **＜本人の状況（実態）＞** 　①障害の状態や発達段階等の本人の状況。療育手帳や身体障害者手帳の内容。「障害」の診断名がなくとも、本人の困難な状況等。②生育暦の概要。③乳幼児健診の所見等。④その他（保護者の困難な状況等）。 **＜現在受けている支援の内容、家庭・地域生活の様子＞** 　①関係者・機関から現在受けている支援の内容（どこから、どのような支援を、どの程度の頻度で）。②かかりつけの医療機関と受診内容。③家庭における生活の様子。④地域における生活の様子。地域での活動への参加状況。⑤その他（保護者が現在受けている支援等）。 **＜本人・保護者の願い（ニーズ）＞** 　①園・家庭・地域生活を豊かに送る上で必要であり、本人の成長に必要なこと。②将来の生活を見通し、現在の自立と社会参加を進める上で必要なこと。③その他（保護者への必要な支援等）。 2　支援会議において協議して記入する内容（その「案」を保護者と相談して園が記入し、支援会議に提案できると効率的） **＜支援の目標＞** 　本人・保護者の願い（ニーズ）に応じて、園、家庭、関係者・機関が連携して支援するための目標を共有する。地域の支援体制の現状・課題等を踏まえて、ニーズを整理し、次の支援会議までの実現を見通した目標を現実的・具体的に設定する。 **＜支援の内容＞** 　支援目標を達成するための支援内容の概要を、園、家庭、関係者・機関ごとに記入する。それぞれの中心担当者名や連絡先も明確にして記入する。なお、園、家庭、関係者・機関ごとの支援・指導・療育等の内容の詳細はそれぞれが持つことになる（「個別の指導計画」等）。

出典：渡邊健治編『幼稚園・保育園等における手引書「個別の（教育）支援計画」の作成・活用』ジアース教育新社　2010
　　　年　p.15

163

表6－6　個別の（教育）支援計画　様式例

本　人	ふりがな		性　別	年　　齢	生年月日
	氏　名		女・男		
保護者 （家族）	氏名(続柄)				（複数記入可）
	住　所			電　話　番　号	
在籍園	園　名 園　長　名			担　　任	
				コーディネーター等	
	住　　所			電　話　番　号	

本　人　の　状　況（実　態）

現在受けている支援の内容、家庭・地域生活の様子

本　人・保　護　者　の　願　い（ニーズ）

支　援　の　目　標

支　援　の　内　容

園	支援機関：(同上　園)	担当者：(同上　担任)	連絡先：(同上)
	支援内容：		
家　庭	支援機関：(同上　家庭)	担当者：(同上　保護者)	連絡先：(同上)
	支援内容：		
療育機関	支援機関名：	担当者：	連絡先：
	支援内容：		
＊	支援機関名：	担当者：	連絡先：
	支援内容：		
＊	支援機関名：	担当者：	連絡先：
	支援内容：		

支　援　会　議　の　記　録

日時	参加者	協議内容

支　援　内　容　の　評　価　と　引　継

作成日　平成　　　年　　　月　　　日　＜新規・更新（　　回）＞

＊園、家庭、療育機関以外の関係者・機関（保健、医療、福祉、教育相談、他）
出典：渡邊健治編『幼稚園・保育園等における手引書「個別の（教育）支援計画」の作成・活用』ジアース
　　　教育新社　2010年　p.14

第6章 ●障害のある子どもの保育の計画

2 ──「個別の支援計画」の実際

次に実際に支援した事例について紹介する。

> 事例：C君（自閉症スペクトラム）に対する「個別の支援計画」の取り組み
> C君（5歳）の特徴
> ・身支度などは、保育者に指示されてする。偏食がある。
> ・ことばは3語文程度なら話せるが、オウム返しがある。文字や数字に関心がある。
> ・部屋で集中して遊ぶ時間が短い。他児の遊びへの関心がで出きて模倣しようとする。絵を描くのが好き。
> ・変化が多いときは不安になり泣いたり、部屋から出て行ったりすることがある。

　C君については、年間指導計画や行事の取り組みは、「個別の指導計画」を立案して、担任を中心に、障害児対応保育士やフリー保育士、また園全体の職員で統合保育に取り組んできた。特に5歳児クラスに進級した際には、散歩に出かけられなくなることや、部屋に入ることができない日が続いた。また、行事のときには落ち着かない姿がみられることから、C君が園内で落ち着ける場所を用意することを第一の目的として、保護者（親）と面談のうえ、保育所を中心に「個別の支援計画」を作成し、次のように個別の「支援体制」をつくり取り組んだ。また、小学校への移行時も同様に保護者（親）と協力して学校側との連携を図りスムースに移行できるようにした。

　図6-2は、C君への個別の支援体制をあらわしたものである。

(1) 園内の支援体制

　担任がC君の「個別の指導計画」を作成し、クラス保育時は、個別に指示して援助することを基本とした。

　障害児対応保育士（加配保育者）は個別対応が必要なときに担任と連携して随時援助した。

　園長またはフリー保育士は、落ち着ける場所をクラス外でももてるように環境を整え、担任、障害児担応保育士と連携をとりながらC君を個別に見守り援助することとした。

　特にC君が不安定になりクラスに帰れないなど落ち着かない日が続いたときは園長が保護者（親）と面談し、保育所でのC君の様子と個別対応の様子を伝えるとともに、療育機関での少人数のグループ活動への参加を提案した。その結果、母親自身が療育機関に相談し2週に1回の療育を開始することができた。また、保育所での面談を通じて就労や下のきょうだいの入園につい

165

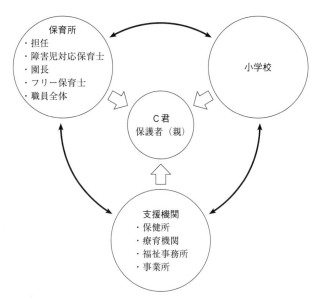

図6-2　C君への個別の支援体制

ても相談を受けたので福祉事務所を紹介した。

(2) 園外の支援体制

　保健所は発達相談を受けるよう勧め、療育機関を紹介した。療育機関においては、C君に少人数のグループ活動への参加を促し、落ち着いて遊ぶことができるよう取り組んだ。また保育所と連携してC君のグループ活動での様子や経過を観察することとした。また、母親に対しては保護者同士の話し合いに積極的に参加するよう誘い、他の障害のある子どもの母親と話し合う機会をもてるようにした。

　土曜日や夕刻保育時の送迎、母親が帰宅するまでの時間は移動支援ヘルパーを活用し、C君が落ち着いて遊んだり、お手伝いをして過ごせるように援助した。

　福祉事務所は、下のきょうだいを保育所に入所させ母親が就労できるよう援助した。

(3) 就学に向けての取り組み

　療育機関は、小学校入学を控える子どもの保護者を対象に開催される先輩保護者の話を聞く会に、C君の保護者（親）にも参加するよう誘うことから始めた。その後、小学校との情報共有の手段の一つになるサポートブック[※4]と、そのつくり方を説明し、作成するよう提案した。

※4　サポートブック
第7章第3節参照（p.194）。

第6章●障害のある子どもの保育の計画

　保育所は、保護者（親）がC君のサポートブックを作成するにあたり、C君の集団生活での様子の記入を協力することで、子どもの姿（C君の状態像）の共通理解をさらに深めることに努めた。そして、保護者（親）と一緒に小学校を訪問する機会をもつよう計画した。

　保護者（親）は、作成したサポートブックをもとにC君の家庭での様子を学校へ伝え、小学校生活にスムースに移行できるよう小学校との懇談の機会を申し出た。

　小学校は、保護者（親）、保育者と三者で面談し、C君の保育所での様子を聞き取るとともに、保護者（親）の意向を聞き取るよう努めた。

●「第6章」学びの確認
①統合保育の事例について学び、そのなかで育つものは何かを考えてみよう。
②障害のある子どもの保育の計画で大切な点、留意点について考えてみよう。
③障害のある子どもの「個別支援計画」の必要性と関係機関との連携の大切さについて考えてみよう。
●発展的な学びへ
①障害のある子どもがいるクラスの担任になった場合を想定し、「不安」な事柄についての解決に向けて話し合おう。そして内容をまとめて発表しよう。
②肢体不自由の子どもがいるクラスの、10月の指導計画についてグループ討議を行い、立案してみよう。

参考文献

1）文部科学省の平成19年度特別支援教育の体制整備の推進資料をみると、保育所への配慮として「発達障害など障害のある子どもへの早期支援の重要性に鑑み、上記関連事業関係部局と調整の上、保育所も本事業の対象としていることに留意すること」とある。
http://www.mext.go.jp/a_menu/shotou/tokubetu/main/006/1294930.htm
2）渡邊健治編『幼稚園・保育園等における手引書「個別の（教育）支援計画」の作成・活用』ジアース教育新社　2010年

●○● コラム⑨ ●○●

「先生、"ダメッ"はだめだよ」―指導の構造化―

　自閉症スペクトラムのK男（4歳）からは毎日目が離せず、職員全員が連携して保育にあたっていました。登園を嫌がる様子はなく毎日元気に通っていましたが、多動でことばを発せず、また、こだわりが強いため活動から活動への移動や変化に抵抗があり、補助の保育者もK男を追いかけることが多い日々でした。

　ある日、ブランコが大好きなK男は、登園からすぐにブランコへ直行、担任が何度も降りるようにことばをかけましたが、ニコニコしながらブランコを揺すり、部屋に入ろうとしませんでした。楽しそうな姿だったので見守っていましたが、給食の時間になったので他の保育者が手助けするためにテラスに出ると、K男の隣の席のM子がそばにきました。そして、「先生、K男君に"ダメッ！"っていったらだめだよ」というのです。「どういったらいいの？」と問うと、「あのね、"K男君、あと○回でおしまい"っていうの。そうするとやめるよ」といいます。「じゃあ、M子ちゃんいってきてくれるかな」と頼むと、M子はうれしそうにブランコへ駆けていきました。すると見事に、K男は一緒に部屋に入り、席に座ることができたのです。そのとき保育者たちは、M子の一言で、制止のことばを繰り返すのではなくK男が理解しやすい方法があることに気づきました。

※ TEACCHプログラム
p.103のコラム⑤参照。

　その後、保育者たちは園内でTEACCHプログラム※を勉強して驚きました。M子が言う「あと○回」というような、見通しをたてたことばかけや方法により、その子の不安が減り、よりスムーズに行動の移行ができることが述べられていたのです。3歳児クラスから一緒だったM子は、K男を自然に受け入れて、彼の行動をよくみて、理解していたのでしょう。これは、M子の保護者（親）の姿勢による影響もあるようでした。統合保育では障害のある子どもとない子どもとの交流、そして保護者（親）との連携の大切さがあげられますが、クラス全体、園全体の子どもの保護者（親）の姿勢と理解も含めた人的環境が重要なのです。

　その後、K男やM子のおかげで、子どもたち全員に理解しやすいことばかけや方法を見直すことができました。

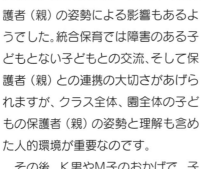

第7章●障害のある子どもの保育の実践と評価

第7章 障害のある子どもの保育の実践と評価

◆キーポイント◆

"障害のある子ども"というだけで特別な配慮が必要なわけではない。また、同じ障害名の子どもであっても、その状況や程度、一人ひとりの個性に応じて保育における配慮の内容が異なってくるのは当然である。子どもの数だけ事例はある。

"障害のある子ども"を受け入れる保育所や幼稚園などは一般的になりつつある。専門的な訓練とは違った形で障害の改善につながると思われる報告も多い。ただ単に同じ場と時間を共有し「みんな同じ」と見守るだけでは逆効果にさえつながる。"特別扱い"はさらに違う。ここでは、保育者が"統合保育"を実践し、評価する際のポイントについて考える。保育者の考え方と姿勢次第で"障害のある子ども"の保育は特別なことではなくなること、保育全般の基礎となることに気づいてほしい。

第1節 ● 保育の実践

1 —— 実践にあたって

(1) 「統合保育」について

「統合保育」とは一般的に保育所、幼稚園、認定こども園（以下、園とする）に障害のある子どもを受け入れて行う保育のことをいう。「統合」はインテグレーションの訳語で、「統合保育」は健常児と障害児を区別したうえで同じ場で保育することになるため、用語自体が議論されることもある。

ノーマライゼーションの理念からは、どの子どもも地域のなかでともに育ち、成長・発達に必要な援助が必要なときに必要なだけ受けられることが理想である。具体的にいえば、障害があっても地域の園に通い、訓練や療育、その他の特別な配慮が必要であれば、リソースルーム[※1]などでケアされることが望ましい。しかし、今の日本の福祉・教育の事情、地域環境のあり方ではそれを実現することは困難であろう。保護者（親）の意向の変化、少子化の影響などで「統合保育」実施園は増えているが[※2]、地域や園によって実状はさまざまである。"受け入れられる障害児"に制限があったり、保育の進め

※1 保育所や幼稚園などに在籍しながら、個々の障害に応じて必要とされる訓練や療育を園内において個別もしくはグループで指導する形をリソース方式と呼ぶ。内容は理学療法・作業療法・言語療法などがあり、それらを実施する場がリソースルームである。

※2 全国保育協議会『全国の保育所実態調査報告 2011』(2012（平成24）年) によれば、障害のある子どもを受け入れる園は

169

74.8%のぼる（会員保育所20,678か所、有効回答数8,205件。前回の2006（同18）年調査では68.0%）。このうち、障害者手帳をもつ子どもがいる保育所は75.7%、手帳はないが特別な支援を必要とすると判断される子どもがいる保育所は84.3%なっている。

※3　インクルージョン
第1章第3節参照（p.21）。この概念に基づく、インクルーシブ教育とは、障害のある子どもを含むすべての子どもに対して、一人ひとりの教育的ニーズにあう適切な教育的支援を通常の学級において行う教育をいう。文部科学省の報告によると、「早期からの教育相談・支援」についても言及し、より乳幼児期からの支援の必要性が述べられている。また、2013（平成25）年の学校教育法施行令の改正により、障害のある子どもの就学のしくみも改正されている（第9章第3節参照（p.231））。

※4　社会的障壁
社会的障壁とは「障害がある者にとつて日常生活又は社会生活を営む上で障壁となるような社会における事物、制度、慣行、観念その他一切のもの」とされる（障害者基本法第2条）。

※5　障害者の権利に関する条約第七条には「障害のある児童に関する全ての措置をとるに当たっては、児童の最善の利益が考慮されるものとする」とある。

方も園や保育者に任されたりしているなかで、より適切な実践を考えていかなければならない。

「統合保育」という呼称自体が差別的ではないかと疑問視されながら使われている。わかりやすく「障害児保育実施」とうたう園も多い。単に"混じって"過ごす形態を名ばかりの「統合保育」と称す園もある。インクルージョン※3の考え方は浸透しても適当な訳語がなく、法制度も整わず、実現は困難を極める。なかには「共生保育」、その他独自の用語を使用、あるいは特別な呼称をあえて用いずに障害のある子どもを受けとめる園もある。ここでは「統合保育」を便宜上使用するが、決して適語ではないことをふまえておきたい。

(2)　保育者の基本姿勢

　一般に保育者が一人の子どもを担当する場合、まずは出会って、徐々に関係づくりをしながら信頼関係を持ち、情報を得て保育の方向を探っていく。障害のある子どもに対しても同じである。障害名がわかっていても状況はさまざまであり、どのような保育が適切であるかははじめからわかるはずがない。障害名からくる偏見や先入観、あるいは不自然な構えは捨てないと真の姿はみえない。どうしても"障害児のAくん"と考えがちだが、保育の基本は"Aくん"をまるごとしっかり受けとめる姿勢、そこから始めなければならない。そしてAくんが生活していくうえで何が困難で、どのような配慮が必要なのか考えるなかで、障害特性を考慮していきたい。

　障害のある子どもに対する特別な保育の目標や内容というものは存在しない。保育指針、教育要領、教育・保育要領に示された保育の原理に基づいて保育を行うことは同じである。保育の基本が、生涯にわたる人間形成の極めて重要な時期に一人ひとりの心身の発達を促し、主体的に活動できる環境を通して援助し、生きる力を育てていくことであるならば、障害のある子どもの保育も同様である。ただし、障害特性などからくる困難、そのことから生じる社会的障壁※4等に対する特別な配慮と援助は必要である。保育指針、教育要領、教育・保育要領に記された特に配慮すべき内容の意味を考え、本人の最善の利益※5を考慮したい。

　障害のある子どもの保育は決して特別な保育ではない。もしも特別に考えられているとすれば、保育者やその園が特別なものにしているといわざるを得ない。障害のある子どもがいづらくなっているならば、他にもいづらくなっている子どもがいると考えるべきであろう。一人ひとりを大切に考え真剣に取り組めば、保育全体も向上していくはずである。そういった意味で障害のある子どもの保育は、保育の基礎・基本であるといえる。

(3) 保育ニーズの把握

　その子どもをまるごと受けとめることは大切だが、入園してはじめて出会うようなことは避けたい。親子ともに安心して入園を迎え、保育者もある程度の見通しをもって保育を計画できるよう、無理のない方法でかかわり、できる限り事前に情報を収集し保育ニーズを把握する。専門機関（医療・療育）による健康診断や発達検査などの結果や記録も重要な資料となる。知能指数（IQ）、発達指数（DQ）などは数値よりも検査項目ごとの状況（検査結果プロフィール）を知ることも大切である（第10章参照）。

　情報源の中心は保護者（親）である。方法としては質問紙や、お互いの理解を深めるためにも面談を行う。時間・場所・方法などは慎重に検討する。保護者（親）の理解を得て子どもと接し、体験保育なども行う。保護者（親）が安心して子どもを預けられ、子どもも楽しく園に通えるよう、今後の関係づくりのきっかけとなるような場を重ねたい。その際、障害名にとらわれず生活や活動をするうえで困難なこと、生涯を見通して生きづらくなりそうなことを具体的・実際的に把握する。保育者が子どもと接して気づく、その子どもにとって困難かと思われることと、保護者（親）が思う困難なことは異なることもある。

　保護者（親）もはじめての場で緊張が強い。保育者は思いを十分にくみ取って聞く姿勢をとりつつ、得たい情報に関する質問をあらかじめ用意して、常に相手の立場に立って、整理しながら尋ねる。集めておきたい情報は次のとおりだが、個々の状況にもよる。柔軟に対応し、必要に応じて今までかかわってきた専門機関とも連絡をとり、保育上の資料としてまとめておく。

①発達の理解

　保育者は子どもの発達を大きな道筋のなかでとらえて保育の見通しをもって実践する専門家である。

　まずは、子どもの言動、興味・関心、遊びの様子を知り、発達の状況と課題を考えていきたい。

②障害の理解

　障害の種類、程度、状況は子どもによって異なる。医療機関や療育機関、保護者（親）、保育者により受けとめ方が異なることもあるし、変化もする。

　どこで、どのような検査、診断、指導、療育、訓練等を受けてきたのか保護者（親）の思いとあわせて聞いておく。

③生活の理解

　子どもの発達、障害の状況は家庭環境、地域環境によって異なってくる。家族とかかわり、基本的生活習慣、生活リズムなど、子どもの成育の経緯と

ともに現在の様子を知る。

④**保護者（親）の理解**

　園（保育者）が子どもと出会って考える保育の目標や内容と、保護者（親）が園に願うことは一致しないこともある。障害の受けとめにおいて混乱していることもある。子どもに気持ちが向かないこともある。まずは保護者（親）の思いを大切にしながら徐々に信頼関係を築き、話し合っていきたい。

(4)　園の姿勢と保育者の連携

　統合保育を適切に行うためには、園長をはじめ、子どもの園生活にかかわる全職員の共通認識のもと、同じ方向をめざして支援することが重要となる。保育課程・教育課程・全体的な計画（以下、カリキュラムとする）に描く保育理念をもとに、園全体としてどのように支えていくかを考える。園の設備や人材を把握したうえで、保育内容や集団づくりを園全体で検討し、人的にも物的にもできる限り環境を整えたい。

①**園の体制とクラス**

　園では、学年ごとや異年齢でクラスがつくられ集団保育が行われる。学年ごとのクラスでは、その子どもの生活年齢のクラスか、発達課題に見合ったクラスか、担当者を考えてのクラスか、などが検討される。園の都合ではなく、本人や保護者（親）の立場で前向きに考えたい。

　異年齢クラスは、少子化が進み、きょうだいが少ない状況から取り入れる園が増えている。障害のある子どもが自然に入りやすいという特徴はあるが、障害の有無に関係なく一人ひとりを丁寧に保育するには保育者の力量が問われる。保育者の経験や保育観をもとに、十分な計画性をもって実施したい。障害のある子どもを含め、個々の発達をふまえた遊びや活動を適切に用意し、十分な配慮を行う。

　所属クラスを決めても、なかなか保育室に落ち着けない子どもであれば、当面は保育室内外に居場所を確保したい。生活年齢クラスに所属しても、子どもの状態に応じて、時には年齢の低いクラスで遊ぶことで安定することもある。臨機応変に対応することが望まれる。

②**担当保育者**

　実際に真摯に取り組んだ保育者たちからは「統合が当たり前だと気づいた」「このクラスでよかった」「子どもたちから多くのことを学んだ」といった声を聞く。しかしそういった思いをもつためには、園全体の協力体制とともに、個々の保育者が自身の価値観や障害観、保育観を常に問い直しながら確立していくことが望まれる。

第7章●障害のある子どもの保育の実践と評価

障害のある子どもを担当する形態は地域や園によってさまざまである。障害のある子どもの人数や状況に応じて、障害のある子ども担当の保育者や加配の保育者[6]が決められたり、複数担当者で保育したり、必要に応じてフリーの保育者や主任が加わったりして保育にあたる。いわゆる「気になる子ども」の場合は担任が対応するケースも多い。より適切な形態を園全体で十分に討議したい。幼稚園などの一人担任や加配のない状況であれば、より園全体でバックアップしていく体制づくりが必要である。

複数担任制の場合は、保育全体のリーダーとサブリーダーをどのように分担して障害のある子どもをどのように援助するかを十分に検討する。当初は、障害のある子どもの担当者を固定したほうが信頼関係を築き安定できることが多い。関係がつくりにくい場合は、特に丁寧に段階をふみたい。ある程度関係ができて援助の手が離れれば、担当者との距離をおいていくことも考えたい。

③保育者間の連携

子どもたちが仲間としてかかわって育っていくためには、保育者同士の密な連携と積極的な協力が不可欠となる。職種を越えて全職員が子どもたちと担当保育者を見守る姿勢をもち、子どもの状況や場面に応じて担当者以外の職員も柔軟にかかわっていきたい。そのための一つの方法として、園内で定期的に、あるいは随時、ケース会議を実施することがあげられる。

ケース会議では、担当保育者がその子どもの情報を提供し、共通理解を得るようにする。個人の観察事項だけでなく、子ども同士の詳しいかかわりの様子や、発達の様子、保育者の具体的な思い、考えなどを示す。そのことにより、全職員がその子どもの保育ニーズについて情報を得ることができ、保育の計画や内容、援助や配慮事項について検討を重ね、共通認識をもってかかわることができるようになる。必要に応じて参加者が保育の場を観察したり、専門家[7]が加わって議論することも望ましい。

担当保育者にとって意見交換をしたり助言が得られることは具体的な支えとなり、ヒントとなる。全職員が共通認識のもとに連携をとることで、子どもや保護者（親）、担当保育者の安心につながり、他クラスとの交流など柔軟な対応が可能となるため、こういったケース会議の場を積極的にもちたい。

また、日常的にも保育者同士が協力し相談しあえる関係が重要である。日々のあらゆる場面で情報交換や打ち合わせができる関係づくりは、子どもや保護者（親）のためだけでなく、保育者自身の安定にもつながる。

※6　規定の担任保育者以外に、障害のある子どもの人数等により保育者を加算するシステムがある。幼稚園（および小学校・中学校）では特別支援教育支援員（一般に「支援員」と称し、保育所では加配保育士といわれてきた（第1章参照）。元々市町村や園独自の加算も行われてきたが、主体が市町村となる子ども・子育て新制度下においては、加算分の使途、加配の人数など、各市町村、園の独自性は益々強まると思われる。

※7　（できればその子どもや園をよく知る）医師、看護師、保健師、発達相談員、並行施設の担当者、（接続する小学校の）教師など。なお、2012（平成24）年度より保育所等訪問支援事業（第1・9章参照）が施行されているが、まだ数も少なく、申し込みは保護者（親）であるため、課題が多い。今後の利用方法の工夫が望まれる。

2 —— 保育の実際

(1) 障害のある子どもとの出会い

　保護者（親）より早く保育者が子どもの“障害”に気づくこともある。その時点から子どもと保護者（親）への特別な支援が始まっていく。

　一方で、入園前から診断を受け障害児保育枠として担当することになる子どももいる。その際、集団に入ることを楽しめる子どもであれば、クラスのなかで様子をみていくことも一つの方法であるが、特に社会性やコミュニケーションの発達に課題のある子どもに対しては慎重に保育を進めたい。信頼できる担当者ができ（もちろん担任でよいが、困難な場合は副担任や加配の担当者など）、その人とともに徐々にクラスのなかに入っていけるよう段階的に進めていく。当初はマンツーマンで過ごす場を確保したり、臨機応変に体験入園や慣らし保育、部分保育などで様子をみることが望ましい。

　決して園の都合で進めない。たとえば、子どもの状態ではなく人手不足や目が行き届かないといった理由で、慣らし保育や部分保育の実施を延長しない。一人ひとりの状況を考慮して、最適な人的・物的環境を考え用意する。

(2) 保育の計画と個別支援

　集団保育においては、全員の個性をふまえたクラスづくりが必要になる。クラス運営において「発達課題の相違により照準をあわせにくい」という声はよく耳にするが、これは障害の有無に関係ないはずである。障害のある子どもが参加できない、いづらいという保育であれば、他にも同じような思いをしている子どもがいる。全員が常に同じ活動をする必要はない。クラス運営のなかで個々の力が十分発揮できるよう配慮する。一人ひとりの状況に応じて援助する丁寧さと、時と場合に応じての工夫が保育者には求められる。

　3歳未満児ではまだ集団意識をもちにくい。ともに楽しめる活動を考え、実践するなかで仲間意識が育っていく。3歳児以上では互いの違いもわかってくるため、一人ひとりよいところも苦手なこともみせあって認めあえるクラスづくりをめざす。障害の有無に関係なく「違っていい」「違うことこそ大切」という雰囲気は子どもたちの自己表現や感受性、真の個性を育む。それには保育者の価値観が大きく影響する。できる・できないで評価せず、決してわがままを容認するのではなく、一人ひとりが真に自由に生活できる土壌をつくる。クラスの子どもたちの障害のある子どもの受けとめ方には、担任や保護者（親）の考え方が大きく影響する。障害のある子どもを含めて誰を

第7章 ●障害のある子どもの保育の実践と評価

も仲間として受けとめ、トラブルも含めともに豊かなかかわりがもてるクラスづくりに努める。

個別支援については第5、6章などを参照して計画し、柔軟に取り組む。常に意識したいことは、子どもを主体に、子どもの立場、視線から考えることである。たとえば、発達障害のある子どもに視覚支援※8が有効であることは浸透しているが、何がどのように有効であるかは一人ずつ異なる。保育は想像力と創造力が望まれる。工夫して、その子どもの専門家をめざしたい。

(3) ともに育つ保育

統合保育は、障害のある子どものためにだけあるのではなく、障害のある子どもが一方的に何かしてもらうことが目的でもない。また、よくいわれるように「障害のない子どもに思いやりが育つために」も違うだろう。基本はすべての子ども、保育者、誰もがもつ苦手なこと、弱さをよさとともにまるごと受けとめ、補い合い育ち合っていけるような保育でありたい。

障害のある子どもばかりに目が行きがちになるとクラスの子どもたちにはさまざまな思いが生まれ、「○○ちゃんばかりずるい」「△△先生は○○ちゃんだけの先生みたい」といった声が聞かれることもある。保育者に認められたいために、保育者が見ているときだけ障害のある子どもを手伝ったり、自分より弱い存在として世話をやいたりもするが、これらの状況は保育者に責任がある。子どもは保育者の対応や考え方をよくみていることを心したい。

クラスの子どもたちについ我慢を強いてしまうこともある。「病気だから許してあげてね」「わからないから優しくしてあげてね」など、とんでもないことばを耳にすることさえある。保育者の一方的な押しつけでは子どもたちは説得はさせられても、決して納得できず不満が残る。真の仲間づくりなど期待できない。何が嫌だったのか、どうしてほしかったのかという思いに共感し、こうなってほしいという願いを共有していく。また、どの子どもも当然保育者に甘えたい。しっかりと一人ひとりの子どもを観察し受けとめ、適切な対応をしたい。声をかけられたり、アイコンタクトだけで満足なときもあれば、抱きしめてほしいときもある。大切にされていると感じるなかで、本当の思いやりも生まれてくる。

障害のある子どもに対して、クラスの子どもたちはどこで何を援助すればよいか、保育者のすることを実によくみてまねる。幼児期後半になれば自我や自制心の育ちとともに、自分なりに"違い"を受けとめて理解し、適切な援助を工夫することも可能になる。保育者から強制された援助やかかわり、保育者に認められるための援助では意味がない。具体的な出来事を通して、

※8 視覚支援
TEACCHプログラムの一環として広まり、PECSにも応用される（p.103のコラム⑤、p.119のコラム⑦参照）。聴覚情報の認知が困難な子どもに視覚情報で表示したり、見通しがもちにくい子どもに予定を図示したりする。発達障害以外にも知的障害や聴覚障害のある子どもたちにもコミュニケーションの一助として効果は大きい。クラスの皆が使える形で取り入れた手順書、案内表示等の視覚支援によって「クラスの子ども達全体の生活が流れやすくなった」「発達が進んだ」という報告も多い。コミュニケーション支援の一助として工夫したい。

175

何より「一緒にいてうれしい仲間」として相手の気持ちを考えながら、ともに工夫していきたい。幼児の"障害"理解を助けることが期待できる絵本も多く出版されており、活用したい。「○○ちゃんはどうしてしゃべれないの」「いつ治るの」など、子どもならではのストレートな疑問も多い。年長児になるとそんなことばも飲み込んで我慢することもある。クラスの子どもたちの年齢や状況に応じて対応していく。その際も保育者の価値観が大きく影響するため、真摯に向かいあい、支えていきたい。幼いときからそれぞれの"違い"を受けとめ、認めあい補っていく環境に育つことは社会全体の統合、共生につながっていくはずだが、大人の歪んだ対応で歪んだ統合になってしまわないよう留意する。子どもたちは身近な大人の言動を素直に受けとめるため、障害のある子どもの保護者（親）の了解を得た形（方法、内容）で、クラス、園の保護者（親）にも適切な情報を伝え協力体制をつくりたい。

(4) "困った行動"

集団生活のなかで"困った行動"といわれるものがある。障害の有無に関係ないこともあるが、保育室からすぐに飛び出す、高いところに登る、他の子どもに噛みついたり叩いたりする、パニックを起こす、こだわりが強い、落ち着きがない、などである。これも、誰がなぜ困るのかということから考えたい。保育者が「人手が足りないのに追いかけなければならないから」「まとまった活動をしたいのにできないから」困るのならばとんでもないことである。その子ども自身の居場所がなかったり、まわりの子どもたちとの集団生活のなかでかかわりをもったり、遊びの世界を広げていくうえで困るのだという認識を新たにして、それらを豊かな活動に変えていきたい。「とにかくやめさせる」という姿勢では、何も改善しない。

まずは、なぜそうした行動をとるのかを考えることから始める。危険なことは止めなければならないが、できるだけその子どもの立場になって考え、その気持ちを共有する。信頼関係を築く。さらに、その子どもが楽しく主体的にかかわっていくことができる活動を積極的に用意していく。

〈すぐに保育室を飛び出してしまう〉
・「お友だちの大きな声、びっくりしたね」「いっぱい座って我慢できなくなっちゃったかな。でも、がんばったね」など理由を考え、ことばにしてみる。
・行きたい場所があればそこでしばらく過ごし、落ち着けば保育室に戻る。
・追いかけられることを待つようになった子どもの場合、かかわりを重視し、時には追いかけっこに発展させる。

子どもの心に添えば解決法がみえてくる。高い場所が好きならば、安全に楽しめる場所を用意してみる。噛む叩くは障害の有無にかかわらず"1歳半の壁"を越える頃の子どもによくみられる。いいたいことが表現できない思いを受けとめると同時に、してはいけないことは、ことばだけでなく表情などでも伝えていく。パニックには必ず原因があり、思いを受けとめながら、その子どもにあった落ち着く方法を考える。こだわりは子どもの個性の一つと考え、十分につきあいながら変化への糸口を探りたい。落ち着きのない子どもはただ行動をおさえるのではなく、保育者と関係を積み上げつつ、これをしたら次にあれ、と子どもなりに見通せる活動を用意したい。着席するための体力づくりが必要なこともある。

上の例は解決のヒントにすぎないが、"困った行動"には子どもの心身のサインが含まれており、真摯に対応したい。信頼できない保育者から、ただ禁止されても悪循環に陥る。

▋3 ── 生活をともにする

子どもも、大人さえも、「生活力」を問われるようになって久しい。精神的に豊かに「生きる力」をもつためには、自身の生活を見通して、明日が楽しみな毎日を身近な親しい人とともに創造していくことが求められる。せっかくの保育の場を生かして、よい影響を与え合いたい。

障害のある子どもには「できないことをできるように指導する」傾向が強い。他の子どもと比べたり、就学や将来のため、と「早寝早起きをする」「偏食をなくす」「トイレの自立を促す」といった生活指導に懸命に取り組み、苦痛ばかりを強いることも多い。障害の有無に関係なく、できないことを指摘して練習をするだけでは、嫌なことでしかなくなる。大人の生活の枠組みにはめ込むのではなく、子ども自身が自分を律することでより自由な楽しい毎日が過ごせることに気づき、主体的に「やってみよう」「やってみたい」と思える方向を探る。たとえば、肢体不自由があって介助が必要な場合、一方的介助ではなく、子どもが自分で選び考えたように介助できるよう工夫する。

また、基本的生活習慣に関しては、家庭の問題を指摘して一方的かつ機械的な指導を行いがちになる。保護者（親）に注文を出す前に園生活を見直してみよう。子どもが日中の多くの時間を過ごす園生活のリズムを、プロの保育者が子ども中心に省察することで家庭生活との連携も整ってくる。第1に園生活の日課を見直し、第2に子どもが期待をもって主体的に取り組むことのできる活動が用意されているかどうかを見直していきたい。

保育のゴールは卒園（あるいは学年末）ではない。その子どもの生活はずっと続くことを忘れずその後の生活も見通して、今、援助すべきことを考える。

(1) 睡眠

夜早く寝て心地よい睡眠を得て、決まった時間に起きることは子どもの成長・発達の大切な基盤となり、健康で生き生きと活動できる時間が増えることにつながる。ただ、保護者（親）へ一方的に改善を依頼しても解決しない。就労の関係で規則的な生活が保てない家庭もある。障害によって夜に睡眠がとりにくい子どももいれば、抗けいれん剤などの副作用によって日中ぼんやりしてしまう子どももいる。長い間家庭で過ごしていた子どもにとっては、通園のリズムになかなか慣れないこともあるだろう。保護者（親）との連携は不可欠なことだが、決して保護者（親）を注意して追い詰めるということではなく、子どものためにともに考え改善していきたい。

日中にたっぷり運動することは重要だが、多動で走り回っているようにみえても意外と体力は使っていないことも少なくない。便秘気味で眠りにくい子どもも多く、運動とともに食事の改善から見直すことも必要である。服薬のためにリズムがとりにくい子どもの場合は、日中の覚醒を保てるよう保護者（親）と話し合って医療機関に相談することも必要になる。夜寝る前に家族と身体を使って遊んだり、絵本などを読んでもらったりすることも効果的である。

保育所では昼寝の時間も大切である。午前中にたっぷり遊び込みしっかり昼食をとれば、必ず休息が必要になる。どうしても眠れない子どもの場合は、保育者と絵本を読んだり歌遊びをしたりして、ゆったりとした静の時間にしたい。

(2) 食事

園での食事指導の中心は偏食指導とマナー指導になりがちである。形ではなく、何よりも「おなかがすいた、食べたい」という気持ちをもつことから始めたい。さらに他の子どもたちと楽しい雰囲気のなかで自分も「（同じものを同じように）食べてみようかな」と主体的な意欲をもてるような環境づくりを進めたい。

野菜がまったく食べられない子ども、三食ともお茶漬けで済ませている子どもなど、偏食がかなり極端な子どももいる。感覚の過敏さやこだわりが強いことなどが原因として考えられる場合もあるが、食事を十分に楽しめていないだけでなく、極端な栄養面の偏りは体力低下やさまざまな疾病につなが

第7章●障害のある子どもの保育の実践と評価

るため指導が必要になる。しかし、強引な指導ではなく、楽しんで食生活を
広げていくことを基本に考える。保育者や友だちとの関係ができ、たっぷり
遊べば自然と「食べてみようかな」と思えることもあるだろう。もちろん調
理方法の工夫も根気よく続け、家庭との連携もとる。たとえば、園で食べな
くても、降園すればお菓子が自由に食べられる環境では変わりようがなく、
園での保育者の取り組みや子どもの様子を伝えつつ援助していきたい。

事例１：食事の取り組み

　３歳児クラスのＡ君は多動が強くて落ち着きがありません。昼食は楽しみ
なようで自分から席に着くものの、「いただきます」を待てず食べ始めます。
フォークなどを使うこともぎこちなく、時折手で食べます。食事中も気にな
るものがあると席を立ったり、おなかがいっぱいになると遊びに行こうとし
たりします。友だちも「Ａ君だけ、"いただきます"しないのおかしい」「手
で食べるの赤ちゃんみたい」などと口々にいうようになりました。クラスに
は他にも食べながらしゃべり続け、手を荒く動かし続けているＢちゃんや、
食が細い、偏食が強いなど、気になる子どもたちがいます。

　保育者は、まずは誰もが食事を一定時間楽しむことを目標にし、個々の状
況にあわせて盛りつけを工夫したり、食事前に食を楽しめるようなお話を絵
本や人形などを使って続けたりしました。

　Ａ君については、以下のことを時間をかけて取り組みました。

①気になる刺激を最小限に整え、気が散らないように配慮する。

②食事中は一緒にテーブルについて午前中の活動の話や食材の話をして、
　みんなで楽しみながら食事に集中できるよう工夫する。

③生活全般で落ち着かない行動が目立っていたが、叱らず、そのときの目
　標を一緒に考え励まし、できたら一緒に喜ぶ。

　少しずつ、Ａ君が保育者や友だちを意識しつつ自分から座っていようとし
たり、フォークや箸を使おうとする様子がみられるようになりました。Ｂちゃ
んには保育者が丁寧に声かけをしたり時折そっと手を触ることで静かに食べ
られる時間が増えました。クラスの子どもたちも保育者と一緒にＡ君の気持
ちになって考え、できたことをともに喜ぶようになり、自分たちも「ぼくは
ピーマン嫌いだけどがんばる」という声が聞かれるようになりました。

誰でも何かを「させられている」とき、活動を楽しめないばかりか、早く終えて他に刺激を求めたくなる。さらに「叱られて」ばかりいると自尊感情が低下し劣等感をもつことにさえなる。がんばったらできるという経験を積み重ね、自ら意識をもって活動を楽しめるようにしたい。それも対象児にだけではなく、皆がそれぞれの課題に取り組み、お互いに励ましあい、心から「がんばったね」「できてよかったね」といいあえる仲間づくりをしたい。

(3)　排泄

　排泄の問題は人としての尊厳にもかかわる。慎重に、また家庭と情報を交換しつつ取り組む。もちろん無理強いではなく信頼関係の結べた保育者に促されたりほめられたり、友だちの隣に座ってみたり、楽しい雰囲気で進める。
　紙おむつ、紙パンツに頼りすぎることは自立を妨げる。生活年齢の低い子どもであれば、時期、季節を考えて日中は布パンツにして様子をみる。生活年齢の高い子どもで排泄の自立ができていない場合は、さまざまな理由が考えられる。一人ひとりの状況を把握して、原因を克服するための工夫を行う。

事例２：排泄の取り組み

　３歳児クラスのCちゃんには全体的な発達の遅れがあります。ペースもゆっくりで、ことばも遅れています。何かにつけて自信がもてない様子がうかがえ、母親は強く指示をするのでますます萎縮しているようです。特に排泄をほぼ失敗することを本人が気にしており、保育者は次のように取り組みました。

①クラスでは活動の区切りでトイレを呼びかけているが、子どもたちが一斉に動くため、Cちゃんは圧倒されて流れに乗れず、タイミングを逸していることが多い。そこで特に個別に声をかけるようにする。

②よく観察すると尿意は感じているような仕種がみられるので、そのようなときに「おしっこって教えてね」と促す。さらに排泄したことへの意識が少ないように感じたため、一緒にトイレへ行ったとき「おしっこ出たね」「おしっこできてよかったね」と確認する。

③自らトイレへ行くようになるが、任せていると下着を濡らすことが多くなった。手指の微細運動が苦手なことから、はじめに少し下着を下ろすことを手伝うと、後は自分でできるようになった。当然、失敗しても叱らない、励ましてできたらほめることを徹底する。

---

④家庭と密に連絡をとる。園での様子を報告し、母親にもゆっくり待って
あげること、自分からしようとしたらほめてほしいことを伝える。

こうした排泄への取り組みと同時に、苦手な手指の微細運動や身体全体を
統合させる協応運動を意識した遊びを積極的に取り入れました。そして、保
育者が間に入ることで友だちとかかわる遊びも増えてきました。また、何か
で自信をもってほしくてCちゃんが得意なお片づけをみんなの前でほめまし
た。徐々にCちゃんの表情も明るくなって、排泄は保育者に告げて部分介助
で行えるようになり、最近は仲よしの友だちの介助でできることもあります。

(4) 衣服の着脱、清潔

これも訓練として教え込むのではなく、いろいろな服の着脱ができるよう
になることで子どもが自分で調節をしたり好きな服を着たりする自由や、自
分から手を洗いさっぱりして食事をとる自由が得られると考えたい。

たとえば、手先の動作が苦手な子どもの場合は、大きなボタンのかけ外し
や、向きあって操作する人形や布の絵本などから始めるなど、その子どもの
状況に応じて工夫する。手を洗うことも強引に行うのではなく「きれいにし
てお昼ご飯食べようね」と楽しい見通しがもてることばかけなどを工夫する。

身辺処理が不自由になりがちな子どもでは、身体・口腔・衣服の清潔に関
して、本人も友だちも気持ちよく過ごせるように配慮していきたい。

■4 ── 活動をともにする

(1) 活動内容を考える

統合保育における保育者の悩みに「同じ活動ができない」というものがある。

まず、本当に全員が「同じ活動」をすべきなのかということを考えたい。
保育者がさせたい活動があって、そこに子どもたちをはめ込もうとしていな
いか。できる・できないの視点ばかりで子どもをみていないか。そのような
活動では、他にも参加しづらい子どもがいないだろうか。何のための遊び、
誰のための活動なのかを考えたい。

次に、一人ひとりの発達状況にあわせた活動内容・活動方法の工夫をする。
保育は創造である。保育者の少しの工夫が遊びを広げる。また、自分たちで
考えるように任せてみると、さまざまな意見が出てくることも多い。

さらにさまざまな遊びについて今一度見直してみる。特に自由遊びを中心に、その子どもの興味のあるものから遊びを広げる。身体を使うことが好きならば、リズム遊びや運動遊びをたくさん取り入れる、泥んこ遊びが好きならば、いろいろな粘土遊びに誘う、ルールが難しければ特別ルールをみんなで考える。「できない」とみないで、一人ひとりの子どもが主体的に楽しく参加できるような工夫をしたい。

いつも同じことばかりしているという子どもがいる。保育者もまずはじっくりつきあってみたい。子どもが飛ばす水しぶきに思いがけない美しさをみつけ、みんなで試すなかでさまざまな水遊びに広がることもある。寝転んで同じ玩具ばかりみている子どもの隣に寝転び、同じことをして同じ世界を共有するうちに、子どもが保育者に興味をもち、ある日保育者が違うことをすると、そちらに興味をもつこともある。表面的な行動にとらわれず、子どものリズムにあわせ、内面に目を向けることから始める。なかなか遊べない子どもの場合、生活体験を広げていくことも大切である。

(2) 設定活動を考える

みんなで一つの活動を通して心を動かすことには大きな意義がある。しかし、「まったく同じ」目的・活動である必要はない。保育者は子どもたちの状況を的確に把握し、明確な目的をもって、意識的に丁寧に活動を組織し、一人ひとりをしっかりみつめて臨機応変に配慮しながら展開する。だれもが主体的に楽しく参加できる方向を探りたい。

発達課題が異なる場合、「まったく同じ」目標や計画を立てることは子どもたちにとっても保育者にとっても困難が生じ、かえって意味のない活動になりかねない。必要に応じて、内容や参加の仕方を工夫する。特に3歳児以上でことばやルールを介して行う活動の場合、保育者の援助が必要になるが、この場合もクラスの子どもたちとともに方向を考えていきたい。また、ある設定活動をしているときに障害のある子どもには同じ素材で少し簡単な活動をさせたり、似たような遊びをさせていることをよくみかける。同じ場で同じようなことをすることも大切なことではあるが、本人の発達の様子をしっかり考えて達成感を積み上げていくことを忘れない。さらに、時にはその子どもが好きな遊びを応用してクラスに広げて楽しむことも考えたい。

(3) 行事を考える

行事を通して集団ならではの貴重な楽しみを共有できる。生活にメリハリができ、大きな成長につながる。しかし、誕生会や季節の行事はともかく、

第7章●障害のある子どもの保育の実践と評価

統合保育で困難に思われがちな行事が運動会や生活発表会などである。

　これも、結論からいえば行事の考え方と日頃の取り組み方次第である。あくまでも子どもたちのための行事であり、日頃の保育の延長にあるものとして考える。保護者（親）や保育者のための行事になってしまうと“みせるため”の“結果（できばえ）が大切”な取り組みになり、一人ひとりが主体的に楽しめなくなってしまう。当然、内容や参加方法の工夫は不可欠だが、これは障害の有無に関係なく必要であり、行事をみつめ直すよい機会にもなる。

　障害のある子どもの保護者（親）が行事当日に子どもを欠席させたり、クラスの保護者（親）から心ないことばが届いたり、ということもある。日常の保育のなかで連絡帳やクラス便りを通して、今どのように取り組み、どのような子どもたちの育ちがみられつつあるかを伝えることで理解しあう。また4〜5歳児になれば「○○ちゃんがいなければ勝てたのに」といった声が出てくることもある。それまでのクラスづくりのなかで仲間意識も育ってきているはずの子どもたちである。正直な声を出しあい、受けとめたうえで、ともにどうすればよいのかを考えたい。

　もちろん園全体での密な取り組みが必要なことはいうまでもない。子どもたち、保護者（親）集団、保育者集団、全体でつくり上げる行事にしたい。

事例3：行事の取り組み

　D君は自閉症スペクトラムと診断され、すみれ組（3歳児）に入園してきました。担当の保育者がつきましたが、当初は呼びかけに応じることも少なく、ミニカーをもち歩いては車輪を回してみつめたり、床に置いて寝そべって眺めたりしています。大勢のなかは苦手、教材室で過ごすことが多く、担当も付き添っていました。担当が歌を歌うとじっと聴いているような表情をみせ、時折一緒に口ずさんだり、両手をつないでジャンプをしたりして長い時間を過ごすなかで、担当の「ご飯にしようね」「手を洗おうね」といった誘いに乗ることも増え、自ら「○○しようね」「○○行こうね」と口調をまねて要求するようになりました。しかし、タイミングを間違うとパニックになることも多くあります。はじめの半年は、保育室で着席するのはおやつと昼食時のみでした。担当に教材室で読んでもらって気に入った絵本をきっかけに設定保育の時間も促されると着席し、絵本や手遊びをみて笑顔がみられるようになりました。リズム遊びには担当と手をつないで参加しました。その頃から友だちもD君の存在を気にするようになるものの、遠巻きにすることが

183

多く、担任や担当を介してかかわる程度でした。運動会や生活発表会など人が大勢集まる行事は、パニックを起こし、担当にしがみついていました。

　れんげ組（4歳児：クラス替えなし）になった頃は、自分からかかわる友だちもできました。保育室で過ごす時間が多くなり、新たにクラス担任となった男性保育者と行う身体を使ったダイナミックな遊びを喜び、催促を繰り返すようになったことを機に、担当は少しずつD君から離れ、活動内容など必要に応じて介助に入りました。大好きな水遊びやプール遊びでの大胆な動きに友だちが感心し、担任を介して一気に距離が縮まります。特定の女児とならば手をつないでリズム遊びや散歩をともにするようになり、その女児も率先してD君とかかわりました。同じようにかかわりたい友だちが誘うと嫌がったものの、徐々にかかわれる友だちが増えてきました。

　10月の運動会でれんげ組はリズム遊びを行うことになり、D君やクラスの子どもたちの保護者にはクラス便りや懇談会で様子を伝えました。当日、園庭は大勢の人で、D君はパニックを起こしかけましたが、担任、担当、何より友だちの声かけで席に着き、友だちに誘われ手をつないでリズム遊びに参加しました。特にD君が得意なギャロップは満面の笑みでダイナミックに行い、拍手を浴びました。出番の後は興奮気味で担当と室内で過ごしました。

　2月の生活発表会には、D君を含めて子どもたちが大好きな『スイミー』のリズム遊びを交えた劇を行うことになり、一つひとつの場面やセリフをみんなで考えました。子どもたちのアイディアでD君の口癖「○○しようね」をアレンジしてD君のセリフとし、ギャロップによる登場も決まりました。当日の会場はいつもの保育室、壁際に保護者が並びます。D君は廊下に出て行こうとしましたが、友だちに促されては着席します。ためらいながらも一つひとつの動きとセリフを友だちに促されつつやり遂げ、拍手を浴び、照れくさそうに、満足げに微笑むD君と友だちの姿がみられました。

　5歳児クラスになると、D君は担当の介助もなくクラスの一員として過ごすようになった。日常の保育や行事は子どもたちのもの。それを間違わなければ、一つの行事を越えると一人ひとりの確かな成長がみられる。

第7章●障害のある子どもの保育の実践と評価

第2節 ● 保育の評価

　保育の評価とは、保育指針、教育要領、教育・保育要領にも示されるように、子ども一人ひとりの育ちや保育の実践を振り返りつつ保育者が個々の保育を自己評価し、さらに園がそれをふまえてさらに質の高い保育を提供できるよう自己評価することである。決して子どもに対して他の子どもと比べて資質や能力を評価することではない。

　障害のある子どもの保育における評価の目的は、障害のある子どもを含む子どもたちの個々の育ちをしっかりととらえ、統合保育が適切に行われているかどうかを検討することであり、障害のある子どもの姿のみを対象とするだけでは当然、不十分である。

1 ── 障害のある子どもについて

　障害のある子どもの発達を考えるときは、一般的な乳幼児の発達過程をベースに、障害の内容や生育歴など固有の条件がどのように影響しているかをみていく。生来の障害ではなく、家庭や社会（ときには園）の環境につくられる障害があること、二次的障害が派生することも留意したい[9]。また、発達や変化がどのような保育環境とのかかわりから生じたのかも評価する。到達目標としての保育目標に照らしあわせて子どもを評価しないことである。

　子どもによっては外にあらわれる変化がわかりにくい場合もあるが、どのような育ちや変化がみられたか、以下の視点で考える。評価の資料として当初の保育目標や計画と実践記録（筆記、映像など）、保護者（親）との連絡帳（コピーをとらせていただく）、クラス便り、ケース会議の記録などを用意する。

●自我の発達に関して

　保育の場は子どもが人生を主体的に幸せに生きていく基礎をつくる場である。単に保護される存在ではなく、自分で意図をもって努力・達成していこうとする自我の育ちをみていきたい。
・保護者（親）とのかかわり、保育者や友だちとのかかわりなど、人とかかわる力の育ちがみられるか。
・遊びに広がりがみられるか。

※9　虐待のトラウマが発達障害に類似した状態像を示すとする説がある。発達障害のある子どもたちはかかわりによって二次、三次的障害を引き起こしやすい。

185

・家族、特に親とのかかわりに積極性や安定感、信頼感が増しているか。

・自分が今いる状況を理解して行動しようとしているか。

・自身の要求や衝動をコントロールしようとしているか。

● 自立に関して

　従来は、保育の大きな目標の一つが基本的生活習慣の自立であり、障害の
ある子どもに関しても、まず一律に指導される傾向があった。これらは決し
て"教え込む"ものではなく、子どもが自分を律しつつ個人のペースで"獲
得する"ものと考えていきたい。

・遊びのなかでやりたいことが増え、新しいことに挑戦しているか。

・保育者とともに自分から基本的生活習慣に関して取り組もうとしているか。

　なお、子どもの発達について専門機関で客観的に検査される場合、結果と
して発達年齢（DA）[10]が示されることがあるが、あくまでも平均値であり、
同じ数値でも一人ひとりの子どもの具体的な発達は異なる。

　発達検査には、新版K式発達検査や乳幼児精神発達質問紙（津守式）、乳幼
児分析的発達検査（遠城寺式）などが用いられることが多いが、ほとんどが
項目別に「社会性、生活習慣、ことば、運動、手の運動」といった分野の発
達の様子がわかるようになっている。できれば具体的な内容まで知っておき
たい。「この子は生活年齢は5歳だが発達年齢は3歳半である」といわれても
その子どもを知るには意味がなく、かえって偏見をもちかねない。

　また、このような検査は保護者（親）への質問形式で行われることが多く、
保護者（親）の評価の基準が大きく影響し、過大評価・過小評価されやすい。
子どもへのテスト形式のものもあるが、コミュニケーションが苦手な子ども
には検査の実施自体が困難であり、その日の体調も影響する。いずれにせよ
一つの参考資料にはなるが、数値そのままを信じることは避けたい。毎日密
度の濃いかかわりをもつ保育者としてとらえていきたいし、検査ではとても
測定・評価できない育ちもあることをふまえておく。

※10　p.49のコラム
②参照。

2 ── 保育について

● 保育者自身の価値観

　何をするにもこれが基盤となる。「障害をどのようにとらえるか」「どのよ
うな保育をめざすのか」「人として大切なことは」「生きるとは」といった保
育者の考えが保育内容や援助に直接影響するため、保育者は常に自問自答し
てほしい。人が子どもを育てるということは、その子どもの可能性を伸ばす

ことであると同時に、ある種の可能性をおさえてしまうことでもある。保育は子どもと保育者との育ち合いであり"育児"は"育自"につながる。保育者としての自分自身をしっかり育てていきたい。

設定活動を終えて自己嫌悪に陥る、自分で発したことばに愕然とする、そういった反省を繰り返して保育者も成長する。ケース会議などで他の保育者と意見を交換したり、多くの事例を読んだり、他施設を見学するなど、向上心を失わずに自分自身をみつめる努力をしたい。子どもを変えなければと焦っていてはなかなか真の姿はみえてこない。"できない"ことに焦点をあてず、一人の子どもとして何がどのように育ってほしいか原点に返ってみる。

具体的には、統合保育に関して自分なりの理想をもっているか、それはきちんとした子ども観・発達観・保育観・障害観に基づいているか、日々の保育に楽しさや充実感をもっているか、担当児についてあれこれ考えることが多いか、かかわり方を工夫したり多面的な理解に努めているか、今後も統合保育を行っていきたいと思っているか、などを評価する。

●保育の計画と実践

カリキュラムに基づいて年度当初に作成した指導計画やねらいがそのまま続いているはずはない。月案や日案も同様である。実際に子どもたちと出会い、その時々の保育環境のなかで興味を示したものがあり、さまざまな子ども同士や保育者とのかかわりがあり、何度も修正を重ねて保育を実践し、それが適切であったかどうかを記録などをもとに振り返る。保育の内容はらせん状に向上していく（計画→実践→評価・反省→計画……）。

具体的には、無理な計画を立て、的外れの目標を設定していなかったか、障害のある子どもにとりあえず参加させて無意味な活動をさせなかったか、主体的に活動できない時間がなかったか、保育内容や保育時間は適当であったか、などを評価する。

●保育の記録

保育を真摯に振り返り評価するためのよりどころとなるものが記録である。適切な評価を行うためにも、活用できる内容であることと、忙しい日々のなかで継続できる方法であることが重要である。

保育者にとって、毎日記録をつけることは大きな負担となる。しかし、記録を残すことで子どもの発達や自身の保育を客観的・系統的にみつめて整理し、新たな課題を構築することができる。読み返したとき、子どもの発達の道筋や子どもたち・保育者の思いをたどれるような記録を記す習慣をつけたい。複数担当の場合は、記録を読むことで担当者間のコミュニケーションにもつながる。一月ごとや期間ごとに整理して個人ファイルとしていくことで

ケース会議や保護者（親）との話し合いの資料、年間のまとめとして次の担当者への資料や小学校等への指導要録につながるばかりでなく、自身の保育を客観的に振り返り、次の課題設定につなげていくことができる。

園でよく採用される記録法に、行動描写法と日誌法がある。行動描写法は、ある特定の時間の対象児の行動を、記録者がすべて時間の流れとともに自由記述によって記録する方法で、すべての行動が含まれ有効な資料となるが、記録にも後の整理にも時間と労力がかかる。客観的な記録としては、映像として記録することも有効的な方法である。保育者の主観的な記録としてはエピソード記録[11]がある。カンファレンスで検討することで、より深い省察、園全体の共通理解が期待できる。

一般的には記録しやすくまとめやすい日誌法が用いられる。この方法ではその日の保育終了後に子どもの生活や発達の状況、印象的なエピソードなどを記録する。計画も時間・場所の制限も必要ではなく自由度が高い。しかし、記憶があいまいにならないよう時間をみつけてまめに記録する姿勢が大切である。また、保育者の主観的な行動記録や、反対に客観的な行動記録に終始することがないよう、観察事項と感想や考察を分けて記録したり、その子どもに応じて必要な項目（たとえば、遊び・友だちとのかかわり・排泄・ことばなど）を設定する工夫が必要である。そうすると、観察や記録も、その後の整理もしやすく、子どもの心の動きやかかわりについて保育者の主観的理解も記録できることから、資料としても生きた記録となる。

● **障害のある子どもとのかかわり**

何よりまず、保育者との信頼関係が育まれてきたかどうかを考える。子どもが保育者に丸ごと受けとめられていると思い、保育者はそれを実感できているか、子どもが生き生きと笑顔をみせて過ごしているか、振り返ってみる。そして日々のかかわりを通してどのような変化があったのか、変化があったときのきっかけはどういったことであったのか、さらに今後の課題はどういったことかについて考える。

具体的には、その子どもにとって安心できる存在になり得たか、その子どもに対して共感したり、心からかわいいと思うことが増えているか、行動の意味や情緒の流れがわかるようになったか、保育者集団の思いや対応が統一されていたか、などを評価する。

● **クラスの子どもたちとのかかわり**

障害のある子どもを含めて"ともに育つ"仲間づくりができたかどうかを振り返る。

具体的には、障害のある子どもに手がとられることなどを理由にして、か

※11 エピソード記録
従来の客観的な事実を中心とした経過観察などの記録とは異なり、保育者が具体的な出来事を主観的な思い、感情も含めて掘り下げて記録するもので、出来事の背景にも目を向け、本時の出来事への流れを考えることができる（鯨岡峻・鯨岡和子『エピソード記述で保育を描く』ミネルヴァ書房2009年）。自身のかかわりなどを丁寧に省察することは、保育の振り返りや今後の保育への道筋となる。また、カンファレンスなどで発表し討議することで保育が深まり共通理解につながる。

第7章●障害のある子どもの保育の実践と評価

かわりが十分にもてなかったということはないか、障害のある子どもを単に
特別扱いするような対応をしなかったか、障害のある子どもへの援助やかか
わりに関して強制せず適切な配慮ができたか、できるだけ子ども同士に任せ
て見守ってきたか、必要なときは適切な仲介ができたか、などを評価する。

●障害のある子どもの保護者（親）とのかかわり

　乳幼児期は特に保護者（親）の影響が強く、その考え方や育児内容が子ど
もに大きく反映するため、保護者（親）にも十分に配慮する。障害がある子
どもの保護者（親）自身への社会的支援もまだまだ不十分でもある。また保
護者（親）とは、ともにその子どもを愛し、中心的に育児にかかわる存在と
して協力、信頼しあえる関係でありたい。

　具体的には、何より保護者（親）との信頼関係が築けたか、障害のある子
どもに対する家族の接し方が把握できているか、家族の"障害"の受けとめ
方やニーズに応じて適切な援助ができたか、同じ思いはできなくても保護者
（親）の立場に立ち精一杯寄り添ってこれたか、保育者や園の思いもしっか
り伝えるよう努力したか、面談や連絡帳など十分に連絡をとりあう努力をし
たか、などを評価する。保護者（親）と他の保護者（親）とのかかわりが良
好であるかどうかも振り返る。

●クラスの子どもたちの保護者（親）とのかかわり

　"障害児保育"について理解を求めるということではなく、園の保育方針と
して"ともに育つ保育"をめざしていることを伝えていきたい。

　具体的には、障害のある子どもの存在やクラスの個々の子どもたちの特徴
をふまえたクラス運営、保育目標や内容などに対する適切な理解が得られた
か、保護者（親）同士のかかわりを随所でもつことができたか、クラス全員
の子どもたちを保護者（親）集団で見守り育てていく体制ができたか、など
を評価する。

3 —— 職員間の連携や園全体の取り組み

　統合保育実施園を訪ねると、その内容は驚くほどさまざまである。園長を
中心に長年の取り組みのなかで、チームワークもネットワークもしっかりと
れている園では、障害の有無に関係なく仲間意識が育って自然に助け合い、
子どもも保育者も主体的に生き生きと育ちあっている姿がみられる。逆に担
当の保育者に任せきりの園では、子どもたちの育ちあいも子どもと保育者の
育ちあいも難しいといえる。

　具体的には、以下のような内容を評価する。

189

※12 保育士養成校を
卒業した6,581人のう
ち「障害児保育は、担
任のみでなく園長や主
任保育士など管理者を
含めて、職員全体とし
ての対応が必要」と答
えた者は83%になる
（全国保育士養成協議
会専門委員会「指定保
育士養成施設卒業生の
卒後の動向及び業務の
実態に関する調査」
2009年）。

●職員間の連携

　保育士養成校を卒業した保育士へのアンケートによると[12]、多くの保育士が障害のある子どもの保育には「職員全体としての対応が必要」と回答している。特に統合保育では、担当保育者だけが個々に困惑し悩む状況が見受けられる。担当でない保育者も積極的に状況を知ろうとしたり、異なる職種の立場からも違った見方で支えあい連携がとれているか、などを評価する。子どもたちの"共生"を実践していくために、職員同士も互いの弱さも含めた違いをみせあって協働するよう努めたい。

●園全体による共通理解とサポート体制

　前述したように、統合保育が適切に進められるかどうかは、園長をはじめ、園全体の協力体制によるところが大きい。

　具体的には、障害のある子どもを担当保育者任せにしていないか、子どもと担当者のかかわりについて全職員が状況を把握しているか、担当保育者が子ども・保護者（親）への支援や保育について相談し適切にサポートを受ける体制がとれているか、さらには、保護者（親）同士の理解と協力による全保護者（親）で子どもたちを見守る体制、卒園児（特に障害のある子ども）の保護者（親）との連携など、園全体でかかわりながら実践できているか、などを評価する。

●環境の改善

　障害のある子どもを含めて子どもたちは、園に通うことによって、家庭では得がたい豊かな環境のなかで規則正しい生活のリズムが保障される。子どもたちが主体的に活動できる豊かな環境が用意されているかどうかを振り返りたい。基本的生活習慣を獲得する環境、生活のリズム、活動などが子どもの状況をとらえたもので、子ども主体に展開され工夫されているかどうかを園全体で検討し評価する。

　また、園の生活空間が、子どもにとって充実したものであるかどうかを振り返る。保育室内、園内の空間がわかりやすく使われているか、生活の場として豊かなものであるか、自然環境が日常的に豊かであるか、さらに園内では望めないかかわりを地域と連携して積極的にもっているか、などを評価する。もちろん、危険なものや場所がないか、わかりやすく整理されているか、などの定期的な点検の実施状況も振り返る。

第7章●障害のある子どもの保育の実践と評価

4 ── 保育者の研修と専門職との連携

●保育者の研修

　統合保育において、保育者からもっとも多く聞かれる不安は、「専門的知識がない」「個別療育の自信がない」といったものである。確かに養成校で"障害児保育"を学ぶ時間は少なく、実習園や配属クラスで統合保育が行われていない場合もある。いきなり"障害児担当"となれば戸惑って当然であり、意欲だけでは解決しない。

　ただ、大切なことは、その子どもにとっての専門家は自分になるということである。その障害についての知識や事例を学んだり、研修やスーパービジョンを受ける努力は必要だが、それだけで適切な保育はできない。その子どもをまるごと受けとめ、その子どもに適した保育を構築していかなければならない。あくまでも、基本は通常の保育である。

　このようなことに留意しつつも、保育者の研修体制が整っていることは重要であり、十分に情報収集しながら職場外の研修に参加することは有効である。そのため、職員間で協力して誰もが学びやすい体制があるか、学んだことを他の職員に還元する方法があるか、などを評価する。また、園内ケース会議が定期的、もしくは必要に応じて実施されているか、園内でスーパービジョンをもつことができているか、必要に応じて専門家にスーパーバイザーとして入ってもらうなどの体制がとれているか、なども評価する。

●専門職との連携

　園内だけで対応せずに、関係機関と連携を図っていくことも極めて重要である。

　障害のある子どもは入園前にさまざまな機関を受診・相談のために訪ねていることが多く、そのような関係機関と連携をとることも大きな支えになる。並行して医療・相談機関や通園施設に通っている場合は、担当者と情報交換をしながら今後の保育の方向性を考えていき、できればそこでの子どもの様子も見学し、他の担当者とのかかわりや、より工夫された環境を学んでいくことも必要である。何より、双方の都合で子どもに矛盾したことを強いていないか確認しあう。可能であれば並行通園等の担当者に保育を見学してもらうことも望ましい。保育所等訪問支援も積極的に利用したいが市町村により支援内容が異なるため、実情を知り、保護者（親）と連携をとりたい。

　また、園が障害児保育の専門施設として育っていくためにも、地域のネットワークづくりは不可欠である。さまざまな療育相談の場と連携をもつため

191

に、訪問しあって理解を深め、必要に応じて子どもを紹介しあうなどしていく必要もあろう。

　障害のある子どもの保育を真剣に考え、真摯に子どもと向きあっていけば、時に保育の現場においては「障害児」「障害のある子ども」として分けて考えることも「障害児保育」「統合保育」と銘打つことも問題であることに気づくだろう。その実感が何よりの「評価」ではないだろうか。こうした用語を真に不要とし、インクルージョンを実現していくのは、保育者からであると心したい。

第3節 ● 小学校との連携

■ 1 ── 保育所・幼稚園等と小学校との連携の必然性

　保育指針では、「保育の計画及び評価」のなかで「小学校との連携」について、「子どもの生活や発達の連続性を踏まえ、保育の内容の工夫を図るとともに、就学に向けて、保育所の子どもと小学校の児童との交流、職員同士の交流、情報共有や相互理解など小学校との積極的な連携を図るよう配慮すること」と記されている。これに続けて、保育所児童保育要録の作成・送付が義務づけられている。同様に教育要領や教育・保育要領でも幼稚園教育（および保育）と小学校教育の円滑な接続のためにとして小学校との連携の推進が盛り込まれている。このことは、とりわけ障害のある子ども、あるいは気になる子どもと呼ばれる子については極めて重要な事柄となろう。

　そもそも連携とは何であろうか。辞書には、同じ目的をもつものが互いに連絡をとり協力しあって物事を行うこととある。つまり、これは、関係する人々が課題を解決するために機能的に働きあう活動と言い換えることができる。そして、ここでいう課題とは、障害のある子どもに園から小学校への円滑な接続を果たさせるということである。

　もとより、障害のある子どもは、保育機関を含め、さまざまな社会資源、たとえば保健所、医療機関、児童相談所等との密接な連携のなかで育ってきている。これを小学校入学後も継続させていくことは必然であり、ゆえに切れ目のない接続は不可欠といえる。

第7章 ●障害のある子どもの保育の実践と評価

2 —— 保育所・幼稚園等と小学校との相違点

近年よく「小1プロブレム」ということばを耳にする。小1プロブレムとは、小学校に入学した1年生が引き起こす不適応行動をさすのが一般的であり、たとえば、授業中じっとしていられない、授業開始の合図があっても教室に戻ってこない、自分勝手な行動が多々みられる等、一斉授業を遂行できない困難性をさしている。こうした問題が浮上してくる背景の一つとして、園と小学校の間に生じる段差の大きさがある。

園は、基本的には生活をベースに個々の興味・関心・発達をもとに遊びを展開し学びへとつなげていくことがその根幹にある。一方、小学校は、時間割という枠組みがあり、一斉活動で行う教科の授業に強く拘束される。就学を境にして、このように子どもの日常は大きく変わり、二者間には当然大きな段差が生じるのである。この段差を誰よりも大きく感じ、並を越えた戸惑いをもつのが障害のある子どもといわざるを得ない。障害のある子どもたちにとって、この段差を低くすることが極めて重要なのである。

以下、その手だてのいくつかを述べていこう。

3 —— よりよい連携を図るために

連携のうえで大きな柱となるのが、保育指針、教育要領、教育・保育要領でもみられるような次の3点といえよう。

1. 幼児と小学生の交流
2. 職員間の交流による情報共有や相互理解
3. 生活や発達をふまえた連続したカリキュラムの作成

これらを推進するに際してのポイントを5項に整理する。

(1) 双方で移行期としての重要性を認識する

障害のある子どもがやがて成人し社会人になっていく道のりには、その節目節目で大切な移行期というものを体験する。なかでも園から小学校への移行期は前述したような大きな段差がある。この時期こそ、送り手（園、療護施設）、受け手（小学校）、加えて保護者（親）、各種支援機関等が移行期を重要な時期としてとらえなければならない。その認識のもと、「これまでの歩み」「支援の様子」「新しい生活に向けての願い」、そして「これからの課題」について徹底した情報の共有がなされ、移行を確かなものとしていかなければならない。

193

(2) 何よりも "困っている子" としての理解を深める

　障害のある子どもは、新しい環境に入ることによりいくつもの壁を抱える。ルーチンワークに無理矢理引きずり込まれ安定を欠き混乱するなど、ルールの壁、学習の壁、仲間の壁などをもつ。こうしたさまざまな壁を感じ否応なしに二次的障害※13を引き起こさざるを得ない子どもに、我々は "困った子" としてのレッテルを貼ってしまうのである。しかし、本当に困っているのは、障害のある子どもその本人なのである。子どもは、壁を前にした生きづらさをそのすべてをかけてさまざまな行動をして精一杯訴え表現する。少なくとも移行期にかかわる園、小学校のすべての職員が、"困っているのは我々ではなく子ども自身である" という認識に立ち、彼らは、早く立ち直ろう、よりよく生きたいと願う、まさに今ここを生きる権利主体としての子どもであると理解しなければならない。

> ※13　二次的障害
> 子ども自身の障害の特性やさまざまな行動があらわれてくる理由などについて周囲からの理解が得られず不快な体験が繰り返されることで、結果的には日常生活に支障をきたすという二次的な障害をさす。

(3) 保育所等と小学校の見学会・連絡会の活発化をめざす

　先の保育指針・教育要領、教育・保育要領の施行に伴い、園と小学校の見学会・連絡会の開催が以前にも増して盛んになってきている。これらの会合が成果をあげるための要素をいくつか取り出してみよう。

　1つ目は、連続的・継続的な見学会や連絡会であること。入学前・入学期・入学後のトータル1年間程度を視野に置き、子ども同士の活動交流も含めた相互訪問・往来が望ましい。

　2つ目は、職員の交流内容を実質的に実りのあるものにすること。そのためには、1日の流れを見学することや形式的な打ち合わせをするだけではなく、当事者が一定の時間をさいて「ケースカンファレンス」を行うことである。いうまでもなく保育現場では、これに備えて、保育者全体で障害のある子どものケースを率直に話し合い、自信をもって教育現場につなげるようにしなければならない。そして、このカンファレンスに小学校職員をも巻き込んでいくことが求められる。

　3つ目は連絡会のメンバー構成への留意である。担任、保健担当、教務主任等の時間割作成担当はいうまでもないが、加えて学校全体が見渡せる教頭職にも加わっていただいて構成することが望ましい。ただ学校は年度末に職員異動があり、せっかく確立した相互理解の絆が崩れることもあり、このリスクの克服も念頭に置くべきであろう。

(4) サポートブックの効用を導き出す

　連携に際しての重要な観点となる情報の共有の手段の一つに通称サポート

第7章●障害のある子どもの保育の実践と評価

ブックというものの作成・活用がある。

　先にも述べたとおり、保育所児童保育要録等の送付はあるものの、障害の
ある子どもについてはより詳細な子どもの立場に立った共通理解が必要であ
る。単に障害の特性や配慮事項の羅列ではなく、日々の生活のなかで子ども
自身が何に困っており何に混乱しているのか、我々にどのように伝えようと
しているのか等を子どもの視点から書いていくことである。まさにサポート
するためのものであり、これが小学校入学後の的確な教育支援を導き出す資
けとなる。

　表7－1に、サポートブック作成の手がかりとするために、石川県金沢市
が作成している「育ちのカルテ」を示した。

表7－1　「育ちのカルテ」（金沢市）

現在のようす		保護者から	保育園・幼稚園から	エピソード
対人関係	大人に対して			
	子どもに対して			
好きな遊び・活動				
言葉について				
文字 数 絵 安全 運動				
それ以外の特徴的な事柄				
これまでの育ち		保護者から	保育園・幼稚園から	エピソード
生育過程で気になったこと				

195

（5）　連続したカリキュラムの作成をめざす

　園と小学校を貫く連続したカリキュラム作成は、困難は伴うが手を携えて取り組むべき課題である。

　まず取り組むべきは、小学校入学に向けての園のカリキュラムと小学校の４月当初の教育活動の融合を確かなものにしていく作業である。障害のある子どもにとっては、その過程が個別化され、個々の療育的・教育的ニーズに沿った（可能な限りライフステージに沿った）、「個別の教育支援計画[※14]」として形づくられる必要がある。願わくば移行期の１年間のみではなく、小学校卒業までを見通した計画を保護者（親）を交えて作成したいものである。

> **※14　個別の教育支援計画**
> 第6章第4節参照（p. 161)。

●「第7章」学びの確認

①統合保育の実践にあたって、留意することを以下の項目ごとにあげてみよう。
　「障害のある子どもに対して」「クラスの子どもたちに対して」「障害のある子どもの保護者（親）に対して」「クラスの子どもたちの保護者（親）に対して」「園の保育者に対して」

②障害のある子どもは排泄（その他の基本的生活習慣においても）の自立が遅れることがある。いくつかの障害を想定してその理由をあげ、取り組みについて考えてみよう。

●発展的な学びへ

①障害のある子どもが入園する際に保育者として準備することや、心構えについて考えてみよう。

②今の自分自身の「障害観」「保育観」を意識しながら、「私の"統合（共生）保育"論」をまとめてみよう。

③保育実習・教育実習の一環として、あなたの実習園の障害のある子どもの保育に関する「連携」についてフィールドワークし実態を整理してみよう。

引用・参考文献

1）全国保育協議会『全国の保育所実態調査報告書　2011』2011年
2）厚生労働省『障害児支援の見直しに関する検討会報告書』2008年
3）全国保育士養成協議会『今後の障害児支援の在り方について（報告書）—「発達支援」が必要な子どもの支援はどうあるべきか』2014年
4）文部科学省『共生社会の形成に向けたインクルーシブ教育システム構築のための特別支援教育の推進（報告）』2012年
5）曽和信一『障害児共生保育論—反差別から共生の方へ』明石書店　2003年
6）石井哲夫『障害児保育の基本—園は特別支援を必要とする子どもたちとの共生の場』フレーベル館　2010年
7）厚生労働省『保育所保育指針解説書』フレーベル館　2008年

第7章●障害のある子どもの保育の実践と評価

8）文部科学省『幼稚園教育要領解説』フレーベル館　2008年
9）内閣府・文部科学省・厚生労働省『幼保連携型認定こども園教育・保育要領解説』　2015年
10）鯨岡峻・鯨岡和子『エピソード記述で保育を描く』ミネルヴァ書房　2009年
11）『教育と医学』第53巻12号　通巻630号　2005年12月号　慶應義塾大学出版会
12）気になる子どもの関わりを考える会『子どもに関する支援事業報告書』（委託者　金沢市）　2004年

●○●　コラム⑩　●○●

障害のある子どもとかかわる

　ノーマライゼーションの理念、インクルージョンの概念が日本にも浸透して久しい。「障害」を「障碍」「障がい」とあえて表記することも珍しくなくなった。単なる言葉刈りでは逆に差別対応になる危険性も指摘されるが、「害」の文字を不快に思う人がいる以上、配慮は必要であると思う。ただ、どのような配慮が適切であるのか、ことばの問題で終わらず根にある差別概念こそ十分に議論したい。

　障害（impairmant）があることだけに対しての偏見や差別は厳然として存在する。法制度が変わり、新しい理論、概念が導入されて広がっても、どうも一般社会に"共生"意識が進んだように思えないのはなぜだろう。

　筆者は保育者養成校で「障害児保育ゼミ」を担当、学生を療育や共生保育の現場に送っている。入学当初は「障害」について考えたこともなかった学生が実習を終えるごとに大きく変化する。「（障害児・者はイコール）かわいそうな人、と思っていた自分がかわいそうだ」と語る。以前、障害児・者を揶揄する独特のことばを何気なく使っていた自分が「めちゃくちゃ恥ずかしい」と振り返る。「（障害児保育は）特別なことではない、丁寧な保育であるだけ」「障害はその子どもにあるのではなく自分との間にあった」と気づく。

　おそらく簡単なことなのだろう。知りあうこと。かかわること。親しくなること。それがどのような概念、理論をも越え、人と人との間にこそ存在する障害を取り除く。その簡単なことができない環境は、誰がつくってきたのだろう。無知の罪？　人に無関心な社会の罪？　違いをよしとしない国民性の罪？

　小中学校で"統合""共生"を経験した学生は多いが、「形だけだった」「嫌な思い出しかない」と話す者も少なくない。きっと子どもの世界に寄り添う大人次第。どのような大人として、保育者として子どもたちと向きあうのか、

197

周囲を巻き込んでいくのか、それによって社会が、国が変わることもありそうだ。

　ある年のゼミで、同時期に実習へ赴いた2人の学生から報告を受けた。どちらも"共生保育"をうたう保育所で、どちらにも全盲に近い5歳児がいた。一方の保育所のA児は、保育室の片隅が定位置であった。わずかに感じる光を最も浴びることのできるテラスで、一人まわりを見渡し手をかざし座っていることが多かった。グループ活動が徹底しており、給食など決まった時間になるとその子どもが所属するグループのリーダーが駆け寄り、慣れた仕種で誘導し、世話をする。リーダーが無理なときはグループの別な子どもが駆け寄る。実に見事な援助に学生は感嘆した。

　もう一方の保育所は子どもたちが自由に遊ぶ時間が多かった。学生は、B児がどこにいるのか、いつも探さなければわからなかった。常に友だちがまわりにおり、一緒に遊び、ときにはともに走っていた。同じく実に見事な援助に学生は感嘆した。

　A児は特別支援学校へ、B児は地域の小学校の普通クラスへ進学した。ここで、どちらが望ましい"共生保育"であるかを比べるつもりはない。それぞれの子どもの、子どもたちの性格やプロフィール、保育所での経緯も知らずに評価することはできない。子どもによって最善の利益は異なる。確かなことはA児、B児にとって、そしてクラスの子どもたちのこれからの人生にとって保育所での経験は計り知れないほど大きい根っこになるということである。

　子どもは環境次第、それは障害の有無に関係ない。改めて大人の、保育者の役割について考えさせられた。

第8章●障害のある子どもの保護者（親）への支援

第 8 章　障害のある子どもの保護者（親）への支援

◆キーポイント◆

　障害のある子どもを支援する際には、家族を支え、家族と連携をとっていくことが不可欠である。そのためには、障害のある子どもの保護者や家族が抱える問題を理解することが必要である。特に、保護者が、どのような葛藤を経て子どもの障害を受け入れていくのかということを理解し、共感していく姿勢をもつことが重要である。ここでは、障害の受容について理解することを中心に、障害のある子どもの家族が抱える問題、子どもの発達と保護者のかかわりとの関係、また、障害のある子どもの保護者への支援はどうあるべきかについて、具体的事例を通して理解していくことをねらいとする。

第1節 ● 障害のある子どもの保護者(親)における課題

1 ── 障害の受容

(1) 障害の受容

　子どもに障害があるとわかったとき、ほとんどの保護者（親）[※1]は大きなショックを受ける。そして「なぜ自分だけが」「信じたくない」など、複雑な感情を抱く。それは、日常生活のなかに漠然とある、「何かができることがよいこと」「障害＝不幸」といった常識や価値観ゆえにそのような感情が引き起こされるのかもしれない。あるいは、障害についての知識や、障害のある人とかかわった経験が乏しいため、ネガティブなイメージをもつことも少なくないようである[1]。

　いずれにしろ、障害のある子どもの保護者がまず直面するのは、子育てやかかわり方の問題の他に、わが子の障害とどう向き合うかという問題である。

　障害を受け入れることを「障害を受容する」という。上田は、「障害の受容とは、あきらめでもなく居直りでもなく、障害に対する価値観（感）の転換であり、障害をもつことが自己の全体としての人間的価値を低下させるものではないことの認識と体得を通じて、恥の意識や劣等感を克服し、積極的な

※1　本章における、「保護者（親）」と「保護者」の表記については同義のものである。なお、わが国における「保護者」の用語は、特定の個人に対して、個別の法律に基づいて、保護を行う義務がある者とされ、親権を行う者（親権者：父母、養親）および後見人（成年後見人および未成年後見人）とされることが多い。また、未成年者にかかわる制度においては、この他に、未成年者を現に監護する者（里親、児童福祉施設の長なども含まれる）も保護者とされることもある。

199

生活態度に転ずることである」[2] と述べている。障害の受容とは、子どもを一人の人間として、ありのまま無条件に愛するということであり、障害のある子どもとの関係を通して、親自身が人間的に成長したり、新たな価値観を形成したりすることである。

(2)　障害の受容に影響する要因

　障害を受容することは決して容易ではなく、さまざまな事柄が影響する。以下に、一般的に障害の受容に影響すると考えられる要因をまとめた。

■子どもを産む前の、障害に対する知識の有無、理解の程度
　・障害のある人への接触経験の有無と程度
■妊娠、出産までの経過
　　例）不妊治療の末、やっと子どもを授かったので、障害は気にしない
■障害があるとわかったときのこと
　・発見時期：胎児期／生後直後／幼児期……
　・障害の告知（障害があると告げられること）の際の状況
　　○正しい知識を伝えられたか
　　○育児や療育についての情報提供の有無と内容
　　○伝える専門家の態度や伝え方（保護者の精神的動揺についての配慮の有無、
　　　ことばのわかりやすさ等）
　　○父母同席だったか
■障害の種類、程度
　・生得的障害か中途障害か／原因（明確か不明か）／障害の種類、程度
■障害についての知識
■保護者の考え・価値観
　・生育歴（育ってきた経過）／性格／価値観、育児観、障害観
■家族・夫婦関係
　・父親の理解と協力／夫婦の価値観のずれ
■社会経済的要因
■周囲の理解と支援
　・祖父母、親類／知人、友人／近所／職場の理解
　・親の会（同じような障害のある子どもの親が運営している会）
■専門的支援を受けられる社会資源の有無、支援内容や頻度
■地域の雰囲気

　障害の告知の際に、障害と支援の方向性についての情報が、保護者の精神的ショックを考慮しながら伝えられたかということは、その後の障害の受容に大きく影響する。ネガティブなことばかりいわれた場合は、精神的ショッ

第8章●障害のある子どもの保護者（親）への支援

クを長引かせることが多いが、「障害」だけにとらわれないポジティブな情報を伝えられた場合は、立ち直りが早いケースも少なくない。あるダウン症の子をもつ保護者は、「医師や心理士から、『ダウン症児は、皆よりできることはゆっくりだけれど、1つ1つの成長を喜んでしっかり育てれば、笑顔の素敵ないい子に育ちますよ』といわれ、そのことばがショックから立ち直る支えになった」と話していた。そして、身近な人の理解と支援、また継続的な専門的支援も、障害の受容を支えるうえで非常に重要である。特に筆者の経験上、夫や、夫方の両親の理解が得られない場合、母親が精神的に不安定になることが多い。障害の受容には保護者自身がもつ価値観が大きく影響するが、他にも上記のような、さまざまな要因が影響しているのである。

▎2 —— 障害の受容のプロセス

　人は、さまざまな人とかかわり、さまざまな事柄に触れ、考え方や価値観を変化させていく。わが子に障害があるとわかってから、保護者は子どもや周囲の人、そしてさまざまな出来事に影響を受けて、障害を受容していく。
　では、どのような経過を経て、保護者は障害を受容していくのであろうか。
　図8-1は、クラウスらが先天的な奇形のある子どもの保護者の感情変化を仮説的に示したものである。それによると、ショックから再起まで、5つの感情が少しずつ重なりあいながら変化していく様子が示されている。
　これに対し、要田は、クラウスらの考えを批判し、ダウン症の子どもをもつ母親をモデルとして、保護者の感情だけではなく、価値観の変化を含めたモデルを提示している（表8-1）。
　一方、筆者がかかわってきた療育において、実際に保護者が語ってくれたことばに基づいて、障害の受容のプロセスを5つの段階に分類して示したものが表8-2である。（1）「ショック」や（2）「否認、悲しみ」から（3）「一時的な立ち直り」に至るものの、その後（4）「障害に改めて向き合う」、（5）「障害の受容」に至るまでに時間がかかることが多い。ここでは、保護者の心情をあらわした実際のことばに着目してみていってほしい。
　障害を受容するプロセスや、それにかかる時間は人それぞれである。子どもの障害がわかった直後に、ある程度障害を受け入れる保護者もいれば、数十年間かけて価値観が変わっていく保護者もいる。また、必ずしも一方向的に進むのではなく、「悩み-受け入れ」を繰り返し、ポジティブな感情とネガティブな感情を常にあわせもちながら、障害を受け入れていくのである。
　保護者や家族の障害のとらえ方は、後に、子ども自身が自分の障害を理解

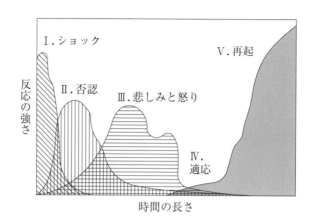

図8-1　「奇形をもつ子どもの誕生に対する親の正常な反応」

出典：Klaus, M. H. & Kennel, J. H., *Parent-infant Bonding*, The C. V. Mosby Company, 1982.
　　　（M. H. クラウス・J. H. ケネル著、竹内徹・柏木哲夫・横尾京子訳『親と子のきずな』医学書院　1985年　p.334）

表8-1　要田による「母親の障害受容過程」

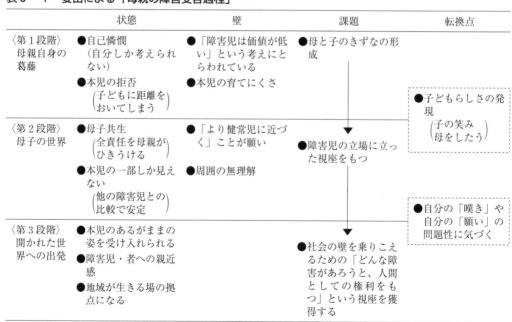

注：母親をモデルに作成しているが、父親にも同様の受容過程があると考えてよい。
＊原典では、本文中の事例と対応した番号が表内に付記されているが、ここでは省略してある。
出典：要田洋江「親の障害受容過程」藤田弘子編『ダウン症児の育児学』同朋社　1989年　p.40

第8章 ●障害のある子どもの保護者（親）への支援

表8－2　障害受容のプロセス

（1）ショック

　障害を告知された直後や、障害に気づいたときの様子。ほとんどの保護者はネガティブな感情を示す。

- ・医師にいわれた後、目の前が真っ暗になり、どうやって家に帰ったか覚えていない。
- ・屋上から飛び降りようと思った。
- ・子どもと車に乗っているときに、車ごと突っ込んで死のうかと思った。
- ・手を離して抱いているわが子を落とせば皆が楽になると思った。
- ・なぜ私だけがこんな目に遭わなければならないのか。
- ・まさか自分が障害のある子どもをもつようになるとは思わなかった。
- ・自分だけ、まわりからポツンと取り残されている気がした。
- ・父親や父親の家族からのつらい一言にショックを受けた。
    - 例）父親「おまえ（母親）の家系に障害児がいるのか」。
- ・（自閉症の子どもの親）子どもの発達に問題があるのではないかとずっと心配していたので、やはりそうかと思った。
    - ショックであったが、自分の子育てのせいだと自分を責めていたので、診断を受けてかえって楽になった。
- ・医師に告知をされたとき、医学事典をただみせられただけだった。看護師たちも、自分たちを避けているように感じた。

（2）否認、悲しみ

　事実を受け入れられず、悲しみにくれる。初期は、子ども側の要因もあって子どもとかかわりにくいことも多く、育児に不安をもったり、子どもとのかかわりを（心理的に）拒否することもある。障害の原因がよくわからない場合は、保護者が自分のせいではないかと責めたり、原因を知りたいと思う。

- ・そんなことがあるわけがない。
- ・明日、朝起きたら、今の状況が夢だったらと毎日思う。
- ・医者のいうことが信じられず、病院や療育機関を何軒も訪ねた。
    - （＊病院などを何軒も回り歩くことをドクターショッピングという）
- ・障害を直視するのが怖くて、思いどおりの意見をいってくれたところを信じた。
- ・本やインターネットで、とにかく障害について調べた。
- ・原因がわからないので気持ちがもやもやする。自分が悪かったのかと思ってしまう。
- ・家のなかに閉じこもり、3～4年、外に出ない。
- ・半年間泣き続けてほとんど子どもとかかわった記憶がない。
- ・周囲の人の目が気になる。周囲の人にいったら仲間外れにされる。

（3）一時的な立ち直り

　障害があっても、子どもは成長するのだということを目の当たりにしたり、子どもと以前よりもかかわれるようになり、育児に多少自信がついたり、また、療育機関に定期的に通うことがきっかけになることが多い。また、障害についての知識をもち、考えが整理されてくることも多い。身近な人の理解と支えがあるほど、立ち直りは早い。しかしながら、いつか健常に追いつくのではないかという思いが強く、「自分の思うように成長するところはかわいい」「先のことは当面考えたくない」といった部分的な受容であることも少なくない。また、障害のある子ども同士で比較をして安心をするということもよく見受けられる。

- ・自分が笑うと笑ってくれたり反応を返してくれるようになり、かわいいと思った。
- ・自分になつき、後追いする。親として頼られていると思い、かわいいと思った。
- ・早期教育を受け始め、少しずつできることが増えていくのがうれしい。
- ・障害の原因は、母親にあるのかと自分を責めてきたが、話を聞いたり本を読んだりして、どうにもならなかったのだと少し思えるようになった。
- ・親の会に参加し、同じような立場の人が他にもいることを知って落ち着いた。
- ・将来を考えると暗くなるので、とりあえず、今できることをやっていこうと思った。
- ・相談員に「ダウン症のなかでは発達が早いと思うのですが」と質問を投げかけて、安心しようとする。
- ・まだ、父親の祖父母や近所には、自分の子どもの障害について知らせていない。

（4）「健常」にはならない「障害」に改めて向き合う

　保育所、幼稚園、通所施設、学校の選択がきっかけになることが多い。他の子どもとの違いを目の当たりにするなどして、改めてわが子の障害に直面し、悩む。また、思っていたほど（健常に近づく）子どもが変化せず、そのことによって、子どもの「障害」を、より意識するようになることもある。自分の育児や療育に不安をもったり、焦ったりすることも多い。

- ・子どもだけみていると、すごく成長しているように思うが、他の子どもをみて、あまりに差があるので、がく然とした。
- ・やはり障害児なんだという思いを強くし、ショックを受けた。
- ・期待しているほど伸びずに焦る。急に発達することはあるのだろうか？
- ・もっと指導を受けたほうがよいのかと思った（通う支援機関を増やす親もいる）。
- ・将来を考えるのが怖いが、将来は特別支援学校に行く可能性があることも考え始めた。

203

（5）障害の受容（新たな価値観の形成）

　子どもについて、長所も短所も含めて深く直視し、理解できるようになるとともに、そのことによって、子どもの将来的な育ちの見通しのイメージができるようになる。そして、今後起こり得る困難も解決していけるであろうという自信と意志をもつ。さらに、自分自身の価値観が変わったことを実感する。人間についての理解が深まったことを自覚する保護者や、自分やわが子のことだけではなく、ボランティアや親の会をつくるなど、何らかの社会貢献をしたいと考える保護者も少なくない。

- ・他の子と比較をしても仕方がないと思った。
- ・この子に教えられた。価値観が逆転した。今までは、「できること」「世間でいわれていること」がよいことであり、めざすことと思っていたが、本当の幸せはそうではないことがわかった。
- ・これからいろいろなことがあると思うが、たぶんその都度解決していけると思う。
- ・障害のある子を差別していたのは自分だということがわかった。子どもが障害をもって生まれたことを少しでも拒否したことを思うと、この子に申し訳ない。
- ・わが子のことだけではなく、障害のある子について、何かできることをしたい。
- ・今まで目につかなかったが、街のなかで障害のある人がこんなにたくさんいたのだということに気づくようになり、親しみを感じた。

し、受容する際に強い影響を与える。たとえば、保護者が子どもに対し、障害のない子に近づけることのみを考え、周囲に適応することを強いたり、発達にあわない無理なかかわりを続けてしまうと、子どもは常に自信がなくなり、自分自身の障害を悪いことのようにとらえてしまいがちである。家族が障害をどう受け入れるかということは、子ども自身の自己形成においても重要なのである。

第2節 ● 障害のある子どもと家族

1 ── 子どもと家族

　子どもが家族の一員になることは、家族の生活を一変させ、家族にさまざまな影響をもたらす。保護者は、はじめから保護者としての自覚をもち、スムーズに子どもとかかわれるわけではない。日々の生活の積み重ねのなかで子どもについて学び、子どもによって成長させられるのである。一方、家庭は、子どもの人格形成にとっても重要な役割を果たす。子どもにとって家庭は、ありのままの自分自身を受け入れられ、安心して過ごせる場であり、少しずつ社会のルールを学び、自立していく基盤をつくる場でもある。このように、家庭とはさまざまな機能をもった場であるといえる。

第8章●障害のある子どもの保護者（親）への支援

2 —— 障害のある子どものいる家族

　障害のある子どものいる家族は、精神面、対人関係、さらに身体的にも経済的にも多くのストレスを抱える。たとえば、自閉症スペクトラムの子どもをもつ母親は、一般家庭に比べて家事にかかる時間が1日に2時間も多く、子どもの世話にかかる時間は他の家庭の2倍であり、慢性的な疲労状態にあるという報告がある[3][4]。また、子どもの障害について夫の両親（祖父母）に知らせることができないため、祖父母に会いに行くのを避けてしまったり、つきあう友人が限られてしまったりするなど、家族外の対人関係が変化してしまう場合もある。

　中塚[5]は、障害のある子どもの母親が受けるストレスの種類を以下のように分類している。

　①社会的圧迫感（社会から感じる偏見、引け目、肩身の狭い思い）

　②養育負担感（障害のある子どもに手がかかり、日常生活が思うように運ばない）

　③不安感（子どもの将来、自分たちの生活全般にかかわる不安、あせり）

　④療育探求心（子どもの教育、養育に対する戸惑い、自信のなさ、療育の探求）

　⑤発達期待感（子どもの可能性への執心・発達への不安と期待）

　ストレスの高い母親は、夫をはじめとした家族の結束や理解が得られていない場合が多いこと[6]や、母親のストレスの主な原因は、社会的偏見や無理解など社会の援助体制の不十分さにあることが指摘されている[5]。このように、障害のある子どもの保護者や家族が抱えるストレスには、子どもの問題以外の側面も大きく影響している。言い換えれば、家族を支える環境を整えることが、家族のストレスを減らすことにつながるのである。

　しかしながら、障害のある子どもが家族に及ぼす影響はネガティブなことばかりではない。育児や家事を手伝わなかった夫が、育児に積極的になって夫婦関係が改善したり、会話のなかった夫婦が話をするようになったり、また、家族の結束が高まったりと、家族が全体として成長することも多い。

3 —— きょうだいについて

　障害のある子どもが家族の一員であることによって、彼らのきょうだい（以下、障害のないきょうだい）も、大きな影響を受ける。

　保護者は、障害のある子どものことで精神的に不安定であったり、障害の

ある子どもとのかかわりに慣れていなかったりすると、そのことで精一杯になりがちである。ある保護者は、「生まれた子（妹）に障害があるとわかった後の数か月は、上の子（姉）とかかわった覚えがない」と語っている。障害のある子どものために療育センターに通ったり、家庭内でも障害のある子どもに手がかかったりすることで、障害のないきょうだいが障害のある子のペースにあわせることが多くなるだけでなく、保護者とのかかわりが少なくなってしまうこともある。保護者や周囲の関心が、障害のある子どもに極端に集中することが続くと、障害のないきょうだいは、関心を自分に向けさせるために、本当は甘えたいのに過剰に我慢をし、「よい子」を演じてほめてもらおうとしたり、逆にわざと反抗的な態度をとって関係をつなぎとめようとしたりする場合もある。なかには不登校や不安傾向、落ち着きのなさなどの問題をもつケースもある。特に障害のないきょうだいが兄、姉である場合、保護者や周囲は、必要以上に彼らにしっかりするよう求める傾向がある。

　障害のないきょうだいが、障害をどう理解し、受け入れるかということはその後の人生にとって重要な課題になる。一口にきょうだいといっても、姉や兄に障害がある場合と、妹や弟に障害がある場合とでは影響の仕方が異なるが、いずれにせよ、保護者の障害のとらえ方が、障害のないきょうだいに強く影響を及ぼす。

　障害のある子どもがきょうだいにいることは、ネガティブな影響ばかりでは決してない。保護者との関係や、障害のあるきょうだいとの葛藤を乗り越えられた場合、また乗り越えようとする過程のなかで、人間や障害に対する深い理解をもつケースも非常に多い。

第3節 ● 障害のある子どもの発達と親子関係

　子どもは、環境からさまざまな刺激を受けて発達していく。特に乳幼児期の発達は著しく、身体的にも精神的にも大事な基礎がつくられる時期である。この時期に、環境からの刺激が乏しく、適切なかかわりがなされないと、発達が遅れたり、何らかの問題を引き起こしたりする場合がある。

1 ── 親子のかかわりにおける問題

　障害のある子どもの保護者は、子どもの障害を知って大きなショックを受

ける。親が精神的に不安定になると、子どもとのかかわりが極端に少なくなることがある。図8-2に、親子関係の問題が、障害のある子どもの発達に影響するリスクを図示した。子どもにとっては、人や物とのかかわりが極端に少ない状態が続くと、もともとある障害に加え、さらに発達の遅れや問題が生じる可能性がある（二次的障害）。逆に、障害があってかわいそうだからと、過度に甘やかしたり、何でも要求をかなえてあげたりするようなかかわりも、子どもの自立を妨げてしまう。

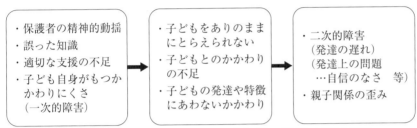

図8-2　保護者や親子関係の問題が子どもの発達に及ぼす影響

障害のある子どものいる家庭では、親子のコミュニケーションという側面でもリスクをもつ。一般的に、親は子どもの表出スタイルに影響を受けるといわれている。子どもからの働きかけが少なかったり反応が弱かったりすると、親のほうも、子どもに対する働きかけが少なくなることや、指示や要求（～しなさい）が多くなる傾向があると指摘されている[7]（ただし、この説には反論もある）。そのようなコミュニケーションのずれが続くと、子どもが自分から積極的に伝えようとする力を育ちにくくさせてしまうため、留意する必要がある。

2 ── 子どもの特徴や能力を評価することの問題

障害のある子どもの場合、発達に偏りがあるなどの理由から、子どもの特徴や能力を正しく評価し、見極めることが難しい場合がある。そのため、過小評価や過大評価をしがちであり、結果的に子どもに合わないかかわりを行ってしまうことが少なくない。過小評価とは、「まだこんなことはできないだろう」「障害があるからできないだろう」などと、子どもの能力を実際よりも低く見積もってしまうことである。それによって、本当は子どもにやる気や力が育っているのに、保護者が先回りして手助けをしすぎてしまい、身につくべきスキルが身につかなかったり、好奇心が育たなかったりすることである。一方、過大評価とは、子どもの能力を実際よりも高く見積もってしま

うことである。「こんなことができるようになってほしい」という保護者の期待のあらわれであることが多く、子どもに難しいことばかりを要求してしまうため、子どもは達成感が得られずに自信や意欲をなくしてしまうことが多い。さらに、保護者が子どもの障害を強く意識しすぎるあまり、短所ばかりが目にとまり、長所を認められないという見方の偏りも起こりがちである。このような傾向は、保護者の障害受容が困難な場合に見受けられることが多い。保育者は、保護者の気持ちを受けとめながら、子どもの成長やポジティブな側面に目を向けられるよう、具体的な様子を伝えていくとよいであろう。

3 —— 子どもとともに変わる保護者（親）

　障害のある子どもの保護者は、子どもの変化に伴って心情や考え方を変化させていく。ここでは、Ａちゃんの事例を紹介しながら、母親が、子どもの発達とともに心情を変化させていく経過を考えていく。表8－3に、子どもについてのとらえ方と母親自身の内面および障害のとらえ方の変化を示した。

【事例1】

対象児：Ａちゃん（女児・ダウン症）

　　　　支援期間は生活年齢11か月～2歳8か月。支援開始時のMCCベビーテストによる精神年齢は6か月、IQは61。月に1回、T大学での発達支援プログラムを受けていた。

　Ａちゃんは11か月～1歳4か月の頃、片手で支えればお座りができ、おもちゃを振る、叩くという遊びをしていました。母親は、子どもとのかかわりについての不安を訴え、ダウン症という障害について知りたい様子でした。支援者は、障害についての正しい知識を提供するとともに、家庭で今すぐ遊べるホームプログラムを提案し、かかわり方を具体的に伝えました。1歳5か月～10か月頃になると、つかまり立ちができるようになり、「ちょうだい」などのごく簡単なことばに応じられるようになりました。母親は、他の子と比較をしたり、ことばについて心配しながらも、「子どもの反応が返ってくるようになり、かかわることが楽しくなった」と語っていました。

　Ａちゃんは1歳11か月～2歳4か月の頃、「お外に行こうね」など、日常的に使われることばがわかるようになり、単語を2、3語話すようになりました。母親は、「他の子どもをみていると、つい欲張っていろいろ子どもにやらせてみたくなったが、親が無理をしてもかかわりが楽しくないことがわかった」などと語っていました。

第8章●障害のある子どもの保護者（親）への支援

表8−3　子ども（Aちゃん）の変化に伴う母親の障害のとらえ方についての変化

Aちゃんの月齢と主な発達の様子	子どもについてのとらえ方		母親自身の内面および「障害」のとらえ方	
	ネガティブなとらえ方	ポジティブなとらえ方	ネガティブなとらえ方	ポジティブなとらえ方
11〜16か月 ・片手支持による座位	〈接し方についての不安〉 ・子どもとどのように接してよいのかわからず、不安 ・健診のときに、「刺激を多く与えてください」「よくかかわってあげてください」と言われたが、具体的にどのようにしてよいかわからない。 ・姉の育児のときのことを思い出しながら同じように接しようと思うが、これでよいのか不安。 ←（助言：具体的なかかわり方のモデル提示と遊びの提案）		〈障害に関する認識および情報の不安〉 ・ダウン症児について本を数冊買って読んでみたが、余計不安にさせるような本もあり、どれが正しいのかよくわからない。 ・早死にするのか？ ・原因は何なのか？ ←（助言：正しい知識の提供）	
17〜22か月 ・つかまり立ち ・ごく親しみのある状況下におけることばの理解 （「ちょうだい」に応じる）	〈ことばの遅れへの不安〉 ・ことばが出てこないのが心配 ←（助言：ことばを獲得するために必要な基盤である言語理解、音声表出、認知発達、対人的かかわり等は、育ってきていることを繰り返し説明）	〈子どもの発達的変化への気づきとかかわり方の体得〉 ・子どもの反応が返ってくるようになったことで、かかわることが楽しくなった。 ・私が働きかけた後、子どもから反応してくれるのを、待てるようになった。 ・こちらのいうことを少し理解しているような気がする。 〈発達的知識の獲得〉 ・ことばが育つためには、いろいろな面も育っていないとだめだということがわかった。	〈他児との比較〉 ・つい他の子どもと比較してしまう。 ←（助言：子どもの小さな変化を指導ごとに母親に伝えていった）	
23〜28か月 ・ことばの理解が進む ・ことばの表出が始まる		〈子どもとのかかわりの意義、楽しさの理解〉 ・健常児を見ていると、つい欲張っていろいろ子どもにやらせてみたくなっていたが、親が無理をしてもかかわりが楽しくないことがわかった。親自身が楽しく遊べることが大切なのですね。		〈周囲の理解〉 ・父方の祖父母に、A児が前よりもずいぶんいろいろなことができるようになったといってもらえ、うれしかった。
29〜32か月 ・始歩		〈子どもの長期的な変化についての振り返り〉 ・振り返ってみると、ことばはなかなか出なくても、いろいろなことができるようになった。		〈障害についての一定の受容〉 ・以前ほど、あまり障害児ということを意識しないようになってきた。 ・ゆっくりと発達するので、一つひとつ発達していくことの素晴らしさがこの子のおかげでわかった。

＊記述内容は、母親面接における聴取および母親に毎月提出していただいた日常の記録から抜粋。
＊＊←（助言）：母親のコメントに対し、支援者が助言を行った内容についての記述。
出典：小野里美帆「コミュニケーション支援経過を通してみる障害受容支援のあり方：障害をもつ子どもの発達とその母親自身の変化の関係から」『洗足論叢』32　2003年　pp.71-79を一部改変

この事例の母親は、支援開始当初、障害についてのとらえ方は比較的ネガティブであった。その要因としては、障害についての情報不足に加え、子どもに対する接し方についての不安があったと考えられる。Aちゃんが1歳5か月を過ぎてから、子どもの発達やかかわる楽しさを実感している様子が語られるようになった。これは、母親が日々のかかわりを通して、親としての自信をもてるようになり、障害があってもAちゃんは育っていく存在なのだという認識を得たことが影響しているのではないだろうか。そのきっかけとしては、子どもからわかりやすい反応が返ってくるようになったことが大きく影響していると考えられる。

　その後、母親はダウン症の特徴であることばの遅れや、他の子どもとの比較に悩んでいる様子であったが、Aちゃんが歩けるようになった頃、自分自身の価値観の変化を語るようになっている。

　Aちゃんの事例からわかるように、保護者が、子どもや障害についての見方を変化させていくきっかけは、子どもとのかかわりで得た実感や子どもの発達が影響している。このため、保護者を支援する際には、子どもへの支援を同時並行で行うとともに、保護者の悩みに応じた具体的な助言を行っていくことが重要である。

第4節 ● 保護者（親）への支援

▌1 ── 保護者（親）が抱える問題と状況

　これまで述べてきたことをもとに、障害のある子どもの保護者や家族が一般的に抱えやすい問題を図8－3に示した。

　保護者は、障害のある子どもについての悩み以外にも、さまざまな問題やストレスを抱えるリスクがあることがわかる。問題が多く積み重なるほど、保護者のストレスは増す。ストレスが増すと、保護者は自分自身を責めたり、あらゆることへの自信と余裕を失ってしまいがちである。そうなると、子どもとのかかわりにもネガティブな影響が出てしまうのである。

　保育のなかで、障害のある子どもを支援する際には、保護者や家族が抱えるさまざまな問題を念頭において接していくことが必要である。

第8章●障害のある子どもの保護者（親）への支援

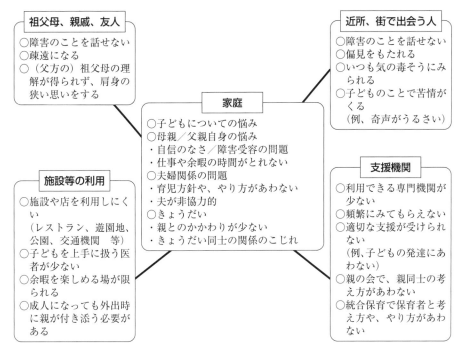

図8-3　障害のある子どもの保護者や家族が抱えやすい問題

2 ── 保護者（親）への支援の実際

(1) 保護者（親）への支援の目的

　保育において障害のある子どもの保護者を支援する目的は、次のとおりである。
・子どもと保護者が生活しやすくなるようにすること
・保護者が、子どもとのかかわりや子育てのなかで、心地よいと感じられる経験をたくさん積み重ねられるようにすること
・保護者が子育てに自信をもてるようにすること
　子育てで重要なのは、「今、ここ」と「明日をめざして」の両立である。子どもの明日（将来）をめざして、発達のつまずきを改善する努力をしたり、発達を促すさまざまなかかわりを行ったりすることだけではなく、日々のかかわり（「今、ここ」）を豊かにすることが重要である。日々の生活を犠牲にし、無理な課題ばかり課していても、実りのある明日はやってこない。親子がともに楽しいという時間を積み重ねることが、子どもの発達や特性を最大限引き出すことにもつながるのである。

(2) 保護者（親）への支援の際に留意すること

　これまでに述べたことをふまえ、保護者への支援の際に留意する点をまとめた。

■可能な限り、保護者や家族の問題を把握する。
・日常の会話や連絡帳等を通して、保護者や家族がどのような悩みを抱えているのか、また、どのような家庭環境にあるのかなどの情報を集める（ただし、個人情報の取り扱いには注意する）。
■保護者、家庭との信頼関係を大切にする。
■障害の受容段階を考慮する。
・保護者が、障害の受容プロセスのどの段階にあるのか、障害を受け入れられないとしたら、要因は何かを考える。
・保護者が精神的ショックを受け、障害を否認している時期は、特にじっくり話を聞く。
・障害を受け入れられない保護者を問題視しない。保護者に対してネガティブな感情をもつことなく、保護者の気持ちに寄り添う。
・「がんばりましょう」「気持ちはわかりますよ」「そんなこと思ってはダメですよ」などという安易なことばかけは励ましにならない。
■障害や発達について正しい情報を伝える。
■地域の社会資源につなげる。保護者のネットワークを広げる。
・専門機関（療育センター、保健センター等）の情報提供や紹介。
　※専門機関と定期的に連携がとれることが望ましい。
・親の会（障害のある子どもの親が運営している会）の情報提供や紹介。
■意識的、定期的に保護者とコミュニケーションを行う。
・子どもの送迎時などを利用し、意識的に保護者とコミュニケーションを行う。コミュニケーションを重ねることで信頼関係が築かれていく。
・何気ない日常的な会話を大切にする。
・子どものよい面や伸びた面をできる限り伝える。
・保護者の話をできる限りじっくり聞く。
・子どもの話題だけではなく、保護者自身の悩みにも耳を傾ける。
■意見ややり方が食い違うときは、話し合う。
・食い違う理由を保護者の立場に立って考える。むやみに保護者の意見を否定せず、話し合いを続けていく。
■保護者が子どもの障害や特徴を正しく理解できるよう方向づける。
・過大評価でも過小評価でもなく、長所と短所、行動の意味を理解できるようにする。
　※将来的に、進路の決定や、子どもが困難に直面したときに、保護者が子どもの特性をふまえて客観的に判断できるようになる基盤ができる。
■保護者自身の自己決定力をつけるよう促す。
・保育者自身の考えを押しつけない。生涯、子どもをみていくのは保護者である。保護者が、さまざまな情報をもとに決定していく力をつけていくことが大切である。

第8章●障害のある子どもの保護者（親）への支援

■保護者に、相談するメリットを理解してもらう。
・気持ちをさらけ出して相談することで、楽になったり解決できることがあることを理解してもらう。そのためには、保育者が保護者の思いに耳を傾け、共感する姿勢をもつことが必要である。
■具体的な助言を行う。
・かかわりに自信がもてない保護者や、子どもとスムーズにかかわれない保護者、遊べない保護者などには、具体的なかかわり方や遊びを提案していく（参照：ホームプログラム　詳細は長崎・小野里[8]）
・保育のなかで実際にかかわって成功した例を具体的に伝えるとよい。
■母親だけではなく、父親の参加を促す。
・保育参観、面談、行事などへの参加を促す。
・父親と直接話をする機会をもつ。
■障害のないきょうだいについての配慮。
・保護者が、きょうだいにも意識を向けるようにする。
■就学に際しての支援
・園と学校では、生活の流れや子どもに求められる内容も異なることを念頭におく。保護者から意見を求められたら、通常学級、特別支援学級（学校）それぞれのメリット、不足する事柄（デメリット）について、客観的な情報を子どもの状態を考慮しながら伝えるとよい。
・意見を求められていないのに、「○○ちゃんは通常学級に行ったほうがいいですよ」などと軽く口にしない。

(3)　支援事例：保護者と話し合いができず、困っていた事例

【事例２】

○保育者の悩み

　保育者は女性。保育歴は２年。保育所の年少クラスの担任をしています。クラスに自閉症スペクトラムのB君がいて、B君の母親とのやりとりに悩んでいました。母親からは、B君が年少クラスに入る直前に、自閉症スペクトラムと診断されたことを聞かされていました。

　B君は、自分の興味のある制作活動には集中して取り組み、おもしろい作品をつくるものの、それ以外の活動には参加せずに教室の外で過ごします。簡単なことばの理解はできるので、声をかけると戻ることもありますが、教室の外で過ごすことをどこまで許容したらよいのか、対応に苦慮していました。また、突然奇声をあげたり、パニックを何度も起こしたりしますが、原因がよくわからないため、どうしたらよいかを母親に何度か相談しました。しかし母親からは、「家ではそんな行動はしません」「家では○○も○○もできます」ということを繰り返し伝えられるばかりで、話し合いにならない状況でした。保育者は、そんな母親に対し、

「自分のいうことを信じてもらえない」と、ネガティブな思いをもち始めていました。

○支援経過

　困った保育者は、7月に主任と臨床発達心理士に相談しました。そのなかで次のことに気づきました。

　　・B君の問題点ばかりを伝え、よい面はあまり伝えていなかった。
　　・母親は、B君が自閉症スペクトラムであると診断を受けたばかりで、まだショックを引きずっていたのではないか。それにもかかわらず、保育者からB君の問題点ばかりを伝えられ、反発したのではないか。
　　・保育者自身が、母親に対しネガティブな思いをもち始めていたことは、母親にも伝わっていたのではないか。B君のことで悩んでいた母親は、自分の思いを保育者に受けとめてもらっていないという思いが強かったのではないか。

　そこで、保育者は、以下の点について配慮するようにしました。

　　・B君の障害を問題だといっているのではなく、B君が少しでも楽しく活動できるようにするにはどうしたらよいかを母親に相談しながら育てていきたいという思いを伝えていく。
　　・B君のよい面や伸びた面を積極的に伝え、母親にも理解してもらう。
　　・母親を責めているのではないことを理解してもらう。
　　・母親の気持ちを受けとめ、悩みを理解し、共感できるように努める。

　保育者は、その後、母親と何度も話をする機会をもち、母親も、徐々に話し合いに応じるようになりました。そして母親は、いろいろなことに不安をもっていることを打ち明けました。B君の行動も、以前よりは落ち着くようになりました。12月になって、母親が主任に「担任の先生から、自分の子どもをほめてもらってうれしかった。自分の子どもをわかってもらった気がした」「先生と話し合って改善できたことがあったのでよかった」と語っていました。

　上記のように、問題が起こったとき、保育者は、保護者の心情を理解してかかわっていくことで、保護者との信頼関係が築きやすくなる。また、そのことによって、子どもの行動にも対応しやすくなるのである。

　保護者への支援においてよく起こる問題は、保育者と保護者との考え方が食い違うことである。保育者が子どもや障害についてよく理解するとともに、普段から保護者と保育者との間で信頼関係を築き、その基盤をもとに、意見が異なる場合は粘り強く話し合いを重ねていくことが大切である。ただし、

第8章●障害のある子どもの保護者（親）への支援

保育者自身も、自分で問題を抱えず、上記の事例のように、同僚や専門家などに助けを求めることが大変重要である。相談することによって、問題が解決されるだけではなく、自分自身の見方が広がるよいきっかけになる。

　保護者の心情を理解することや、障害の受容を理解することは、容易なことではないかもしれない。実際、保護者の気持ちがわからないと悩む保育者も多い。障害の受容とは、言い換えれば、自分自身をありのままに受け入れることや多くの人のなかで生かされている自分に気づくこと、自分とは異なる価値観をもつ他者を許し、柔軟に受け入れることの延長上にある。保育者自身の育ちや価値観をみつめ直し、身近にいる他者を受け入れていくこと、そして人としての幅を広げていくことが、保護者や子どもの気持ちを理解し、共感することの第一歩となる。子どもの個性も多様であるように、保護者の価値観も多様である。保育者は、自分の考えや経験、プライドに固執せず、柔軟に対応していく姿勢が必要であろう。

●「第8章」学びの確認
①子どもの発達を支援するために、家族を支えることが重要であるのはなぜか、考えてみよう。
②障害のある子どもの保護者への支援と障害のない子どもの保護者への支援において共通する点は何か、また、障害のある子どもの保護者への支援において特に必要な点は何か、考えてみよう。
●発展的な学びへ
①障害のある子どもの保護者が執筆した手記を読んでみよう。
②障害を受容するということを、自分自身を受容する、身近にいる他者を受容することと置き換えて、実際に考えてみよう。

引用・参考文献

1）尾島万里・小野里美帆・杉本直子「保育士養成における学生の障害児・者に対する意識変化—施設実習を通して」『洗足論叢』34　2005年　pp. 35-43

2）上田敏『リハビリテーションを考える』青木書店　1986年

3）久保紘章「自閉症児をもつ母親の「大変さ」について—母親の生活時間調査と面接から」『四国学院大学創立25周年記念論文集』1975年　pp. 505-530

4）安藤順一「自閉症児をもつ母親とその生活時間について」『名古屋女子大学紀要』26　1980年　pp. 223-232

5）中塚善治郎「障害児をもつ母親のストレスの構造」『和歌山大学教育学部紀要教育科学』33　1984年　pp. 27-40

6）新美明夫・植村勝彦「学齢期心身障害児をもつ父母のストレス」『特殊教育学研究』23（3）　1985年　pp. 23-33

7）Cunningham, C., Reuler, E., Blackwell, J. and Deck, J. *Behavioural and linguistic developments in the interactions of normal and retarded children with their mothers, Child Development,* 52, New york : Wiley, 1981, pp.62-70.

8）長崎勤・小野里美帆『コミュニケーションの発達と指導プログラム—発達に遅れをもつ乳幼児のために』日本文化科学社　1996年

第 8 章 ●障害のある子どもの保護者（親）への支援

●○● コラム⑪ ●○●

天国の特別な子ども

会議が開かれました。
地球からはるか遠くで
"また次の赤ちゃん誕生の時間ですよ"
天においでになる神様に向かって　天使たちは言いました。
"この子は特別の赤ちゃんで　たくさんの愛情が必要でしょう。
この子の成長は　とてもゆっくりに見えるかもしれません。
もしかして　一人前になれないかもしれません。
だから　この子は下界で会う人々に
とくに気をつけてもらわなければならないのです。
もしかして　この子の思うことは
なかなか分かってもらえないかもしれません。
何をやっても　うまくいかないかもしれません。
ですから私たちは　この子がどこに生まれるか
注意深く選ばなければならないのです。
この子の生涯が　しあわせなものとなるように
どうぞ神様　この子のためにすばらしい両親をさがしてあげてください。
神様のために特別な任務をひきうけてくれるような両親を。
その二人は　すぐには気がつかないかもしれません。
彼ら二人が自分たちに求められている特別な役割を。
けれども　天から授けられたこの子によって
ますます強い信仰を　より豊かな愛をいだくようになることでしょう。
やがて二人は　自分たちに与えられた特別の
神の思し召しをさとるようになるでしょう。
神からおくられたこの子を育てることによって。
柔和でおだやかな二人の尊い授かりものこそ
天から授かった特別な子どもなのです"

愛と祈りを込めて　Edna Massimilla〈大江祐子　訳〉
（この詩は、アメリカ・ペンシルベニア州　ハートボロ　私書箱21号
This Is Our Life Publications より掲載許可を得ております）

この詩は、ダウン症児・者の親の会が発行する冊子※2に紹介されている。
「子どもがダウン症であるとわかり、受け入れられなかった時期に、この詩
によって勇気づけられた」と話す保護者と何人も出会ったものである。

※2　丹羽淑子・田中
千穂子『ダウン症の子
どもの心を育てる：お
母さんとの対話』こや
ぎの会　1991年

217

第**9**章 障害のある子どもの保育関連施策

◆キーポイント◆

　わが国における障害のある子どもの保育は、戦前においては公的な施策として取り上げられていなかったため、先駆者による慈善的な取り組みが中心であった。

　障害のある子どもを対象とした各種の施策が開始されたのは戦後のことであり、そのなかで障害のある子どもの保育が公的な制度として検討され、確立されてきたのは1960年代以降であった。1972（昭和47）年に厚生省（現・厚生労働省）から「心身障害児通園事業実施要綱」が発表された頃から次第に各地で試みられてきた。

　本章においては、このような歴史をふまえて、現代的課題である子どもの障害の発見、障害のある子どもたちにかかわる母子保健、福祉、教育領域に関する制度や施策、機関、そして地域における連携について考察を進める。

第1節 ● 子どもの障害の発見

1 ―― 健康診査と保健指導

(1) 妊産婦健康診査

　母子保健法第13条第1項に規定される妊産婦に対する健診は、流産や早産、妊娠高血圧症候群、低出生体重児等を予防するとともに、ハイリスク妊娠を早期に発見し、妊婦の健康維持を目的としている。病院や市区町村保健センター、母子健康センター（母子保健の向上と増進を図ることが目的とされ、母子の健診や保健指導、家族計画指導等を行う総合的な母子保健施設で、市区町村が必要に応じて設置している）等において実施される。

　妊婦が受診することが望ましい健診回数[※1]は、妊娠初期より妊娠23週（第6月末）までは4週間に1回、妊娠24週（第7月）より妊娠35週（第9月末）までは2週間に1回、妊娠36週（第10月）以降分娩までは1週間に1回とされ、これに沿って受診した場合、14回程度となり2013（平成25）年度からはすべて公費負担となっている。

　健診では、問診、診査等の健康状態の把握、検査計測、保健指導の他、①

[※1] 2012（平成24）年の母子保健法の改正では「厚生労働大臣が、妊婦健診の実施について「望ましい基準」を策定するものとする」と第13条に第2項が新設された。なお、妊婦健康診査は、次節で述べる地域子ども・子育て支援事業の一つに位置づく。

血液検査、②子宮頸がん検査、③超音波検査、④B群溶血性レンサ球菌（GBS）、⑤性器クラミジアなどの医学的検査が行われる。妊娠経過の観察過程で異常が発見された場合は、必要な指導や治療が行われる。なお、健診結果や治療内容、指導事項等は母子健康手帳[※2]に記載されることになっている。

(2) 乳幼児健康診査

乳幼児の健康診査は、母子保健法に基づき、乳幼児のリスクの早期発見による疾病等の発症予防、疾病の早期発見による重症化予防の機会として重要であり、必要に応じて保健指導に結びつける機会でもある。同法の改正により、1997（平成9）年4月から市区町村が実施主体となっている。

①乳児健康診査

乳児健康診査とは、乳児の身体計測、成育状況の観察、各種の疾病、発達の遅れ、視聴覚異常等を発見して適切な育児支援をするものである。

健診の形態は、市区町村の保健センター等で実施している集団検診と一般の病院等で実施している個別健診がある。対象となる年月齢は市区町村によって異なっているが、一般的には乳児期に数回程度無料で実施されている。これとは別に医療機関による有料の健診も実施されている。

②1歳6か月児健康診査

1歳6か月から2歳未満児を対象とした1歳6か月児健康診査では、身体の発育、歩行等の運動発達、言語等の発達状況を確かめるとともに、各種の障害や発達の遅れを早期に発見し、早期に適切な措置を講じることによって健康の保持および増進を図ることを目的としている。

③3歳児健康診査

3歳児から4歳未満児を対象とした3歳児健康診査では、視覚、聴覚、運動、発達の障害や疾病および異常を早期に発見し、早期の療育・治療によって健康の保持および増進を図ることを目的としている。

なお、早期発見・早期治療として、各都道府県では、フェニールケトン尿症等の先天性代謝異常や先天性甲状腺機能低下症（クレチン症）などの新生児を対象としたマス・スクリーニング検査を実施しており、2011（平成23）年度からはタンデムマス法を用いた検査の普及が図られている。

(3) 訪問指導

健診とは別に、市区町村の助産師や保健師が家庭訪問して妊産婦に必要な指導を行い、新生児の健全育成を図るために各種の事業が進められている。

※2 **母子健康手帳**
保健所（保健所が設置されていない市町村では市町村長）に妊娠届けを提出すると交付される。妊産婦、乳幼児の健康記録であり、健康診査の結果や予防接種の接種状況等も記載される。

①妊産婦訪問指導

助産師が妊産婦のいる家庭を訪問して、必要な指導や支援を行っている。主な対象者は、初回妊婦、高年初妊婦、妊娠中に異常が生じた妊産婦、社会経済面や生活環境に深刻な問題が生じている妊産婦等である。

②新生児訪問指導

助産師や保健師が必要に応じて訪問し、育児の指導や支援を行っている。すべての新生児を対象としている地域もあるが、多くは乳児の発育に異常が認められた場合の訪問に重点が置かれている。

③未熟児訪問指導

保健師や助産師、医師等が低出生体重児の家庭を訪問して、必要な指導や支援を実施している。なお、低出生体重児は、出生時の体重が2,500g未満とされており、1,500g未満は極低出生体重児とされている（第4章参照）。

(4) 医療対策

近年、妊娠しているにもかかわらず、産科・助産所への定期受診を行わず、あるいは未受診妊婦が、産気づいたときにはじめて医療機関に受診し出産する飛び込み出産が話題となっている。このようなリスクの高い妊産婦や新生児などに高度な医療が適切に提供されるよう、各都道府県では、周産期医療※3の中核となる総合周産期母子医療センターおよび地域周産期母子医療センターを整備し、地域の分娩施設との連携体制の確保などが進められている。

また、2014（平成26）年5月に「難病の患者に対する医療等に関する法律※4」（以下、難病法とする）の成立に伴い児童福祉法等も改正され、小児慢性特定疾病の児童とその保護者に対する治療費の助成制度が確立された他、特殊寝台等の日常生活用具を給付する事業、相談、助言、情報提供等を行う事業などの実施が規定された（2015（同27）年1月施行）。

2 ── 地域療育センター

地域療育センターは、地域における障害のある子ども、その可能性のある子どもに対する「早期発見」「早期療育」の場で、子どもの発達や子育てに不安をもつ家族が気軽に相談に訪れることができる。相談・検査・診断や通園事業、地域の巡回療育指導等、さまざまな活動を行っており、それぞれの地域のセンターにより事業形態は多様である。なお、2012（平成24）年度以降は、後述する児童福祉施設に位置づく児童発達支援センター（あるいは児童発達支援事業を実施）として地域の中核的な療育施設として機能している。

※3　周産期医療
妊娠22週から生後満7日未満までの期間（周産期）の母体、胎児、新生児を総合的に管理し、健康を守るための医療を周産期医療という。

※4　難病法
2014（平成26）年5月成立。難病患者に対する医療費助成に加え、難病対策の基本方針の策定、難病の克服に向けた調査および研究の推進等を定めたもの。

第9章●障害のある子どもの保育関連施策

第2節 ● 障害のある子どもにかかわる福祉施策と機関

1 ── 福祉施策の目的と対象

　障害の有無とは関係なく、わが国の児童に関する福祉施策は、児童福祉法に基づき進められている。同法[注]の第1条第1項で「すべて国民は、児童が心身ともに健やかに生まれ、且つ、育成されるよう努めなければならない」とされ、第2項では「すべて児童は、ひとしくその生活を保障され、愛護されなければならない」とされている。第2条では「国及び地方公共団体は、児童の保護者とともに、児童を心身ともに健やかに育成する責任を負う」とされている。つまり、児童を健全に育成することは国民共通の努力義務であり、地方公共団体には保護者とともに児童を心身ともに健やかに育成する責任が課せられているのである。同法の第4条第1項では「児童とは、満18歳に満たない者をいう」と定義されており、18歳未満のすべての児童の健全育成を図ることが児童福祉施策の目的とされている。また同条第2項には後述する「障害児」の定義が定められている。

2 ── 障害児の定義

(1) 身体障害児

　身体障害児とは、身体に障害のある満18歳未満の児童であり、身体障害者手帳の交付を受けると補装具の給付等が受けられるようになる。手帳の交付には、都道府県知事が指定する医師の診断書を添えて都道府県知事に申請書を提出しなければならない。身体障害の種類は次のとおりである。

> ①視覚障害、②聴覚または平衡機能障害、③音声・言語またはそしゃく機能障害、④肢体不自由（上肢・下肢・体幹）、⑤内部障害（心臓機能障害・じん臓機能障害・呼吸器機能障害・ぼうこうまたは直腸の機能障害・小腸機能障害・ヒト免疫不全ウイルスによる免疫機能障害・肝臓機能障害）

(2) 知的障害児

　知的障害について法律上は定義されていないので、2002（平成14）年に文

▶注　児童福祉法の改正
法の理念の明確化等を盛り込んだ2016（平成28）年6月の改正により、1・2条の条文は次のように改められている。

第1条
全て児童は、児童の権利に関する条約の精神にのっとり、適切に養育されること、その生活を保障されること、愛され、保護されること、その心身の健やかな成長及び発達並びにその自立が図られることその他の福祉を等しく保障される権利を有する。

第2条（第1～3項）
全て国民は、児童が良好な環境において生まれ、かつ、社会のあらゆる分野において、児童の年齢及び発達の程度に応じて、その意見が尊重され、その最善の利益が優先して考慮され、心身ともに健やかに育成されるよう努めなければならない。
②　児童の保護者は、児童を心身ともに健やかに育成することについて第一義的責任を負う。
③　国及び地方公共団体は、児童の保護者とともに、児童を心身ともに健やかに育成する責任を負う。

部科学省から出された「就学指導資料」に示されている内容を取り上げておきたい。そこには、知的障害は「発達期に起こり、知的機能の発達に明らかな遅れがあり、適応行動の困難性を伴う状態」とされている。そして、知的障害は、一般的には18歳以下で起こること、知的機能が同年齢の児童生徒と比べ、平均的水準より明らかに遅れが有意にあること、他人との意思の交換、日常生活や社会生活、安全、仕事、余暇利用などについて、年齢段階に標準的に要求されるまでに至っていないことが指摘されている。

　法令上で知的障害という用語が使用され始めたのは、1999（平成11）年4月からであり、それ以前は精神薄弱という用語が使用されていた。精神薄弱という用語は、1941（昭和16）年に出された国民学校令施行規則で用いられ始め、それ以後60年近くにわたって使用され続けてきた。

　なお、各自治体独自の制度として、各都道府県知事（政令指定都市の長）が知的障害と判定した者には療育手帳が交付され、障害程度判定によって重度とその他の別として示されている。ただし、手帳所持者をさして、法令上の知的障害児・者としているわけではない※5。

(3) 発達障害児

　2004（平成16）年に成立した「発達障害者支援法」において、発達障害とは、「自閉症、アスペルガー症候群、その他の広汎性発達障害、学習障害、注意欠陥多動性障害その他これに類する脳機能の障害であってその症状が通常低年齢において発現するものとして政令で定めるもの」と定義され、その障害のために日常生活や社会生活に制限を受ける18歳未満のものを発達障害児と定めている（第3章第2節参照）。

　なお、同法には、早期の発達支援、放課後児童健全育成事業の利用、発達障害者支援センターなどの発達障害児を支援するための施策について定められている。

(4) 難病等のある児童

　2012（平成24）年の障害者自立支援法（当時）の改正に伴う児童福祉法の改正により、治療方法が確立していない疾病その他の特殊の疾病等にある子どもについても障害児の定義に加えられた。また、先の難病法の成立に伴う児童福祉法の改正では、「小児慢性特定疾病」について、「児童等が当該疾病にかかっていることにより、長期にわたり療養を必要とし、及びその生命に危険が及ぶおそれがあるものであって、療養のために多額の費用を要するものとして厚生労働大臣が社会保障審議会の意見を聴いて定める疾病」と定義された（同法第6条の2）。

※5　療育手帳制度は、知的障害児・者に対する各相談機関からの指導・相談や各種の援護措置を受けやすくすることを目的としたものである。厚生省（現・厚生労働省）の通知「療育手帳制度について」（1973（昭和48）年）、後の「療育手帳制度の実施について」（1991（平成3）年を根拠とするが、1999（同11）年の地方自治法の改正により、各自治体独自の制度として、条例でその運用方法が定められている。

第9章●障害のある子どもの保育関連施策

小児慢性特定疾病には、2015（平成27）年7月現在、14疾患群705疾患が指定されている。小児慢性特定疾病対策は前節で述べたとおりである。

3 ── 障害のある子どもの福祉サービス

障害のある子どもの福祉サービスは、居宅サービスは「障害者の日常生活及び社会生活を総合的に支援するための法律」（以下、障害者総合支援法とする）に、通所・入所サービスは「児童福祉法」に基づいて提供されている。当然のことながら、福祉分野だけの施策や機関だけではなく、医療、保健、教育、労働といった幅広い分野の機関と連携を図りながら、子どものライフステージを見据えた総合的な施策を実施されることが重要である。

(1) 障害者総合支援法に基づくサービス

障害者総合支援法は、2012（平成24）年の障害者自立支援法の改称を伴う改正により2013（同25）年4月より施行されている。

障害者総合支援法では、障害者自立支援法のもと構築された「自立支援給付」と「地域生活支援事業」を柱としたサービス体系や、そのサービスの提供のしくみは原則的に引き継がれている。自立支援給付は、障害程度等に応じて提供される介護や就労支援等のサービスに関する個別給付などが効果的に提供されるもので、介護給付、訓練等給付、地域相談支援の他、自立支援医療費、補装具費の支給などがある。地域生活支援事業は地域の実情に応じて柔軟に実施される。

①介護給付

介護給付の対象となるサービスのうち、在宅で暮らす障害児が対象となる居宅サービスは、「居宅介護」「重度訪問介護」「同行援護」「行動援護」「短期入所[6]」「重度障害者等包括支援」である（表9−1）。

②訓練等給付

訓練等給付には、「自立訓練」「就労移行支援」「就労継続支援」「共同生活援助」がある。これらの障害福祉サービスは18歳以上が支給対象であるが、高校へ進学しない15歳以上の障害児も必要に応じて対象になる。

③相談支援

障害者総合支援法に基づく相談支援には、個別給付による「地域相談支援」「計画相談支援」と、後述する地域生活支援事業の基本事業に位置づく「基本相談支援」とがある。このうち、相談に応じたり、情報提供、助言を行ったりするなど、一般的な相談支援を行うのが基本相談支援にあたり、居宅介

※6　短期入所
障害者自立支援法の施行以降、障害の種別を問わず、その対象も宿泊を伴う短期入所に限定されている。なお、日中短期入所は、市町村地域生活支援事業のなかの「日中一時支援事業」として位置づけられ、障害のある人を日常的に介護している家族の一時的な休息が確保されることとなった。

223

表9-1 障害児が対象となる訪問・通所系サービス

サービス類型	サービス内容
居宅介護	ホームヘルプサービスといわれるもので、居宅において入浴、排泄、食事などの介護を提供する。
重度訪問介護	常時介護を必要とする15歳以上の重度肢体不自由児に対して、入浴、排泄などの身体介護、調理、洗濯などの家事援助、コミュニケーション支援、外出時の移動中の介護等を総合的に提供する。2014（平成26）年度からは重度の知的障害・精神障害も対象となっている。
同行援護	視覚障害により、移動に著しい困難を有する人に、移動に必要な情報の提供（代筆・代読を含む）、移動の援護等の外出支援を行う。
行動援護	知的障害、精神障害により、自傷、異食、徘徊などの著しい行動障害があり、危険を回避するために必要な援護や外出時の移動中の介護等を提供する。
短期入所（ショートステイ）	保護者の疾病、出産、慶弔などの理由で介護が困難になった場合、施設などに原則7日間以内入所させ、入浴、食事、排泄の介護などを提供する。
重度障害者等包括支援	おおむね15歳以上の常時介護を必要とする障害児で、介護の必要度が著しく高い場合に、居宅介護等を包括的に提供する。

護などの障害福祉サービスの利用に際し必要となるサービス等利用計画の作成などを担うのが計画相談支援にあたる。

　基本相談支援と地域相談支援のいずれも行う事業を「一般相談支援事業」といい、都道府県知事が指定する「指定一般相談支援事業者」が担う。他方、基本相談支援と計画相談支援のいずれも行う事業を「特定相談支援事業」といい、市町村長が指定する「指定特定相談支援事業者」が担う。

　そのため、障害児やその保護者（親）の一般的な相談支援については、基本相談支援を実施するいずれの事業者ともに担うが、居宅サービスの利用にあたっては、計画相談支援を実施する指定特定相談支援事業者が担うことになる。なお、サービス等利用計画を作成後、サービス提供事業者と契約を結び、利用開始となる。

④自立支援医療費（育成医療）

※7　自立支援医療
医療機関の確保、透明化の促進、公費負担医療制度の対象者の判断基準と医療内容を明確にする観点から、従来の育成医療、更生医療、精神障害者通院医療費が一元化されたもの。

　自立支援医療[※7]（育成医療）の支給対象は、身体障害者手帳を所持している障害児で、生活能力を高めるために医療が必要となる場合に一定の条件のもとで医療保険の自己負担分を給付される。手続きは、居住地の都道府県・政令指定都市・中核市に関係書類を提出する。支給が認定されると、有効期限、指定自立支援医療機関を定め、受給者証の交付を受ける。診療を受けるときに受給者証を指定自立支援医療機関に提出してサービスを受ける。

⑤補装具費の支給

　補装具費は、身体障害者手帳の交付や療育指導を受けている身体障害児・者を対象に身体機能を補完または代替し、かつ長期間にわたって継続して使

用される補装具の購入費と修理費のために支給される。対象となる種目には、視覚障害児・者の白杖、聴覚障害児・者の補聴器、肢体不自由児・者の車いすや座位保持装置などがある。

⑥地域生活支援事業

地域生活支援事業は、地域生活支援および社会参加のためのサービスを地域の実情に応じて柔軟に実施する事業である。市町村が主としてサービスを実施し、広域的な対応が必要な部分については都道府県がバックアップすることになっている。

市町村地域生活支援事業における基本事業には、「相談支援事業」「成年後見制度利用支援事業」「意志疎通支援事業」「日常生活用具給付等事業」「移動支援事業」「地域活動支援センター事業」がある。

なお、従来の障害児（者）地域療育等支援事業については、障害者自立支援法（当時）の施行により、3障害に対応した一般的な相談部分は前述の「相談支援事業」へ移行し、それ以外の広域・専門的相談支援は「障害児等療育支援事業」となって都道府県地域生活支援事業に位置づけられている。

(2) 児童福祉法に基づくサービス

障害児を対象とした施設・事業は、従来、施設入所等は児童福祉法、児童デイサービス等は障害者自立支援法に基づいて実施されていた。第1章で述べられているように、2010（平成22）年の児童福祉法の改正により、これらの児童福祉サービスはすべて児童福祉法に基づいて実施されることになった（2012（同24）年4月施行）。

①障害児通所支援・障害児入所支援と利用のプロセス

障害のある子どもを対象とした通所・入所サービスは表9－2のとおりである。通所サービス利用のプロセスは、市町村の窓口へ申請し、後述する「障害児支援利用計画」の作成※8を経た後、サービス提供事業者と契約を結び利用開始となる。一方、入所サービスの利用は、児童相談所が専門的な判断を行うため、この障害児支援利用計画を作成する必要はない。

②障害児相談支援

2010（平成22）年の児童福祉法の改正に伴い、障害児相談支援が位置づけられた。これは障害児通所支援に関する利用計画（「障害児支援利用計画」という）の作成等を行う「障害児支援利用援助」と、継続して障害児通所支援を適切に利用できるよう利用計画の見直し等を行う「継続障害児支援利用援助」が実施されるものである。

障害児相談支援を行う事業を「障害児相談支援事業」といい、市町村長が

※8　障害者総合支援法に基づく居宅サービスの利用にあたっては、「指定特定相談支援事業者」に「サービス等利用計画案」の作成を依頼することになる。

表9－2　市町村における障害児通所支援と都道府県における障害児入所支援

●市町村における障害児通所支援

児童発達支援 医療型児童発達支援	児童福祉施設として位置づけられる児童発達支援センターと児童発達支援事業の2類型に大別されている。 　さまざまな障害があっても身近な地域で適切な支援が受けられる。 **①児童発達支援センター／医療型児童発達支援センター** 　通所支援の他、身近な地域の障害児支援の拠点として、「地域で生活する障害児や家族への支援」「地域で障害児を預かる施設に対する支援」を実施するなどの地域支援を実施している。医療の提供の有無により、「児童発達支援センター」と「医療型児童発達支援センター」に分かれる。 **②児童発達支援事業** 　通所利用の障害児に対する支援を行う身近な療育の場である。
放課後等デイサービス	学校就学中の障害児に対して、放課後や夏休み等の長期休暇中において、生活能力向上のための訓練等を継続的に提供している。 　学校教育と相まって障害児の自立を促進するとともに、放課後等の居場所づくりを推進している。
保育所等訪問支援	保育所等を現在利用中の障害児、今後利用する予定の障害児に対して、訪問により、保育所等における集団生活の適応のための専門的な支援を提供し、保育所等の安定した利用を促進する。

●都道府県における障害児入所支援

福祉型障害児入所施設 医療型障害児入所施設	従来の障害種別の施設と同等の支援を確保するとともに、主たる対象とする障害以外の障害児を受け入れた場合に、その障害に応じた適切な支援を提供する。また、医療型は、この他医療も提供する。 　18歳以上の障害児施設入所者には、自立（地域生活への移行等）を目標とした支援を提供する。

出典：全国社会福祉協議会『障害者総合支援法のサービス利用説明パンフレット（平成27年4月版）』p. 7を一部改変

　　指定する「指定障害児相談支援事業者」が担っている。

　このように、障害児の居宅サービス、通所サービスの利用にあたって作成する計画は、それぞれ障害者総合支援法、あるいは児童福祉法に基づき指定された事業者に委託することになっているが、いずれの利用計画ともに保護者（親）等が自ら立案する（セルフプラン）こともできる。

(3) 子ども・子育て支援新制度下における対応

　2015（平成27）年度から始まった子ども・子育て支援新制度（以下、新制度という）は、幼児期の学校教育・保育、地域の子ども・子育て支援を総合的に推進するものである。

①一般施策と専門施策による障害児支援

　新制度下における障害児に対する支援は、「すべての子どもを対象とする施策（一般施策）における障害児への対応」と「障害児を対象とする専門的な支援施策（専門施策）」という2つの施策体系に大別され、それぞれの充実を図るとともに、相互の連携強化を進めるとしている。

第9章●障害のある子どもの保育関連施策

　一般施策においては、「市町村計画※9における障害児の受け入れ体制の明確化」「優先利用など利用手続きにおける障害児への配慮」「さまざまな施設・事業において障害児の受け入れを促進するための財政支援の強化（職員の加配）や、障害児等の利用を念頭に置いた新たな事業類型の創設」などが、専門施策においては「通所支援・入所支援など施設・事業者が自ら行う障害児支援」に加えて、その専門的な知識・経験に基づき、一般施策をバックアップする「後方支援」として位置づく「保育所等の育ちの場における障害児の支援に協力できるような体制づくりを進める」としている。

　なお、専門施策は先述した障害者総合支援法、児童福祉法に基づくサービス、相談支援のことをさす。

②地域子ども・子育て支援事業における障害児対応の充実

　ここでは、上記の取り組みのうち「障害児等の利用を念頭に置いた新たな事業類型の創設」についてとりあげてみたい。これは「一時預かり事業※10」「延長保育事業※11」において、障害児等の利用を想定した「訪問型」を創設するというものである。

　一時預かり事業の訪問型として、保育者が障害のある子どもの自宅に赴き保育を行うことの他、療育施設への送迎や地域の保育所、幼稚園、認定こども園（以下、園とする）と連携し、子ども同士の交流によってコミュニケーションによる発達を促すといったサービスが行われている※12。慣れ親しんだ環境で個別の対応が必要になるともいえる障害のある子どもにとっては必要なサービス形態といえよう。

　また、子どもおよび保護者（親）が園での教育・保育や、地域の事業等のなかから適切なものを選択し円滑に利用できるよう、身近な場所で支援を行う「利用者支援事業」も新設されている。

　新制度下においては、障害のある子どもや保護者（親）の個々のニーズに応じたメニューが整備される土台が整ったわけだが、こうした「訪問型」の取り組みが広がっていくことと、障害のある子どもや保護者（者）がそれらのなかから自分の家庭に一番相応しいメニューを、確実かつ円滑に利用できるようなコーディネーションが行われることを期待したい。

4 ── 障害のある子どもとその家族への経済援助

　1964（昭和39）年に制定された「特別児童扶養手当等の支給に関する法律」に基づいて、障害のある児童を養育する保護者（親）に対して手当が支給される。この法律の目的は、「精神又は身体に障害を有する児童について特別児

※9　子ども・子育て支援法に基づく市町村子ども・子育て支援事業計画をさす。これは、国が示す基本的な指針のもと、市町村が策定する教育・保育および地域子ども・子育て支援事業の提供体制の確保と、これらの円滑な実施に関する計画である。

※10　一時預かり事業
家庭において保育を受けることが一時的に困難となった乳幼児について、主に昼間に、園や地域子育て支援拠点等の場所において、一時的に預かり、必要な保護を行う事業。

※11　延長保育事業
保育認定を受けた子どもについて、通常の利用日・利用時間以外の日・時間において、園等で保育を実施する事業。

※12　NPO法人フローレンスのホームページを参照。

227

童扶養手当を支給し、精神又は身体に重度の障害を有する児童に障害児福祉
手当を支給するとともに、…（中略）…これらの者の福祉の増進を図ること
を目的とする」（第1条）とされている。各手当の内容は次のとおりである。

> ・特別児童扶養手当
>
> 　一定の障害がある20歳未満の児童を父母が監護するとき、または父母以外の者
> が養育するときに支給される手当である。ただし児童が施設に入所している場合
> は支給されない。この手当は1級と2級に区分されており、2015（平成27年度は
> 月額で1級・5万1,100円、2級・3万4,030円とされている。
>
> ・障害児福祉手当
>
> 　重度の障害児（日常生活において常時の介護を必要とする者）に対して支給さ
> れる。ただし児童が施設等に入所している場合は支給されない。2015（平成27年
> 度は月額1万4,480円とされている。

第3節 ● 障害のある子どもにかかわる教育施策

　統合保育の場で障害のない子どもとともに過ごしてきた障害のある子ども
や、地域療育センター等の場で療育を受けてきた子どもも学齢期を迎えると、
通常の小学校や特別支援学校において教育を受けることになる。

　第1章で述べられたように、2014（平成26）年1月、わが国は「障害者権
利条約」（障害者の権利に関する条約）を批准した。批准までの間、わが国で
は法制度の整備を進めてきたのだが、これと並行して教育分野においても、
今後の特別支援教育のあり方についての議論が進められていた。2012（同24）
年7月にとりまとめられた「共生社会の形成に向けたインクルーシブ教育構
築のための特別支援教育の推進（報告）」の趣旨を受け、2013（同25）年8月
には学校教育法施行令（以下、改正施行令という）が改正された。

　ここでは、インクルーシブ教育システムの内容をおさえたうえで、就学に
際しての留意事項や手続き、そして特殊教育が改められて発足した特別支援
教育について考察を進める。

▌1 ── インクルーシブ教育システムの構築に向けて

(1) インクルーシブ教育システム

　インクルーシブ教育システムとは、障害者等がより一層参加・貢献してい

第9章 ●障害のある子どもの保育関連施策

くことができる「共生社会」をめざすため、障害者がその能力等を可能な限り発達させることができる教育の場を提供し、より一層社会に参加することを目的に、障害のある者と障害のない者がともに学ぶしくみとされている。その実現を図るため、学校の設置者や学校には、次のようなことが求められている。

①可能な限り障害のある子どもが障害のない子どもとともに教育が受けられるよう配慮すること
②子どもにとって最も適した教育内容および学びの場を提供すること
③通常の学級、通級指導教室、特別支援学級、特別支援学校での指導の充実を図ること
④障害のある子ども一人ひとりの状況に応じた合理的配慮[13]を提供すること

(2) 障害者権利条約とインクルーシブ教育システム

　障害者権利条約の第24条では、障害者の教育について述べており、第1項には「締約国は、教育について障害者の権利を認める。締約国は、この権利を差別なしに、かつ、機会の均等を基礎として実現するため、障害者を包容するあらゆる段階の教育制度及び生涯学習を確保する」とある。この「障害者を包容するあらゆる段階の教育制度」がインクルーシブ教育システムであり、その構築が求められている。

　障害者基本法の第16条第1項には、次のようにある。

> 　国及び地方公共団体は、障害者が、その年齢及び能力に応じ、かつ、その特性を踏まえた十分な教育が受けられるようにするため、可能な限り障害者である児童及び生徒が障害者でない児童及び生徒と共に教育を受けられるよう配慮しつつ、教育の内容及び方法の改善及び充実を図る等必要な施策を講じなければならない。

　改正施行令は2013（平成25）年9月に施行され、障害のある子ども等の就学先を決定するしくみや障害の状態等の変化をふまえた転学等の制度の見直しが行われた。施行に伴う文部科学省の通知[14]では「就学先を決定するしくみの改正（第5・11条関係）」「障害の状態等の変化をふまえた転学（第6条の3、第12条の2関係）」「視覚障害者等による区域外就学（第9・10条、第17・18条関係）」「保護者および専門家からの意見聴取の機会の拡大（第18条の2関係）」の内容について整備を行うこととされている。

※13　合理的配慮
障害のある子どもが、他の子どもと平等に教育を受けられるよう、学校の設置者および学校が必要な変更・調整を行うことであり、一人ひとりの子どもに対し、その障害の状況に応じて必要とされるものをいう。なお、個別的に提供される合理的配慮に対し、不特定多数の子どものために提供されるべきものを「基礎的環境整備」という（たとえば、スロープやエレベーターの設置など、制度的なものやハード的なもの）。

※14　文部科学省「障害のある児童生徒等に対する早期からの一貫した支援について」（平成25年10月4日付）。

229

2 ── 就学に向けて

　1960年代に世界的に普及し始めたノーマライゼーション理念は、その後インテグレーション、インクルージョンへと発展を遂げている。このような背景のもとで、わが国の障害児教育も制度的に見直されることとなった。

　従来、障害のある子どもの就学に際しては、教育委員会をはじめとする行政機関の主導によって就学指導や適正就学の名のもとに進められ、障害のある子ども本人や保護者（親）の意向が必ずしも反映されないという課題があった。この行政主導の就学システムについて、保護者（親）や関係団体からも改善のための強い要望があって就学指導基準が緩和され、学校教育法施行令第22条の3の表[※15]に規定する程度の障害のある子どもは特別支援学校への就学を原則とし、例外的に居住区の学校への就学も可能となった。とはいえ、保護者（親）が希望し、「受け入れが可能であれば」という条件が付されていた。このような経緯があり、改正施行令では、個々の障害のある子どもについて、市町村の教育委員会が、その障害の状態等をふまえた総合的な観点から就学先を決定するしくみへと改められることになった（図9−1）。

※15　学校教育法第75条に基づき、視覚障害者、聴覚障害者、知的障害者、肢体不自由者および病弱者の障害の程度を定めるもの。

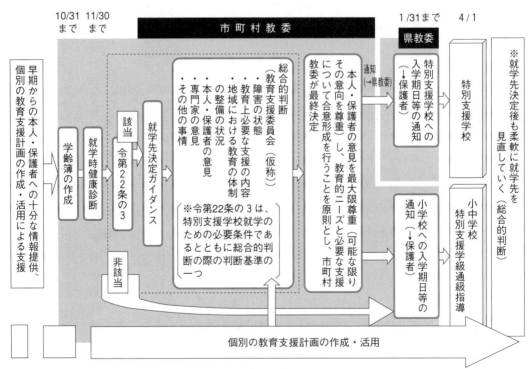

図9−1　障害のある児童生徒等の就学先決定について（手続きの流れ）
出典：文部科学省「教育支援資料」（平成25年10月）参考資料を一部改変

就学に向けて園の保育者、とりわけ卒園クラスの担当者は次の2つの事項が特に重要となる。

第1は、障害のある子ども本人にとって就学先の小学校や特別支援学校において適切な教育が保障されているか否かの情報を提供することである。就学先の学校について最終的には保護者（親）の意向が優先されるとしても、そのための情報提供は重要である。

第2は、基本的な生活習慣を習得させるとともに、就学への夢や期待をもたせることである。とかく生活習慣を身につけさせるための指導が強調されがちであるが、就学に際して学校で学ぶ喜びや期待を抱かせることも就学に向けて重要である。生活習慣を獲得させる指導過程において無理や焦りは禁物であり、一人ひとりの子どもの実態に即して進めることが基本である。

3 ── 就学相談（教育相談）における留意事項

市町村の教育委員会には医師や学識経験者等で構成される就学指導委員会[※16]が設置されており、適正な就学指導が進められることになっている。しかし、就学指導委員会の指導事項に対して必ずしも納得できない保護者（親）もいる。このため、就学指導委員会には不公平感や不満が生じないよう慎重な配慮が求められる。その内容として次のような事項が考えられる。

①相談過程でよりよい関係を築き、適切な選択ができるよう援助する活動であるという基本的な姿勢を堅持する、②本人・保護者（親）がもっている学校選択の希望を聞き、意思を確かめる、③遊びを中心とした障害児保育と学習を中心とした小学校教育との共通点や相違点について理解を得る、④現状の特別支援教育制度の正確な情報を提供し、学校や学級を見学して環境や教育内容などの実態が把握できるよう必要な情報提供に努める、⑤就学に必要なすべての情報を的確に提供する、⑥就学手続きのシステムや予定を正確に伝える。

> ※16 **就学指導委員会**
> 多くの市町村教育委員会に設置される組織で、早期からの教育相談・支援や就学先決定時のみならず、その後の一貫した支援についても助言を行っていることから「教育支援委員会」への改称が検討されている。

4 ── 就学決定までの手続き

(1) 就学先決定のしくみ

新たな就学先決定のしくみでは、市町村教育委員会が、障害のある子ども本人・保護者（親）に対し十分情報提供をしつつ、本人・保護者（親）の意見を最大限尊重し、当事者と市町村教育委員会、学校等が教育的ニーズと必要

な支援について合意形成を行うことを原則としている。そのうえで、最終的には市町村教育委員会が障害のある子ども等の就学先を決定することになる。

本節のはじめに述べたインクルージョンの概念に照らすと、障害のある児童生徒等の教育に関する基本的な方向性としては、障害のある子どもと障害のない子どもが、できるだけ同じ場でともに学ぶことにあるが、現状においては、それぞれの子どもが、授業の内容がわかり、学習活動に参加している実感・達成感をもちながら、充実した時間を過ごしつつ、生きる力を身につけていけるかどうかが、就学先を決定する最も本質的な視点とされている。

なお、市町村教育委員会からの就学通知の発出は以下のとおりである。

---

①小・中学校への就学が適当と判断された児童生徒等

前年度の1月末までに保護者に対し、就学通知を発出する（学校教育法施行令第5条第1・2項）。

同時に、就学先の小・中学校の校長に対しても、当該児童生徒等の氏名および入学期日を通知する（同施行令第7条）。

②特別支援学校への就学が適当と判断された児童生徒等

前年度の12月末までに、都道府県教育委員会に対し、その氏名および特別支援学校に就学させるべき旨を通知する（同施行令第11条第1項）。

都道府県教育委員会は、当該通知を受けた児童生徒等について、保護者（親）に対し、前年度の1月末までに、特別支援学校への就学通知を発出する（同施行令第14条第1項）。同時に、就学先の特別支援学校の校長に対しても、当該児童生徒等の氏名および入学期日を通知するとともに、市町村教育委員会に対しても、当該児童生徒等の氏名、入学期日および指定した特別支援学校を通知する（同施行令第15条第1・2項）。

---

(2) 学びの場の柔軟な見直し

一方、改正施行令では、就学先決定のしくみの変更に加え、障害の状態等の変化をふまえた転学に関する規定の整備等も行われた。これは、子どもの障害の状態の変化等に応じて適切な教育を行うためには、就学時のみならず就学後も引き続き教育相談を行う必要があるとしたものである。

小学校や特別支援学校就学後、障害の状態の変化や適切な指導や支援を行う場の検討の結果、就学先を変更することが適切と考えられる子どもがいることから、このような子どもの教育的ニーズ等の変化に継続的かつ適切に対応するため、特別支援学校や小・中学校において個別の教育支援計画[※17]の作成・活用を推進し、その内容の充実を図るとしている。同計画を定期的に見直すことを通じて、継続的な教育相談・指導を行うことにより、就学先の変更を含め、子どもの一人ひとりの教育的ニーズに応じた適切な指導や必要な支援の方法等を定期的に見直すことが必要であるとしている。

※17　個別の教育支援計画
第6章第4節参照（p.161）。

第9章●障害のある子どもの保育関連施策

5 —— 就学時の健康診断

就学時健康診断は、一般に就学時健診と呼ばれ、学校保健安全法に基づいて1958（昭和33）年から実施されている。

市町村教育委員会には、居住区の就学予定児の保護者（親）に対して就学時健診実施の通知をして、11月30日までに実施することが義務づけられている。一方で、子どもと保護者（親）がこの健診を受診する法的な義務はない。

健診項目は、①栄養状態、②脊柱および胸部の疾病・異常の有無、③視力および聴力、④眼の疾病・異常の有無、⑤耳鼻咽頭および皮膚疾患の有無、⑥歯および口腔の疾病・異常の有無、⑦その他の疾病・異常の有無である。

就学時健診では、身体の疾患や知的発達の度合いについても検査され、知的障害児については、就学時健診以前の6月頃から就学相談（教育相談）が開始されている。

なお、先述した文部科学省の通知では、障害のある子ども等の就学先の決定の基本的な考え方とともに、就学先を決定する際の障害の程度について示されているので参考にしてほしい。

6 —— 特別支援教育制度

従来、わが国の学校教育制度は普通教育と特殊教育に区分されていた。特殊教育の分野では障害の程度や知能指数等を参考にしながら就学先の学校が決定されてきた経緯があった。

2001（平成13）年10月に文部科学省に設置された特別支援教育の在り方に関する調査協力者会議において検討が進められ、2005（同17）年12月には中央教育審議会から「特別支援教育を推進するための制度の在り方について」が報告された。その要旨は次のとおりである。

---

① 「盲・聾・養護学校」を、障害種を超えた学校制度（特別支援学校）に転換すること
② 特別支援学校の機能として、小・中学校等に対する支援を行う地域の特別支援教育センターとしての機能を明確に位置づけること
③ 小・中学校において特別支援教育を推進すべきことを関係法令において明確に位置づけること
④ LD、ADHDの児童生徒を新たに「通級による指導」の対象者とすること

この報告に基づいて学校教育法等の一部が改正されて、2007（平成19）年

4月より特別支援教育制度が実施された。なお、学級・学校の名称は中央教育審議会による答申のとおりに改正され、従来の特殊学級は特別支援学級に、盲・聾・養護学校は特別支援学校に改められた。

　特別支援教育制度のもとで教育内容を充実させるためには、教師一人ひとりの指導力の向上と専門機関や地域社会との密接な連携が求められる。

　また、先述したように改正施行令では、特別支援学校の就学基準に該当する障害のある児童生徒等は、原則特別支援学校に就学するという従来のしくみが改められていることから、今後は、より一層丁寧な就学に関する教育相談や支援が求められるとともに、障害のある児童生徒が学ぶ場として通常の学級、通級指導教室、特別支援学級、特別支援学校それぞれの教育内容の充実を図ることが求められている。

第4節 ● 地域での連携

　障害のある子どもとその保護者（親）を支える公的サービスは、児童相談所、市区町村、各種の児童福祉施設等で実施されているが、地域における社会福祉協議会やNPO法人等によるサービスも重要な役割を果たしている。

1 —— 社会福祉協議会による支援事業

　社会福祉協議会（社協）は、住民の福祉を増進するために、その地域における公私の社会福祉関係者によって組織される民間団体で、全国社協・都道府県社協・市区町村社協と段階的に組織される。特に市区町村社協は、地域住民の多様なニーズに応えるため、民間の立場から、地域の福祉サービスの担い手として重要な役割を担っており、地域の住民をはじめボランティア、福祉・保健・医療関係者・行政機関等と協力して、各地域において福祉のまちづくりを進めている。具体的な活動内容はそれぞれの社会福祉協議会によって異なるが、次の活動ではほぼ共通している。

　①高齢者、障害者、児童等を対象にした各種の在宅福祉サービス
　②身近な地域での援助が必要な住民に対する見守り等のネットワーク活動
　③ボランティア活動等、住民の福祉活動への参加支援
　④地域住民の悩みや課題を解決するための各種相談窓口の設置
　⑤地域における組織団体のネットワーク化

2 ── ボランティア団体・NPO法人

　地域の療育を支えるマンパワーとして、地域住民が組織するボランティア団体等の役割も大きい。たとえば、障害のある子どもの発達に関する教室（音楽教室・ことばの教室等）や、おもちゃ図書館※18、外出支援、保護者による自助組織（障害児の親の会等）といった、障害のある子どもとその家族を支えるためのさまざまな活動が、地域住民の手によって実施されている。

　しかし、ボランティア団体は、所属する個人の自発的な活動によるところが大きく、財源も限られている。そこで、より組織的な活動と財源確保を実現できる形態として、NPO法人（特定非営利活動法人）がある。これは「特定非営利活動促進法」に基づき、ボランティアをはじめとしたあらゆる社会貢献活動を、法人として実施することを可能とするものである。このNPO法人による活動も、ボランティア活動と並んで地域に根づき始めている。

　また、施設を設立し、障害のある子どもから高齢者までを対象に、デイサービス、短期入所（ショートステイ）、居宅介護等を実施しているNPO法人もある。障害の種類や程度の区分を超えて、子ども同士、あるいは子どもと大人のふれあいの場を提供しているこうしたボランティア・NPO法人の存在意義は大きい。しかし、実際の運営面では財政上の問題が深刻であり、公的支援が課題となっている。

> ※18　おもちゃ図書館
> 玩具による遊びを通した障害のある子どもの広がりある交流を目的とし、おもちゃの無料貸し出しや場所の提供を行うもの。2015（平成27）年4月現在、全国に約400か所設置されており、活動の場は主に福祉センターや公民館等が使用されている。

3 ── 地域の社会資源の連携

　社会福祉協議会、ボランティア団体、NPO法人といった社会資源は、行政とともに地域の療育の重要な役割を担い、同時にお互いが連携しあっている。

　たとえば、行政や社会福祉協議会の行事にボランティア団体やNPO法人が協力したり、ボランティア団体やNPO法人への資金の提供、団体同士のネットワークにおいて行政や社会福祉協議会が支援したりするなど、密接な協力関係により、障害のある子どもやその家族を支援する体制を構築している。

　こうした連携をベースにして、障害のある子どもの親がどの窓口を訪れても適切なサービスが紹介され、そして障害や生活の状況にあったサービスの組みあわせを一緒に考えてもらえるようなコーディネートの提供が望まれる。

　先述した新制度下における利用者支援事業の今後の運用に注視したい。

第5節 ● 障害のある子どもの保育にかかわる施策の課題

　本節では、先述した障害のある子どもの保育にかかわる保健・医療、福祉、教育分野における施策等の課題について、厚生労働省の「今後の障害児支援の在り方について（報告書）」(2014（平成26）年7月）をもとに述べる。

1 ── 障害のある子どもの保育にかかわる保健・医療の課題

　保護者（親）は、乳幼児健康診査を通じて子どもの障害に気づくことも多い。そのため、個人情報の保護に留意しつつ、各市町村の母子保健部門から適時適切に障害児支援部門に情報を提供し、障害種別に応じた適切な支援につなぐことができるような体制をつくることが必要である。

　さらに、乳幼児健康診査の場だけでなく、園や地域子育て支援拠点事業とも有機的な連携を図ったうえで専門的な支援が必要な子どもを丁寧にフォローしていくことによって、「気づき」の段階やそれ以降の具体的な支援につなげることができる体制をつくることが求められている。

　このような支援体制のもと、園等に通う障害のある子ども等の継続的な見守りを行っていくことになるが、より専門的な支援につなげる必要がある子どもに対しては、療育の専門家が園等を巡回する「保育所等訪問支援」の円滑な実施が望まれる。そのため、各都道府県・市町村においては、保育所等訪問支援に進む前の段階からの対応として、障害児等療育支援事業や巡回支援専門員整備事業等の活用促進を進めていくことが求められる。

　これらの療育の専門家の巡回を受け入れる園等は、療育の専門家に依存するのではなく、保護者（親）への対応等も含めて水平的な協力関係を築くことが極めて重要である。保育と療育の専門家、さらには小学校就学を見越して教育委員会がチームとなり、対象児の支援を行うことができるような体制をつくることが求められる。

2 ── 障害のある子どもの保育にかかわる福祉の課題

(1) 児童発達支援センター等を中心とした地域支援の推進

　障害のある子どもへの地域支援の推進を図るためには、都道府県全域、障

害福祉圏域、市町村域等といった区域ごとの実情に応じて障害児入所施設や発達障害者支援センター、児童発達支援センター、児童発達支援事業所等が直接的な支援とバックアップ支援の役割分担を明確にし、十分な連携が確保された重層的な支援体制を構築する必要がある。たとえば、児童発達支援センターの役割として、地域の障害のある子どもの保護者（親）の「気づき」の段階からの相談に応じ、その後の支援に関与できるように障害児等療育支援事業や巡回支援専門員整備事業等を実施することの他、児童発達支援等の事業所や障害児を受け入れている保育所等への専門的な支援を行う保育所等訪問支援をあわせて実施していくことなどが求められている。

(2) 障害児相談支援の役割と拡充の方向性

児童福祉法に基づく障害児相談支援は、地域における「ライフステージに応じた切れ目のない支援の推進（縦の連携）」と「関係者間のスムーズな連携の推進（横の連携）」といった「縦横連携」の要として、今後さらなる体制の整備が図られることが望まれている。

障害児相談支援については、子どもに障害が疑われた段階からの継続的・段階的なかかわりとなる。そのため、障害の存在を受け入れることが困難な場合があること等、保護者（親）の気持ちに寄り添った支援や、学校への入学・卒業時等のライフステージの移行時における支援や思春期の不適応行動による支援困難事例への対応等が必然的に求められる状況にある。負担軽減の観点からも都道府県の障害児等療育支援事業等や、新制度の利用者支援事業（各種の相談に可能な限りワンストップでの対応がめざされている）とも緊密に連携できるような体制の検討が求められている。

(3) 地域内の関係者の連携を進めるための枠組みの強化

地域において障害のある子どもの「育ち」を支援していくためには、児童発達支援センターや園等の関係機関が有機的な連携のもとで、保護者（親）の「気づき」の段階から対象児の特性や家族の情報をできるだけ早期に把握することが重要である。また、卒園・入学時等のライフステージの移行期に移行前後の教育機関等や障害児相談支援事業所が、これまでの支援内容を共有したうえ、新たなライフステージに向けて一貫した切れ目のない支援を行う等、地域の実情に応じた縦の連携を展開していくことが重要である。

現状の子どもへの支援は、地域のさまざまな立場の者によって、それぞれの支援計画等に基づいて行われており、この内容が関係者間で確実に共有されるようになることで、はじめて子どもに対する一貫性のある支援が可能に

※19 第7章第3節
（p.194）のサポート
ブックと同様のもの。

なるといえる。子どもの支援に関する情報共有を図るためのツールとして、「サポートファイル（仮称）[19]」の活用が全国各地で模索されているが、「情報共有のスピード」「記載する際の手間」「個人情報の管理」「利用する分野や地域が限定される」等の理由で普及が進んでいないことが課題となっている。そのため、厚生労働省と文部科学省等と連携による共通の標準化されたアセスメントに位置づく様式の作成等、情報の共有を容易にする環境づくりを行い、さらに普及を進めるための具体的な方策の検討が必要とされている。

▎3 ── 障害のある子どもの保育にかかわる教育の課題

　インクルーシブ教育システムの構築に向けた改正施行令に際して、文部科学省では、市町村教育委員会等が就学手続きに関する具体的な業務を行う際の参考資料（「教育支援資料」という）を大幅に改訂した。そのなかでは、早期からの一貫した支援のために、障害のある幼児児童生徒の成長記録や指導内容等に関する情報（就学前の障害のある子どもが通っていた児童発達支援センター等からの情報や、同センター等の現場での行動観察等の記録など）を、その扱いに留意しつつ、必要に応じて関係機関が共有し、活用していくことが求められている。

　今後、この教育支援資料の現場への普及を通じて、教育関係者と障害児支援関係者の連携による小学校入学前の障害のある子どもの支援を図る体制の構築を促していくべきである。特に市町村教育委員会においては「教育支援委員会（仮称）[20]」等が設置され、障害の状態、教育上必要な支援の内容、子ども本人や保護者（親）、専門家の意見、地域における教育の体制整備の状況等をふまえ、総合的な観点から、就学先決定や就学先変更のプロセスをたどっていくこととなるが、個々の子どもの福祉面における実態を把握する福祉関係者は、積極的に協力していくことが重要である。

※20 **特別支援委員会**
本章第3節参照（p.
231）。

●「第9章」学びの確認
①障害児保育の各種施策において、保育現場の保育者には「個を生かした保育」が
　指摘されている。「個を生かす」ためには具体的にどのような配慮が必要か。
②保護者（親）が、わが子の障害を受容する過程においては、各種の葛藤が伴う。
　保育者としてどのような配慮が必要か。
●**発展的な学びへ**
①統合保育を発展させていくための課題について考察してみよう。
②障害児保育の施策について、わが国と先進諸国を比較してみよう。

引用・参考文献

1）伊藤健次編集代表『一部改訂　障害のある子どもの保育』みらい　2003年
2）岩堂美智子・吉田洋子編『子どもの人権と保育・教育』保育出版　2005年
3）福祉士養成講座編集委員会編『児童福祉論』中央法規出版　2005年
4）福祉士養成講座編集委員会編『地域福祉論』中央法規出版　2005年
5）保育士養成講座編纂委員会編『児童福祉』全国社会福祉協議会　2006年
6）堤荘祐編『実践から学ぶ　子どもと家庭の福祉』保育出版社　2009年

●○●　コラム⑫　●○●

発達障害のある子どもと保育者の意識

　2007（平成19）年度から制度化された特別支援教育では、従来の特殊教育では対象とされていなかった学習障害（LD）、注意欠如・多動症（ADHD）、知的な遅れを伴わない自閉症スペクトラムの児童も含まれるようになった。この制度改革は教育の分野だけでなく保育の分野でも同様である。

　2004（平成16）年に内閣府が実施した「障害のある当事者からのメッセージ」に保護者（親）から多くの意見が寄せられた。このなかで発達障害児の保護者（親）からは、「外見ではわかりにくいため、態度が悪い、親の躾（しつけ）が悪い等と批判されることが多い」との意見が寄せられており、知的障害児の保護者（親）からは、「自分の意思を表現したり、わからないことを質問したりすることが苦手なので、わかりやすいことばでゆっくり話してほしい」「障害があっても特別な子どもではないので隣人として受けとめてほしい」といった意見が寄せられている。

　わが国では、子どもであれば障害児、成人すれば障害者と呼ばれており、そこには人である前に障害が先になっている。人としてみるよりも障害を先にみることで差別や偏見が生じやすい。障害の有無とは関係なく人であることでは共通しており、障害よりも先に人として尊重することが求められる。

　保育の現場においても、保育者から発達障害児や知的障害児の保育に際して「気になる子ども」「手のかかる子ども」といった声を聞くことは多い。違いや遅れに焦点をあてるのではなく、未来に輝く一人の子どもとして受け入れたいものである。

第10章 演習・障害のある子どもへの個別的対応

◆キーポイント◆

　障害のある子どもへの保育を行うにあたって、その子どもの発達の状態を詳細にとらえることが極めて重要となる。第2章で述べられているように、障害のある子どもは発達の個人差（個人間差）および個人内差が大きく、生活年齢や障害の種類のみでは発達状態を的確にとらえることが困難なことが多い。保育者としての経験に基づいた判断だけでなく、客観的なデータに対応した評価が必要となる。同年齢の子どもの標準的な発達と比較して、どの側面がどの程度遅れや弱さをみせているのかを知ることは、障害のある子どもの適切な働きかけをするための基盤となる。

　本章では、発達検査による障害のある子どもの発達の評価と、それをもとにした個別的対応の計画の立て方の一例を示す。

●本演習の概要

　本演習では、発達検査を用いた子どもの発達の診断・評価と、その結果の保育への活用（アセスメント）の仕方を習得することを目的とする。

　障害のある子どもの発達や能力を測定する代表的なツールとして、知能検査があげられる。しかし、乳幼児の段階では諸機能の発達がまだ未分化な状態にあり、知的機能のみを測定する知能検査では対象児の発達をとらえることが困難なことが多い。また、知的機能に限らず運動や言語、社会性や生活習慣といった複数の発達領域を総合的にとらえることが、乳幼児期の子どもの発達を理解し、適切な働きかけを考えるにあたって有用となる。そこで開発されたのが発達検査である[1]。

　現在に至るまで、さまざまな検査が作成され使用されているが、ここでは乳幼児発達スケール（KIDS）を取り上げる。KIDSは0歳1か月から6歳11か月までの子どもの発達を9つの領域から測定する検査である。対象児を養育・保育している保護者（親）や保育者への質問項目からなり、日々の生活のなかでみられる子どもの活動から発達を測定・評価するものである。領域別の発達年齢や総合発達年齢、総合発達指数の算出も可能となっている◀。同様の検査として乳幼児精神発達診断法があるが、以下の2点からここではKIDSを用いる。

　①全体的な標準化データはKIDSのほうが新しいこと

　②発達遅滞児を対象とした検査冊子が用意されていること

▶ワンポイント
KIDSでは、全般的な発達レベルを年齢段階であらわしたものを「総合発達年齢」、総合発達年齢と生活年齢から算出される数値を「総合発達指数」と呼ぶ。
発達年齢、発達指数については、p.49のコラム②参照。

第10章●演習・障害のある子どもへの個別的対応

各演習の内容は以下のとおりである。

演習１：検査を実施する

KIDSを実施するにあたって準備するもの、実施の手順、実施にあたっての留意点等を解説する。

演習２：検査結果を整理する

得点の集計、領域プロフィールの作成、領域別発達年齢および総合発達年齢の換算、総合発達指数の算出方法を述べる。

演習３：事例に基づくKIDSの結果の解釈と、個別対応の計画の立案を行う

実際の検査事例をもとに、結果の分析・解釈の方法、およびそれらの個別指導計画の立案における活用の仕方を述べる。

演習1 検査を実施する

> **演習１の学び**
>
> KIDSは、対象児の日常生活における行動の様子について、その姿をよく知る身近な保護者（親）や保育者に質問し（または直接記入してもらい）、発達を診断・評価するものである。質問の内容は、身近な保護者（親）や保育者が日常的な場面で把握できる子どもの行動に関するものであり、その回答から発達を的確に測定し、かつ、教育的・個別的な指導を計画・実践するものとなっている。
>
> 演習１では、KIDSの実施方法や実施上の留意点を理解して、面接者（検査者）として実施することをめざす。

▶ワンポイント
実施の利便性から、性差や時代・文化的背景の影響が反映されにくい質問項目が採用されている。

(1) 準備するもの

KIDS乳幼児発達スケール（(財)発達科学研究教育センター発行）を使用する。検査用紙と筆記用具があれば実施可能である。なお、KIDSには対象児の年齢・特徴に応じて４つのタイプがある。

---
①**タイプA（赤）**　０歳１ヶ月～０歳11ヶ月児用
②**タイプB（青）**　１歳０ヶ月～２歳11ヶ月児用
③**タイプC（緑）**　３歳０ヶ月～６歳11ヶ月児用（就学児を除く）
④**タイプT（茶）**　０歳１ヶ月～６歳11ヶ月児用（発達遅滞児向き）

ここでは、障害のある子どもの発達の診断・評価を想定し、タイプTを使用する。ただし、実施の手順はどのタイプも基本的に同じである。

241

(2)　実施の手順

①実施の準備

　KIDSは、保護者（親）や保育者に面接者（検査者）が質問をして記入する場合と、保護者（親）または保育者が直接記入する場合がある。いずれの場合も、検査用紙の裏表紙に記載されている《乳幼児発達スケール記入上の注意》を丁寧に伝え、落ち着いた環境で回答に集中できるように配慮する。

　回答に先立って、検査用紙の表紙に必要事項を記入する。対象児の氏名、性別、生年月日、実施日および実施日における生活年齢（CA：満年齢を月齢まで記入）、所属（園名等）を書き入れ、記入者名の欄には回答者の氏名を記入する。

②記入の方法

　KIDSの検査用紙には、領域別の各頁にそれぞれの質問項目と回答欄が記載されている。すべての項目について回答し（タイプTは①〜⑨の全9頁）、記入もれのないように注意する。各項目に記されている行動の記述が、対象児にあてはまるかどうかを考えて、それぞれ〇印か×印のいずれかの箇所をマルで囲んで回答する。

　対象児が明らかに"できる"行動や、過去にできた行動、やったことはないがやらせればできる行動ならば、〇印を選択する。対象児が明らかに"できない"行動や、できたりできなかったりする行動、やったことがないのでわからない行動ならば、×印を選択する。

　原則として記入時間は制限しないが、およそ15分程度が実施のめやすとなる。なお、心理検査の専門家が実施する際には簡便な方法が用いられることもあるが、ここでは省略する。

③実施上の留意点

　質問項目には、対象児の年齢で既に"できる"項目もあれば、明らかに"できない"項目も含まれている。実施にあたっては、回答する保護者（親）や保育者が「このくらいできなければならない」という気持ちを抱いて率直に回答できなくなることがないように、検査の趣旨や記入上の注意を十分に伝えておかねばならない。また、緊張をほぐすような会話から始め、保護者（親）や保育者との信頼関係が築かれるように努めることが大切である。

第10章 ●演習・障害のある子どもへの個別的対応

演習2 検査結果を整理する

演習2の学び

　KIDSの質問項目は9領域（タイプTの場合）で構成されており、検査の結果から領域別に発達年齢を判定し、また、領域プロフィールを作成する。それぞれの領域における発達を調べることによって、対象児の全体的な発達をとらえていく。さらに総合発達年齢（Developmental Age：DA）を判定し、生活年齢（Chronological Age：CA）と対比して総合発達指数（Developmental Quotient：DQ）を算出する。なお、質問項目は各領域とも発達順序で記されており、発達の指標が理解しやすいものとなっている。

　演習2では、KIDSの回答から、得点の集計、領域プロフィールの作成、領域別発達年齢および総合発達年齢の換算、総合発達指数を算出する方法を理解して、検査結果を整理することをめざす。

(1) 準備するもの

　実施済みのKIDSの検査用紙（タイプT）、ならびに「領域別発達年齢換算表　タイプT」および「総合発達年齢換算表　タイプT」[2]を使用する。筆記用具の他、定規（領域プロフィールの作成で使用）や計算機（得点の集計や総合発達指数の計算で使用）があるとよい。

(2) 実施の手順

①得点の集計

　領域別に回答結果を採点し、得点を集計する。KIDSの検査用紙には、領域別の各頁（①〜⑨）の最上部に得点の記入欄が□で記載されている。採点の方法は、質問項目の回答欄に○印があれば一つにつき1点とする。領域ごとに回答欄の○印の数を数え、それを□の中に記入すると、それが領域別の得点になる。なお、保護者（親）または保育者が回答を直接記入した場合、記入された回答が不明瞭なことがある。その際は次の手順で採点する。○印と×印の双方をマルで囲んでいる場合は1点とする。回答欄のいずれかの印を囲まず、代わりに△や？等が記入されていた場合は、得点として数えない。また、未記入の場合も得点としない。

②領域プロフィールの作成

　領域別の得点から領域プロフィールを作成する。KIDSの検査用紙の表紙の裏面に「0〜6歳通年プロフィール　タイプT」が記載されている◀。プロフィール表の最下部には①〜⑨の各領域の名称が記されている。まず、領域

▶ワンポイント
領域プロフィール→p.248
の演習3の事例プロフィールを参照。

243

別に集計された得点を、それぞれプロフィール表の各領域のグラフに転記する。グラフ上に領域別の得点が一覧で記載されているので、あてはまる箇所の目盛りに黒点を記入する。次に、隣りあう領域間で、それらの黒点を直線で結ぶ。これが領域プロフィールとなる。

なお、プロフィール表の左右には、おおよその発達年齢がめやすとして記載されている。右側が6か月単位の年齢（3：6ならば3歳6か月）で、左側が2か月ないし3か月単位の月齢（51ならば4歳3か月）となっている。

③領域別発達年齢の換算

換算表を用いて領域別発達年齢を判定する。KIDSの検査用紙の表紙に、領域別の名称一覧および得点と発達年齢の記入欄が記載されている。まず、各領域の得点をそれぞれ記入欄に転記する。次に「領域別発達年齢換算表　タイプT」を参照して、領域別発達年齢を換算する。換算表の上部に各領域の名称が、また左側には得点の一覧が記載されているので、領域の列ごとにあてはまる得点の行をみると、換算された領域別発達年齢（2：3ならば2歳3か月）がわかる。これを発達年齢の記入欄へ転記する。

④総合発達年齢（DA）の換算

換算表を用いて総合発達年齢（DA）を判定する。KIDSの検査用紙の表紙に、得点合計およびDAの記入欄が記載されている。まず、領域別の得点をすべて加算して、得点合計欄に記入する。次に、「総合発達年齢換算表　タイプT」を参照してDAを換算する。換算表の右列に得点範囲の一覧が、また、換算表の左列にはDAの一覧が記載されているので、あてはまる合計得点の行をみると、換算されたDA（4：9ならば4歳9か月）がわかる。これをDAの記入欄へ転記する。

⑤総合発達指数（DQ）の算出

総合発達年齢（DA）と生活年齢（CA）から総合発達指数（DQ）を算出する。DQは、以下の公式によって計算する。

$$総合発達指数（DQ） = \frac{総合発達年齢（DA）}{生活年齢（CA）} \times 100$$

まず、計算に先立って、CAおよびDAをそれぞれ月齢に換算する（1歳8か月ならば20か月）。次に、DAをCA除算して、さらに100を乗算すると、DQとなる（小数点以下は切り捨て）。これを、KIDSの検査用紙の表紙に記載されているDQの欄へ記入する。

なお、DQは100未満ならばDAがCAより低いことを示し、100以上ならばCAよりもDAが高いことを示す。双方が一致していれば100となる。

第10章●演習・障害のある子どもへの個別的対応

(3) 解釈の準備

①領域プロフィールと発達年齢

　作成した領域プロフィールには、対象児の生活年齢（CA）と総合発達年齢（DA）をあわせて記入しておくと、結果の解釈がしやすくなる。プロフィール表の左右に記載された発達年齢を参照して、それぞれ横線を引いてみるとよい。点線や色分けして表記するとみやすくなる。

　領域プロフィールを解釈する際は、発達年齢を基準とした"個人間差"のみでなく、領域間のばらつきという"個人内差"に注目する必要がある。領域間の関連を意識しながら、それぞれの領域における発達をとらえ、対象児の理解に努める。その際、質問項目への具体的な回答を参照すると、適切な解釈を得る指標となる。

②通過項目と不通過項目

　各領域とも質問項目は上から順に発達順序で並んでおり、また、タイプTの検査用紙には、質問項目別の相当年齢（月齢換算）がそれぞれ文末に数字で表記されている（〈42〉ならば42か月：3歳6か月相当）。対象児がどの項目を通過（○印を回答）し、どの項目が不通過（○印以外を回答）なのかをあわせて検討しておくと、その発達を把握し、指導目標を計画するための指標となる。領域プロフィールによる全体的な発達の理解と、通過・不通過項目による個別的な発達の理解を通して、対象児の発達を的確にとらえていくのである。

③発達の領域

　KIDSは、①運動領域、②操作領域、③理解言語領域、④表出言語領域、⑤概念領域、⑥対子ども社会性領域、⑦対成人社会性領域、⑧しつけ領域、⑨食事領域の9領域で構成されている（タイプTおよびタイプBの場合）。

　発達をとらえる指標として、各領域の内容をよく理解しておく必要がある（表10-1）。それぞれの領域の具体的な質問項目を参照しながら理解しておくとよい。

　なお、領域によって測定可能な発達年齢に下限や上限があるので注意する。具体的には、⑤概念領域、⑥対子ども社会性領域、⑧しつけ領域では1歳以上、また、⑨食事領域では3歳以下の発達年齢のみが測定可能な範囲となっている（この制約のため、タイプAは⑤・⑥・⑧を除く6領域、タイプCは⑨を除く8領域で構成されている）。

④解釈における留意点

　KIDSの発達年齢は項目の通過率65～69％を基準として標準化されている（1989年：38都道府県下の乳幼児6,090名で実施）。KIDSの目的は発達の遅

表10-1　KIDSにおける発達の領域（概要）

①**運動領域**（0歳1ヶ月〜6歳5ヶ月）
体全体の大きな動きを中心として発達を調べる。乳幼児の運動発達には一定の順序があり、発達の状態をとらえやすい。

②**操作領域**（0歳1ヶ月〜6歳10ヶ月）
手指などの意図的な動きを中心として発達を調べる。興味の対象を追いかけるなどの意欲にも関連している。

③**理解言語領域**（0歳1ヶ月〜6歳10ヶ月）
言葉の理解を中心として発達を調べる。言語理解はコミュニケーションの基本であり、精神機能をとらえる重要な手がかりとなる。

④**表出言語領域**（0歳1ヶ月〜6歳10ヶ月）
話すことのできる言葉を中心として発達を調べる。発声や発音の修正、表現する姿を通して、理解から表出へと向かう発達をとらえる。

⑤**概念領域**（1歳3ヶ月〜6歳8ヶ月）
概念の言葉による理解や表現から発達を調べる。具体的な事物や出来事における量・単位・状況などの抽象的な意味の理解から発達をとらえる。記憶と深い関連をもつ。

⑥**対子ども社会性領域**（1歳0ヶ月〜6歳1ヶ月）
子ども相互の協調行動から発達を調べる。子ども同士のコミュニケーションや仲間との関係を獲得する姿を通して、社会性の発達をとらえる。

⑦**対成人社会性領域**（0歳1ヶ月〜6歳11ヶ月）
親や大人とのかかわりあいから発達を調べる。自分とは異なる存在との関係に適応する姿から、社会性の発達をとらえる。

⑧**しつけ領域**（1歳4ヶ月〜6歳7ヶ月）
社会生活における自律行動や基本的なルールの理解から発達を調べる。自己コントロールの発達としてとらえることもできる。

⑨**食事領域**（0歳1ヶ月〜3歳0ヶ月）
食事に関連する行動から発達を調べる。摂食行動の姿や、食事における基本的ルールの理解、衛生感覚の獲得から発達をとらえる。

▶ワンポイント
発達スクリーニング検査では、項目の通過率を60〜70％に設定しているものが多い。この設定だと発達指数の分布が100〜120の範囲に集まりやすく、保護者（親）に無用の心配を与えることが少なくなるとされている（三宅和夫・大村政夫・高嶋正士・山内茂・橋本泰子・小林幹児「KIDS（乳幼児発達スケール）の開発に関する研究」『発達研究』第6巻　発達科学研究教育センター　1990年pp.147−163）。

れや障害の"可能性"をみつけて対象児を"支援"していくための「発達スクリーニング検査」として広く活用されることにあり、年齢的に"絶対できなければならない"というような基準を示すものではない。総合発達指数（DQ）や発達年齢、項目の通過・不通過に一喜一憂して、対象児の理解や支援がおろそかにならないように留意すべきである◀。

　また、発達の理解にあたっては、検査結果の解釈のみでなく、保護者（親）や保育者との面接や、対象児の行動観察を通して総合的に理解していくことが必要となる。だがその際にも、KIDSの各領域の主旨や具体的な項目と対照させながら、対象児の行動を解釈していく視点が求められる。

　なお、タイプＴの適用年齢は0歳1か月〜6歳11か月であるが、測定でき

第10章 ● 演習・障害のある子どもへの個別的対応

る発達年齢に下限（１歳以上）や上限（３歳以下）のある領域を含めた構成
となっている。下限のある領域では（⑤概念、⑥対子ども社会性、⑧しつけ）
対象児がそれを下回る発達年齢であっても得点に反映されず（床効果）、また、
上限のある領域では（⑨食事）対象児がそれを上回る発達年齢であっても得
点に反映されない（天井効果）。そのため、各領域発達年齢やDQが対象児の
実態を正確にとらえていない場合もあることに注意が必要である。

演習3 事例に基づくKIDSの結果の解釈と、個別対応の計画の立案を行う

演習３の学び

　演習３では、KIDSの検査結果から、対象児の発達の特徴を把握するための分析と解釈の方法の学びを深めるとともに、それらを活用した個別指導計画の立案を行うことをめざす。

　まずは実際の検査事例（図10−１、図10−２）をもとに、結果の分析の仕方と、計画の立案の仕方の一例を示す。

・事例１

　Ａ（３歳５か月・男児）：３歳児クラスに所属している。ことばの遅れが目立ち、友だちと一緒に遊ぶことができない。現在でもオムツを使用している。

---

(1) 量的分析と質的分析

　KIDSの結果の分析手段として、量的な分析と質的な分析を考えることが可能である。

①量的分析

　量的な分析とは、総合発達年齢（DA）、総合発達指数（DQ）、そして領域別発達年齢やプロフィールから対象児の発達上の特徴をとらえるものである。DAから、対象児の発達が標準的な基準からみて何歳何か月相当なのかを知ることができる。保育のなかで感覚的にとらえられていたその子どもの発達の状態を、客観的で具体的な数値としてあらわし、保育者間で共有することが可能となる。また、DAだけでは、その子どもの発達がどの程度の水準にあるのかわかりにくいことがある。発達年齢が同じ３歳０か月であっても、その子どもの生活年齢（CA）が３歳０か月なのか、６歳０か月なのかによって、発達の状態は大きく異なる。そこで用いられるのがDQである。標準的な発達をしている子どものDQは、理論的には100になる。DQが100よりも低

247

氏　名	A
性　別	㊚・女
生年月日	○年○月○日
記入日	○年○月○日
生活年齢	3歳5ヶ月 (41)
所　属	○○○

得点合計	138
総合発達年齢	2歳0ヶ月 (24)
総合発達指数	59

領　域	得点	発達年齢 (月齢)
運　動	21	2歳1ヶ月 (25)
操　作	17	1歳6ヶ月 (18)
理解言語	22	3歳0ヶ月 (36)
表出言語	13	1歳3ヶ月 (15)
概　念	7	2歳2ヶ月 (26)
対子ども社会性	9	2歳0ヶ月 (24)
対成人社会性	23	2歳7ヶ月 (31)
しつけ	10	2歳10ヶ月 (34)
食　事	16	1歳9ヶ月 (21)

図10－1　タイプTによるAの生活年齢、各領域の発達年齢、総合発達年齢、総合発達指数

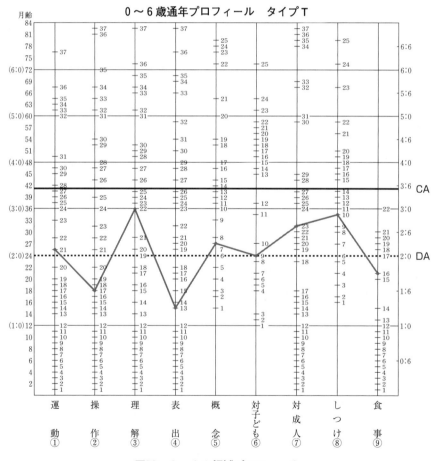

図10－2　Aの領域プロフィール

248

い数値であらわれるほど、発達の遅れが著しいことを示唆している。

　DAやDQは対象児の発達の全体像をとらえ、個人差（個人間差）を明らかにする資料であるといえよう。それに対し、領域別の発達年齢はその子どものなかの発達の特徴、発達の個人内差を主にとらえるものであり、領域プロフィールはそれらを視覚的にわかりやすく示すものであるといえる。DAと比較することで、どの領域が対象児の苦手とする領域か、あるいは発達が遅れている領域なのかを明らかにすることが可能になる。

　事例で示したAは、CAが3歳5か月ではあるが、DAは2歳0か月であることが示されている。2歳0か月相当の発達状態であるとわかることは、Aへの働きかけを考えるにあたって大きな手がかりになるといえる。また、DQが59ということから、一般的な発達との比較が行われる。領域別の発達年齢や領域プロフィールをみると、9つの領域のいずれもCAで想定される状態にまでは達しておらず、全般的な発達の遅れがあることがみてとれる。また、DAとの比較から、理解言語領域や対成人社会性領域、しつけ領域は、Aにとってどちらかというと得意な領域、操作や表出言語領域は苦手な領域であることがわかる。

②質的分析

　質的な分析とは、各領域の質問項目の分析を意味する。対象児が、どの質問項目についてはできて（通過して）おり、どの項目はできていない（不通過）かを吟味するものである。KIDSの質問項目は、家庭や保育の場で日常的にみられる活動からつくられている。不通過項目をピックアップすることで、日々の生活のなかで教え、促し、できるようにしていくべき課題を見出すことができる。

　再度、Aの事例をみてみよう。Aのしつけ領域の一部を図10-3に示した。Aのしつけ領域の発達年齢は2歳10か月である。しかし、質問項目の回答結果（○×）をみると、2歳10か月（質問項目10、〈34〉が対応）までにできるとされる項目がすべてできているわけではなく、不通過の項目が多いことがわかる。また不通過項目の共通点をとらえることで、排泄の自立や着脱衣の自立の部分ができていないことを読み取ることもできるだろう。

(2)　指導の計画立案

　KIDSの検査結果に基づく個別的対応を考えるにあたって、基本的な考え方は、できていない領域、質問項目の内容をできるようにしていくということである。領域プロフィールなどから落ち込んでいる領域、質問項目の分析から現在不通過な質問項目を精査することで、できるように指導していく活動

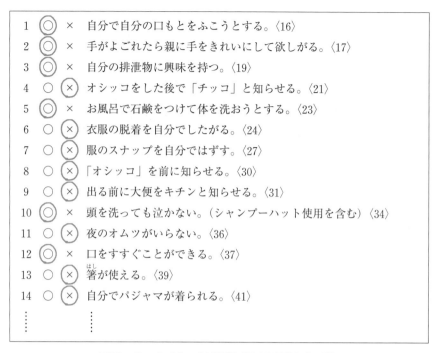

図10−3　Aのしつけ領域に関する評価（一部）

を決定していくことになる。また、指導の目標となる活動を決めるにあたっては、保育者としての専門性を考えることも必要となる。保育者は、基本的生活習慣の習得や遊びの指導において、他の職種にはない専門性を発揮できると考えられる。そのため、KIDSの9つの発達領域のうち、しつけ領域や食事領域、または運動領域や操作領域は比較的アプローチをしやすい。逆に、理解言語領域、表出言語領域、概念領域の諸領域については保育の活動のみで発達を促すことは困難を伴うことも多く、言語聴覚士や臨床心理士等の専門家との役割上の連携が求められる領域でもある。

　新しい活動を習得させるには、程よい強さの丁寧な働きかけが継続される必要がある。そのため、一度に多くの目標を立てて実施するのではなく、保育者が1回1回確実に指導を維持できる目標の設定が重要となる。また、その活動ができることによって、子ども自身や世話をする保護者（親）が楽になる（快適な生活を送れる）という観点から目標設定することも必要となる。

　Aの検査結果から考えるならば、領域プロフィール（図10−2、p.248）をみると他に比べて落ち込んでいる領域は、操作領域と表出言語領域であることがわかる。しかし、前述したように表出言語領域への保育からのアプローチだけでは、発達を促すにあたって困難性を伴う場合も少なくない。操作領域の不通過項目を精査し、遊びのなかで指導できる活動を優先的な目標とし

第10章 ●演習・障害のある子どもへの個別的対応

て検討することも必要であろう。また、質的分析の例としてしつけ領域を示
したが、Aは排泄と着脱衣の自立がほとんど確立されていない。これらの自
立もまた重要な目標としてあげられるだろう。具体的には、オムツをパンツ
に切り換えることで、おしっこを漏らしたときの不快感を経験させ、保護者
（親）や保育者に漏らしたことのアピールをするように促すこと、着替えの
際にパンツの着脱を少しずつ一人でできるように段階的に援助する一方で、
少しでも自分から着脱をしようとしていることに対して丁寧にほめることな
どが検討されなければならない。これらのことができるようになれば、次は
服のスナップを自分で外すことや、時間排泄◀などを通して事前におしっこを
知らせられるように指導していくことが目標となろう。

しつけ領域および食事領域の質問項目は、毎日の生活の繰り返しのなかで
習得される内容のものが多い。頻度や内容からみても保育のなかで働きかけ
ることが比較的容易である。また家庭との連携によって、確実に習得させる
ことができる内容の多い領域であるともいえる。まずこれらの領域に対して、
きちんとした指導を行った後に、遊びのなかで伸ばせる領域について目標設
定することが、より効果的な働きかけにつながると考えられる。

▶ワンポイント
定時排泄ともいう。一定の
時間間隔でトイレに連れて
行く指導。ぼうこうに尿が
溜まった感覚を意識させ、
決められた時間にトイレに
行き、排泄のリズムをつく
ることがめざされる。

(3) 分析と計画立案の実践

これまでの解説をふまえ、ここでは検査事例の分析と計画立案の実践を課
題として行う。以下に発達の遅れを示す幼児BのKIDSの検査結果の一部を示
す。Bの発達の特徴を量的分析・質的分析することで把握し、それらに基づ
く個別の指導計画を立案してみよう。

なお、事例の記述とKIDSの質問項目を対応させることで、運動領域や操作
領域の不通過項目を明らかにすることも可能である。個別指導の目標となる
活動の選択だけでなく、それらの具体的な指導方法を第5章などを参照し立
案すると、学習がさらに深まると考えられる。

・事例2
B（4歳2か月・男児）：3歳児クラスに所属。運動遊びは比較的好きでよく園
庭を走っているが、鉄棒へのぶら下がりや片足ケンケンの遊びはできない。砂遊
びも好きで、穴を掘っている姿もみられるが、山や団子をつくるようなところは
みられない。ことばのオウム返しみられるが、保護者（親）を「パパ、ママ」
と呼んだり、代名詞を使うことはない。友だちとの遊びはほとんどみられず、ごっ
こ遊びもない。身のまわりの世話は、保護者（親）が先回りしてやってしまうと
ころがあり、食事なども手づかみのままでとる状態にある。

251

氏　　名	B
性　　別	ⓜ・女
生年月日	○年○月○日
記 入 日	○年○月○日
生活年齢	4 歳 2 ヶ月 (50)
所　　属	○○○

得点合計	102
総合発達年齢	1 歳 4 ヶ月 (16)
総合発達指数	32

領　域	得点	発達年齢 (月齢)
運　動	21	2 歳 1 ヶ月 (25)
操　作	22	2 歳 4 ヶ月 (28)
理解言語	14	1 歳 4 ヶ月 (16)
表出言語	13	1 歳 3 ヶ月 (15)
概　念	1	1 歳 3 ヶ月 (15)
対子ども社会性	4	1 歳 6 ヶ月 (18)
対成人社会性	11	歳 11 ヶ月 (11)
しつけ	4	1 歳 9 ヶ月 (21)
食　事	12	1 歳 0 ヶ月 (12)

図10－4　タイプTによるBの生活年齢、各領域の発達年齢、総合発達年齢、総合発達指数

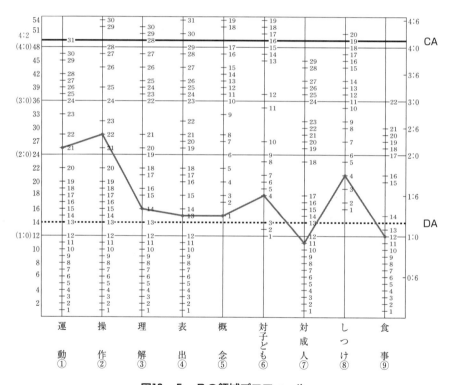

図10－5　Bの領域プロフィール

第10章 ● 演習・障害のある子どもへの個別的対応

```
 1  ○ ×   自分で自分の口もとをふこうとする。〈16〉
 2  ○ ×   手がよごれたら親に手をきれいにして欲しがる。〈17〉
 3  ○ ×   自分の排泄物に興味を持つ。〈19〉
 4  ○ ×   オシッコをした後で「チッコ」と知らせる。〈21〉
 5  ○ ×   お風呂で石鹸をつけて体を洗おうとする。〈23〉
 6  ○ ×   衣服の脱着を自分でしたがる。〈24〉
 7  ○ ×   服のスナップを自分ではずす。〈27〉
 8  ○ ×   「オシッコ」を前に知らせる。〈30〉
 9  ○ ×   出る前に大便をキチンと知らせる。〈31〉
10  ○ ×   頭を洗っても泣かない。(シャンプーハット使用を含む)〈34〉
11  ○ ×   夜のオムツがいらない。〈36〉
12  ○ ×   口をすすぐことができる。〈37〉
13  ○ ×   箸が使える。〈39〉
14  ○ ×   自分でパジャマが着られる。〈41〉
       ⋮
```

図10-6　Bのしつけ領域に関する評価(一部)

引用・参考文献

1) 中澤潤・榎本淳子・山本恵以子「乳幼児精神発達診断検査」上里一郎監修『心理アセスメントハンドブック　第2版』西村書店　2001年　p.58-68

2) 三宅和夫監、大村政夫・高嶋正士・山内茂・橋本泰子編　『KIDS乳幼児発達スケール手引』　発達科学研究教育センター　1991年

●○● **コラム⑬** ●○●

DSMとICD

第３章で取り上げた「DSM」とは、アメリカ精神医学会（APA）が作成している「精神疾患の診断・統計マニュアル（Diagnostic and Statistical Manual of Mental Disorders）」をいう。精神疾患の診断のために、標準的な基準を示すことによって、共通する診断カテゴリーについて差異（診断の不一致）が生じないようにすることを意図して出版され、後述するICDとともに国際的にも広く使用されている。初版であるDSM-Ⅰ（1952年）、2版であるDSM-Ⅱ（1968年）は、統計調査のために作成されたといわれているが、DSM-Ⅲ（1980年）以降では、明確な診断基準を示すことで、診断の不一致を低減し診断における信頼性の問題に対応するようになった。その後、DSM-Ⅲ-R（1987年）、DSM-Ⅳ（1994年）、DSM-Ⅳ-TR（2000年）と改訂を重ね、現在、DSM-5（2013年）が最新である。この一連の改訂に伴って、診断名とその基準も見直されてきた。本書が関連するものをいくつか取り上げてみると、DSM-Ⅳ-TRで取り上げられた精神遅滞や広汎性発達障害は、DSM-5ではその診断名や診断基準が変更されて知的障害や自閉症スペクトラムに改められている。

一方、「ICD」の正式な名称は、「疾病及び関連保健問題の国際統計分類（International Statistical Classification of Diseases and Related Health Problems）」で、通称「国際疾病分類」と呼ばれている世界保健機関（WHO）が定める国際標準診断分類である。

最近の改訂版は第10版（ICD-10）で、全22章の基本分類から構成されている。すべての疾患がコーディングされ、国や言語が違っていても共通の疾患が示されるように工夫されている。本書と主に関連する「精神および行動の障害」は第5章に記述され、100種のカテゴリーが取り上げられている。ICD-11の発表が近いといわれているが、執筆時点では公表されていない。

すでに述べたが、どちらも国際的によく用いられるものであるが、両者の間には微妙な表現や内容の違いがよくあることも知っておかなければならない。なお、DSM-5とICD-11の関係では、このことが意識され、極力不一致がないように作成される予定であるといわれている。

第11章●保育場面の事例演習

保育場面の事例演習

第**11**章

◆キーポイント◆

　これまで述べてきたように、障害のある子どもは一人ひとりの障害の種類・程度が異なり、個性によって障害のあらわれ方も異なってくる。そのため、保育にあたってはそれぞれに対応した柔軟なかかわり方が必要になる。

　本章では、あらゆるケースに対して具体的にどのような援助を実践していくべきか、事例演習を通して考えてほしい。保育の現場に出たとき、障害のある子どもの保育実践においてあらゆる判断をしていくためのトレーニングとなるはずである。

　本章では、障害のある子どもの保育について、知的障害、自閉症スペクトラム、注意欠如・多動症（ADHD）、学習障害（LD）、肢体不自由、コミュニケーション障害それぞれに対応する演習用の事例を設けた。もちろん、さらにいえば同じ障害でも一人ひとりの子どもによって個性が違ってくるが、障害種別による大まかな特性に沿って事例演習に取り組むことで、障害のある子どもへの基本的なかかわり方を学んでほしい。

　各演習用事例の構成は以下のとおりである。

事例の概要：事例の背景、事例に出てくる活動のねらい、場面事例1・2に
　　　　　　至る経緯等を概述している。
場面事例1：子どもと保育者がかかわる具体的な場面を記述している。保育
　　　　　　者がどのような保育を実践しているか読み取ってほしい。
場面事例2：場面事例1で登場する障害のある子どもの保護者（親）に対し
　　　　　　て、保育者がかかわった場面を記述している。
考　　　察：事例における保育のあり方を解説している。演習課題に取り組
　　　　　　むうえでの道しるべとしてほしい。
演 習 課 題：事例の内容から設問を設定している。「考察」を参考にしながら、
　　　　　　自分が保育者であったらどのようにかかわるか、考えてほしい。
発展的課題：事例に関連して、発展的な学びにつながる設問を用意した。さ
　　　　　　らなるステップアップをめざして学びを深めてほしい。

255

演習事例1 ことばかけの内容に気づくことで子どもを理解し、保育が変わった（知的障害児への対応）

●事例の概要

　片づけようとしてばらばらになってしまい、うまくいかないので放っているうちに遊びになってしまったトモミ（4歳：女児）の事例である。

　トモミがお道具箱から何かを取ろうとして、箱ごと落としてしまった。箱へきれいに戻すのに時間がかかってうまくいかず、ばらばらのままであり、そのうち何をやっているのか忘れてしまい保育者に注意された。

　他の場面でもつい注意される行動になってしまい、おもしろくない。注意されてもどうしてよいのかわからず、うまくいかないことから、いら立ちがみられた。保育者は、うまくいかなかった保育の場面を見直し、自らのことばかけの内容などに気づくことができた。

場面事例1　子どもとのかかわり

　トモミは、染色体異常と診断され、知的発達に遅れがあります。歩き始め（始歩）が遅く療育発達センターで訓練を受け、3歳になりはっきりとした診断を受けました。4歳になり保育所に入園しました。中度の知的発達の遅れがあり、日常的な簡単なことばでのやりとりはでき、身近なものの名前もいうことができますが、大きい小さいなどの抽象的な内容の理解は難しい状況です。

　ある日、保育者がお絵描きをするために①「今日はお絵描きをします。おやつが済んだらコップを片づけて、お道具箱からクレヨンを出してきてね」といいました。トモミは、みんながコップを片づけクレヨンをもってきてテーブルに着き始めたのをみて、はじめて"何かをしなければ"と気づきました。みんなと同じようにクレヨンをもってきましたが、入っていたお道具箱は、開けっ放しで床に置かれたままです。テーブルの上には、おやつのコップが片づけないまま置いてあります。すると同じテーブルの子が「トモミちゃん、コップ片づけるんだよ」と声かけをしてくれました。トモミは、すぐに片づけました。「お道具箱、ロッカーに入れて」といわれ、またトモミは、きちんと直してきました。

　紙が配られ、テーマであるお母さんの顔を、それぞれ描き始めています。トモミも始めましたが、真っ白い紙にぐるぐると描いています。すぐに終わって席を立って動き始めました。お友だちのクレヨンを触わったりして、嫌がられたりしています。

　保育者は、クラスを1人で担任することの難しさに悩んでいましたが、年度途中から加配の保育者が入り、それからは、自分でできることを大切にしながら、トモミを待ってあげる時間をとることができるようになりました。加配保育者とも話をする機会が得られ、トモミの日常を振り返ってみると、「自分の持ち物の片づけに時間がかかり、すぐに他のことが気になり中断する」「手先が不器用で雑になってしまう」といったことがあげられ、また、「うまくいかずに遊びになるとつい怒ってしまう」という場面も多々あったように思いました。それをみていたクラスの子どもたちにとっても、

第11章●保育場面の事例演習

それとなく受け入れられない存在として感じ始めていたのかもしれないと、保育者は気づきました。

まずは、ゆっくり丁寧に、はっきりとわかりやすいことばでクラス全体に伝えることを心がけました。また、療育発達センターの臨床心理士にトモミへのかかわりについて相談する機会をもちました。不器用な面は、作業療法士に相談をしました。

加配保育者がいるため、全体に指示したことをもう一度トモミに伝えることができ、トモミにわかるように一つの課題ずつ指示を伝えることで、トモミは今何をやるのかがわかってきたようです。②お絵描きのときは、描き始めの手がかりとして円を描いてあげた紙を用意してあげたり、 席を離れそうになったら、「ぐるぐる描いたね」など声をかけて興味の持続を図るようにしました。すると、トモミのいらいらした行動が少しずつ落ち着き、保育者と一緒に取り組むことができるようになってきました。周囲の子どもたちも、保育者のゆっくりした言動によって落ち着き、トモミへのかかわりも増えてきました。

場面事例2 保護者（親）とのかかわり

個人懇談の際、トモミの母親に「行動に時間がかかり、ときにふざけているようにみえたりして叱ってしまうことがありませんか？」と尋ねました。すると、「時間がないとせきたて、わかるまでかかわるのがよいことはわかっていても、つい強くいってしまう」「なぜ、こんなことがわからないの、と思ってしまう」などが聞かれました。

そこで保育者は、トモミが日常生活のあらゆることをスムーズに取り組んでいくために、次のようなかかわり方をしていくことを母親と確認し合いました。

・わかること、できることを1つだけ伝えること。
・1つができたら次に1つと、一度に2つや3つの課題を与えないこと。
・できることは、繰り返し日常生活のなかで取り組んでいくこと。
・新しいことを覚えるときには、大人がついて丁寧にゆっくりと教えること。
・お手本として、目の前で動作をみせること。
・ことばは、できるだけ簡単に、明瞭に伝えること。

母親は、「いつもやっていることだから、わかっているだろうと思って、ことばでいってしまいます。“～した？”など簡単なことばを当たり前のように使っていました。わかっていないことも多かったんですね」と振り返りました。こうして、何よりも園と家庭で同じようなかかわりを行うことがトモミにとって混乱を起こさずに力に結びつくことを話し、お互い協力していくこととしました。

●考察・留意点

この事例は、トモミが自分でできることも多かったので、周囲の大人がことばで伝えてもわかっていると思ってしまっていたことに問題があった。トモミは実はよくわからず、周囲の動きをみて判断したりすることが多かったということに保育者が気づいた。何をしてよいのかわからないことが、好ましくない行動を引き起こすことにもなり、注意されることになってしまう。

257

▶ワンポイント
身辺自立は、一人でできる自信をつける第一歩。一つひとつを丁寧におさえていくこと。できることから始め、目標とすることを小さなステップにして、できることのすぐ隣から始める。

注意されることが多くなると、日常的な声かけの内容は、否定的な傾向になってしまうことが考えられる。子どもは、ほめられることが大好きである。ほめられるということは認められたことで、自信につながる◀。みていてくれているという安心感もわいてくる。できることが増えるほうが意欲がわき、新しいことへ挑戦する力につながっていく。

この事例では、残念なことにほめることにつながらない場面が多い。保育者が、「コップを片づけて、お道具箱から……」と声かけをしているが、一つの文のなかにいくつかの行動の指示が入っている。つまり、一度にイメージし、記憶しなければ動くことができない内容のことばとなってしまっている。

保育者が一人で考え込まず、加配保育者と現状の整理をし、専門的な臨床心理士や作業療法士にも相談し、トモミの障害の特性を理解していったことは大切なことである。相談をしたことで、日常の声かけを見直し、トモミが「わかっている」ということを、しっかり感じとることができるようになっていったことがうかがえる。

知的発達に遅れのある子どもは運動発達など、全体的に遅れがみられる。幼児期は体験や行動を通して覚えていく時期であるため、安定した生活を基盤に、生活のなかでの繰り返しがスキル（技能）の獲得につながるようにしていきたい。そのため、園と家庭が一貫した方法で取り組むことが大切であり、また、子どもが自発的に取り組む姿勢がみられたかどうかが重要である。

■演習課題
①事例中、下線部①は不適切なことばかけである。なぜ不適切なのか、また、どのように指示をしていけばよいのか考えてみよう。
②お絵描きのとき、下線部②のように "まる" などの手がかりをつくってあげることは、どのような意味があるのか考えてみよう。
■発展的課題
①事例の場面で、指導の目標として何があげられるか考えてみよう。
②幼児期の発達で、生活のなかでの体験はなぜ大切なのか考えてみよう。

演習事例2 タダシのわがまま（自閉症スペクトラム児への対応①）

●事例の概要

タダシ（4歳8か月：男児）は、1歳6か月健診でことばの遅れを指摘された。3歳児健診の頃にはよくしゃべるようになっていたが、保護者（親）

第11章 ● 保育場面の事例演習

から、「他児とかかわらず、ひどいかんしゃくを起こす」ということで相談が
あった。4歳0か月時点で小児精神科を受診し、知的な遅れを伴わない「自
閉症スペクトラム」と診断される。その春から保育所に入園した。

　入園時に、タダシが「いつもと違う行動を強いられたとき」「突然の予定変
更」「知らない場所へ出かけるとき」などにパニックを起こすという情報が、保
護者（親）から園に伝えられている。そこで、保育者は保育の予定を先に知
らせるなどして、タダシが安心して過ごせるような配慮をした。そのためか、
現在は比較的安定して過ごせているが、それでも調子の悪いときにはパニッ
クを起こすこともある。今後の目標は、日常と違う保育内容である園の行事
に参加し、他児と一緒に楽しみ、タダシに自信をもってもらうことである。

場面事例1　子どもとのかかわり

　タダシは、登園するとすぐにおもちゃコーナーへ行き、ブロックを並べて1人で遊
びます。何度も並べ替えて彼なりに納得できたら、やっとみんなと一緒の活動に参加
します。園での一日のスケジュールは、「外遊び」や「給食」などを絵にしたカード
が磁石で黒板に貼ってあります。予定を変更する場合は「入れ替えます」といって絵
カードを貼り替えます。たいていはタダシも納得しますが、調子の悪いときは変更が
受け入れられず、ひっくり返って手足を床に打ちつけて泣き叫びます。①そんなとき、
保育者はタダシを抱き上げて予定が変わったことを説明してなだめようとしますが、
そうすればするほどタダシは激しく泣き叫び、パニック状態はひどくなります。入園
した頃、クラスの子どもたちは、タダシのパニックのあまりの激しさに驚き、無言で
みつめるばかりでした。しかし、1か月が過ぎた頃、子どもたちから気になることば
が出始めました。泣き叫ぶタダシをみて、リーダー格のミサキが「タダシ君わがまま
だよ」といい出しました。また、元気者のケンタも「いつもタダシ君だけブロック
使ってずるい」といって非難をし始めました。自分たちと違わないようにみえるタダ
シが、赤ちゃんのように泣いたりブロックを独占することを、「わがままだ」ととら
えるのは自然なことかもしれません。しかし、このままではタダシが悪い子だという
イメージがクラスに定着してしまいます。

　ちょうどその頃は、春の遠足でいちご狩りに行く直前でした。保育者は知らない場
所へ行くことで、タダシがパニックを起こすのではないかと心配をしていました。ま
たそれによって、クラスの子どもたちがタダシのことをますます「わがままだ」と思
い込んでしまわないかという心配も出てきました。そこで、保育者は遠足の下見に行っ
たときに、いちご園までの道路やバス、園内の写真を撮ってきて、事前にタダシにみ
せておくことにしました。そして、このことについてクラスの子どもたちに②「タダ
シ君はね、みんなより少しだけ心配しすぎるところがあるんだよ。だからよく泣いて
しまうの。わがままなんかじゃないんだよ。それでタダシ君の心配をなくすために今
から遠足で行くいちご園の写真をみてもらっておくの」と説明しました。すると、子
どもたちは「そうなんだ、タダシ君いつも心配して泣いていたんだね」「タダシ君と
一緒に写真みたい」といってくれ、クラスみんなで遠足の予習を行いました。次の日

259

もその次の日も「タダシ君、心配はなくなった？」「もう１回やろうか？」と何度も予習につきあったのです。

　そして遠足当日、タダシは朝からぐずっていました。いつもと違ってリュックを背負うことに驚いていたのです。みんなの様子も違います。保育者はタダシがパニックを起こすのではないかとはらはらしていました。そんなとき、ミサキが「タダシ君大丈夫だよ。もう１回写真みよう」といって写真を黒板に貼り出しました。ケンタは「じゃあ地図も描こう」といって保育者がしていたようにチョークで道を描いて写真をつないでいきました。そうしているうちにタダシの表情がゆるみ、緊張がとけていきました。その日、タダシは保育者とずっと手をつないではいましたが、１度もパニックを起こさずに園まで帰ってくることができたのです。そして、もうクラスにはタダシのことを「わがままだ」という子どもはいませんでした。「タダシ君がんばったね」とたくさんの子が声をかけ、タダシもとても満足そうな表情をみせました。

場面事例2 保護者（親）とのかかわり

　母親は自閉症スペクトラムについてよく勉強しており、タダシの障害を正しく理解しています。けれども、タダシはみた目には他の子どもと変わらないように映るので、「いつか治るのではないか」という気持ちがどうしても消えないのだそうです。子どもたちがタダシを「わがままだ」といい始めたため、保育者はタダシの特性を子どもたちに理解させたいと考え、そのことを母親に相談してみました。すると母親は、タダシの障害についてみんなに話すことには強い抵抗があり、それだけはやめてほしいと涙を流して訴えました。保育者はこのような母親の気持ちを受容し、それに配慮した結果、「タダシ君は心配しすぎるんだよ」という表現を使って子どもたちに説明を行いました。それによって、クラスの子どもたちはタダシを理解し、応援したいという気持ちが生まれてきました。遠足での出来事を母親に伝えると、母親も子どもたちの理解と応援がタダシの成長には必要であると実感したようで、今後も保育者のこのような働きかけを望んでいるとうれしそうに語りました。

●考察・留意点

　自閉症スペクトラムの特徴は、①社会的コミュニケーションおよび対人的相互関係における持続的障害、②限定された反復する様式の行動、興味、活動の２つである。②に関連して、自閉症スペクトラムの人は、「想像力」、つまり、実在しないものに対して思いをめぐらせることが苦手である。一方で、自閉症スペクトラムの多くの人は、聴覚的な情報より視覚的な情報のほうが伝わりやすいといわれている。つまり、情報はことばで伝えるより、目でみることによってより伝わりやすくなる可能性が大きい。このようなことから、最近では保育の場面でも、絵カードや写真を使うことによって視覚的に情報を伝える支援を行い、見通しをもたせ、安定した気持ちで活動に参加させる方法がとられるようになってきている。

第11章 ● 保育場面の事例演習

保育者のとったスケジュールを絵カードで示すという方法は、自閉症スペクトラムの療育に有効であるとされているTEACCHプログラム◀から取り入れられている。また、最近では、TEACCHと並び効果的であるといわれる行動療法◀を取り入れる園も増えている。行動療法では、パニック時に抱いたりなだめたりすることが、子どもにとってある種の褒美になり、パニックがより強化されてしまうと考え、安全を確保したうえで、パニックを計画的に無視する方法がとられる場合もある。ただし、このような専門機関で行われる療育方法は、個人や少人数を対象にしたものなので、保育現場で実践できるように工夫することが必要であろう。

▶ワンポイント
TEACCHプログラム→p.103のコラム⑤参照。

▶ワンポイント
行動療法は、行動理論を基礎にし、適切な行動の形成、不適切な行動の消去・変容をめざした指導・治療技法。たとえば、片づけを行ったときにほめると、その後もよく片づけるようになるというのは、「ほめる」ことがご褒美となり「片づける」という行動が強化されたと考える。第5章第1節第3項で述べられている応用行動分析も基本的には行動理論を基礎にしている（pp.127-130参照）。

■演習課題
①タダシがパニックを起こしたとき保育者は下線部①のような対応をしているが、もし自分が担任保育者であったらどのように対応するか考えてみよう。
②保育者は、クラスの子どもたちにタダシのことを下線部②のように説明しているが、もし自分が担任保育者であったらどのように説明するか考えてみよう。

■発展的課題
①夏の「水遊び」や2学期の「運動会」などの行事において視覚的に情報を伝える支援を行うとすればどのような方法があるか考えてみよう。
②他児の保護者（親）から、「先生はタダシ君に手をとられて他の子へかかわりが少なくなっているのではないでしょうか？」という意見が出された場合、自分が保育者であったらどのように対応するか考えてみよう。

演習事例3　就学の支援（自閉症スペクトラム児への対応②）

●事例の概要

年中の1月より幼稚園に入園した年長男児のユウ。母親は専業主婦であったため、それまでは家庭で生活していた。就学を控えて集団生活に慣れることも必要と考え、年度の途中から入園した。

クラスでは、おとなしく、いつも自分の席に座り、時折宙をみながら鼻歌を歌っていた。「おはよう」と声をかけると、笑顔をみせてゲームの話などをした。集団で動くときには、面倒見のよい女の子たち数名がユウの手を引いて活動に誘った。ユウも抵抗する様子はなかった。その際にも、どこか遠くをみながら鼻歌を歌っていた。遊びはおままごとが多く、ユウは女の子たちに囲まれながら遊んでいるようだった。

担任は、入職2年目でこのクラスを任されていた。新年度が始まって2か

261

月、就学を控えた5歳児ではあるが、子どもたちとはとてもうまくいっているように思え、入園して5か月のユウについてもトラブルはなく順調だと考えていた。

　きっかけは保育参観だった。ユウの様子をみた母親は、家での様子との落差に愕然としたと話した。家では、きょうだいたちと積極的に遊ぶのに、園ではただ座っているだけではないか、とのことだった。その口調から、園での対応が十分ではないのではという心情が読み取られた。母親と面談した担任は、主任に相談した。主任は、ユウに対する担任の保育活動を労いつつ、こちらから働きかけを行った際のユウの様子や表情を観察するよう助言した。

場面事例1　子どもとのかかわり

　担任は改めてユウの行動を観察しました。

　朝の活動の時間、お当番さんが前で話をしていました。ふとユウをみると、机をみつめながら椅子を揺らして鼻歌を歌っていました。担任が近づき、「ユウ君、どうしたの？」と声をかけると、①ぱっと明るい表情をして「武蔵野線東川口駅の次の駅はー？」と答えました。

　続いて、ユウとクラスの子どもたちとのかかわりをみていきました。いつものように女の子らがユウの手をとり遊びに連れて行こうとしたときです。ユウの表情が一瞬暗くなるのがわかりました。その後の遊びも、ユウは女の子らにいわれるがまま、お皿を取ったり、コップを持ったりしているだけなのだということがわかりました。

　こうした観察を通して、担任は、クラスのなかに溶け込んでいると思っていたユウは、実は楽しんで友だちと遊んでいたわけではないこと、②何をしてよいのかわからずに鼻歌を歌っているのだということに気づいたのです。担任は、主任に相談し、ユウがもっとクラスに参加し、楽しく過ごせる環境を準備しました。クラスの子どもたちには、「ユウ君を遊びに誘うときは、ちゃんと返事を聞いて、ユウ君の表情をみてみよう。それから、ユウ君がいいよといったら一緒に遊ぼう」と教えました。また、ユウが好きなことも一緒に考えました。

　ユウにも同じことを伝え、担任と一緒に練習をしました。断ってもいいよという練習です。そうして1か月が過ぎる頃には、楽しそうな表情でクラスの子どもたちと一緒にいるユウの姿がみられるようになりました。

場面事例2　保護者（親）とのかかわり

　保育参観の後、主任は母親との面談を行いました。③面談の席では、まずお母さんに対して面談にきてくれたことに感謝し、小学校に向けてたくさんの不安があると思うが、園としてもお母さんと一緒にユウ君のことを育てていきたいのだと伝えました。

母親：小学校に入るときに、ユウが困らないように園に入れたのに、毎日あんな思いをしているなんて知らなかったんです。園から帰るときは、すごく疲れていて、最近は、朝に登園を渋るんです。

主任：そうなんですね。お母さんやユウ君がそんな辛いお気持ちだったことを知らずにいてしまい、すみませんでした。担任がいうには、お家では、とても活発に

第11章●保育場面の事例演習

遊ばれているとのこと、私どももご家庭から学んで、ユウ君が楽しく園にこられるようにしたいと思います。どのような様子なのか、ぜひ教えていただけますか?

このように主任が応えると、母親は、ユウの家での様子を話しました。家庭では、ご家族の自然なサポートを受けて生活しているようでした。

主任：詳しく教えていただきありがとうございました。ユウ君がご家族ととてもよい関係で生活していることがわかりました。確かに園での様子とは違いが大きいなと感じます。担任とも話し合ったのですが、ユウ君がもっと積極的に園生活を送れるようになるには、特別な配慮が必要なのではないかと考えています。

すると、ためらいがちに母親はいいました。

母親：実は、3歳のときに保健師さんからことばが遅いといわれました。何日か後で、別の先生から、自閉症スペクトラムかもしれないと。だから病院を受診してくださいといわれました。ただ、そのときは困っていることはなかったので、しばらく見合わせたいと答え、行きませんでした。

この後も主任は、母親の気持ちに寄り添いながらも、家庭から園、そして小学校という新しい環境へ移っていくなかで、ユウ君の生活環境を整えていくことが必要であろうと伝えていきました。母親は病院に受診することを決めました。母親と主任は、これからも④家庭と園の両方の情報を交換しあいながら、ユウ君にとって最善の方法をとっていくことを決めました。

●考察・留意点

一見、「問題がない」ようにみえていたユウだが、実は必要な環境を整えることで、もてる力をきちんと発揮することができるようになっていった。つまり、合理的配慮によって適切な環境が用意されたわけである。

この事例は、他者からの行為に適切に対応できず、求められるままに動かされてしまっている自閉症スペクトラムの幼児の姿をとらえたものである。自由遊びの時間では、クラスのなかにいくつかの遊び集団ができる。ユウは、その集団の一つの輪のなかにいた。女の子らは遊びのなかでユウにも食器を渡すなどしており、一見うまくやっているようにみえていた。

もちろん、ユウが自閉症スペクトラムであることはわかってはいなかったものの、このような場面を観察できた際には、保育者の腕のみせどころである。本人には、個別教育的にかかわり方を教える。一方で、周囲の子どもたちには、相手を理解しかかわる力を伸ばす教育的支援を実施するのである。その際、年長児クラスという、子どもたちの発達過程を意識し、相手の表情から気持ちを推測したり、うまく表現できない相手の気持ちを推測したりするといったことをテーマとすることで有効な手だてとなることが期待できる。障害のある子どもに対する個別的支援と、周囲の子どもたちが理解しかかわ

263

る力を伸ばす教育的支援の両方が、よいクラスをつくるために必要である。

　一般に、就学を前にした保護者（親）は、多くの不安を抱えている。就学先はどうしようか、新しい学校で適応できるだろうか、障害のことを話すべきだろうか等、悩みはつきない。そうしたなか、この事例において、家庭でできていることが園でできないとわかったときの母親のショック、不安は大きかったはずである。そうした母親に対する、主任のことばかけや面接の進行に注意を向けてほしい。母親への労い、誠実な態度を重ね、そのうえで、家族が表面上認めていなかったユウの障害を認めてもらえるように面接を展開している。技術や経験のいることではあるが、保護者（親）の気持ちを理解しながら、適切なことばかけができることは、ひいては子どもたちの利益につながっていくので、ぜひ学んでいってほしい。

▶1　ワンポイント
担任が声をかける前のユウの行動はどんな意味があったのか考えてみよう。そこから下線①と答えたユウの気持ちを想像してみよう。

▶2　ワンポイント
この出来事を伝える意味：ユウが小学校という新しい環境に入ったときに、同様の行動パターンを示す可能性があり、あらかじめ小学校へ伝えておくことでユウの小学校での適応を支援できる可能性がある。

▶3　ワンポイント
取り組みの主目的は、どういった就学形態がその子どもにとって最善であるかを検討することである。そこに、教育委員会や母子保健、医療等、さまざまな人がかかわる地域もみられる。

▶4　ワンポイント
ペアレントメンターということばも重要なキーワードになる。

■演習課題
①事例中、下線①の場面で、何をしてよいのかわからなかったユウは、担任に声をかけられて駅名を尋ねている。あなたならどのように答えるか考えてみよう◀1。
②事例中、下線②の場面について、この出来事を保育所児童保育要録（幼稚園幼児指導要録、認定こども園こども要録でも同じ）に記載する場合、あなたならどのように整理して記載するか考えてみよう◀2。
③事例中、主任は下線③のように伝えている。実際に、目の前に母親がいると仮定したとき、あなたのことばでこのことを伝えてみよう。
④事例中の下線④を行ってみよう。場面事例1において、担任が行った支援内容と結果を保護者（親）に伝える場面を仮定して取り組んでみよう。

■発展的課題
①就学に向けた障害のある子どもに対する取り組みは、地域によって違いがみられる。あなたの地域では、どのような人がかかわり、どのような体制になっているのか調べてみよう◀3。
②障害のある子どもを育てているご家族にとって、障害のある子どもを育ててきた先輩家族や、同じように障害のある子どもを育てている現家族は、希望であったり、先生であったり、悩みを分かちあえる共感者であったりする。あなたの地域には、そうした家族間で交流できる場はあるのか調べてみよう◀4。

演習事例4　粘土遊びのかかわり（ADHDの子どもへの対応）

●事例の概要

　一人っ子のヒロキ（5歳：男児）は、県外から引っ越しをしてきてまだ1か月。家のなかでも、保育所でもコンビニエンスストア等でも、まわりの環

第11章 ● 保育場面の事例演習

境から入ってくるさまざまな刺激にすぐに反応してしまい、じっとしていられない様子。こだわり行動もあり、対人関係の面でも発達上の遅れがあるようにみえる。また、自発語が少なく、自分の気持ちを衝動的な行動であらわしてしまうことが多く、まわりとトラブルになることがしばしばあった。先日、病院でADHDと診断された。

　以下の事例では、新しい環境がヒロキに与える情緒面での変化とともに、行動につながっていく気持ちを保育者がどのようにとらえ、子ども同士の関係づくりを構築していくのかを読み取ってほしい。粘土遊びは、どの子どもにとっても考える力の創造性とつくる力の協応機能を高めるうえで重要な題材であるとともに、容易に使用でき、色を塗ったり、形を変えたり、自分の思いが形として表現される。また、隣の子どもがつくっている粘土を合体させ、新しい一つの形にすることができるなど、保育者の工夫次第で生き生きとした保育内容を展開できる。この題材を通して集団形成への架け橋になるのかどうか、保育者の力量にかかっている。

場面事例1 **子どもとのかかわり**

　5歳児クラスのヒロキは、朝から元気いっぱい。もってきたかばんを引き出しに入れることもなく、ぐるぐるぐるぐる園庭を走り回っています。その日は午前中、クラスで粘土遊びが行われました。そのなかでヒロキは、粘土遊びもそこそこで、まわりの友だちにちょっかいをかけながらクラス中を元気いっぱい走り回っています。

　保育者は、①ヒロキのそばについて、一緒に粘土をいろいろな形につくりながら物語を話し始めました。

　保育者は、ヒロキに目をあわせながら「ヒロキ君、上手になったね〜。何をつくっているのかな〜？　ヒロキ君の好きなトーマスの機関車かな？」と語りかけます。

　ヒロキは、にこにこしながら「ぶ〜ん、がんがんがんがん」。

　保育者は、ヒロキのちょっとしたことばをとらえて「がんがんがんがんって走っている音なんだね。ぽっぽ〜とかいうのかな？」。

　ヒロキは保育者のことばを聞いて「ぽっぽ〜ぽっぽ〜」と歩き始め、みんなのまわりを一周。保育者は、「お帰り、ヒロキ君トーマス。どこに走ってきたのかな〜、今度は、ヒロキ君トーマスのお友だちをつくりましょうか？　ヒロキ君どうかな？」。

　ヒロキの好きなアニメのキャラクターと作成中の粘土をくっつけながらかかわりをもつようにことばかけを続けました。②隣に座っていた子どもも話のなかに加わってきて、ヒロキは得意そうに自分の知っているキャラクターをみせています。

場面事例2 **保護者（親）とのかかわり**

　この日のことをヒロキの母親に伝えようと、ヒロキのお迎えにきてもらったとき、少しの時間、相談室で話をしました。

保育者：お母さんがお迎えにこられたとき、ヒロキ君が走っているのをいつもみていましたよ。エネルギッシュで見習いたいです。お仕事のほうは、いかがです

265

か？　今日、ヒロキ君はお友だちと粘土遊びをしました。ヒロキ君はいつもお家でみているトーマスの機関車をつくったんですよ。す～ごく楽しそうでいっぱい笑顔をみせてくれました。

母　親：そうですか、いっぱい笑っていたのですね。よかった。家では、どうしても怒ってしまうことが多くて……

保育者：子どもを育てることは本当に大変なことなのですね。でも一緒に連携をとっていきましょうね。そうそう、お片づけのとき、ヒロキ君が、ほうきでお部屋をきれいに掃いてくれたんですよ。いつもお母さんがお家でされているのをしっかりとみているのでしょうね。

　このように、保育所におけるヒロキのよい行動を家庭での行動と結びつけながら育てることの実感と喜びの共有を保護者（親）にもってもらうようにすることが、信頼関係を育む一つの方法です。

●考察・留意点

①子どもとのかかわり

　この事例では、保育者は、なぜそのような行動に出るのか、またその行動をせざるを得ないのかというヒロキの気持ちをくみ取ることから始め、じっとしていられないヒロキのエネルギーを転換させ、遊びに生かす工夫が必要となる。そのうえで、一つのことを最後までできたという達成感とともに、スモールステップにおける楽しさやおもしろさを共有しながら、充実感を味わっていくことが大切である。そのためには、子どもの心の安定が図れる安全な環境・空間を整理し、プライドを傷つけないことばかけで寄り添い、接していくことが大切である。また、粘土・泥だんご等の題材を使用する際に、「こねる」という動作を、子どもの手も一緒に粘土と混ぜながら行うことが五感発達を促すために重要であることを認識し、実践の根幹には理論を常にもちながら保育に臨みたい。

　また、ヒロキが楽しんでいる姿と、他の子どもが遊びを通して感情をヒロキと共有させながらヒロキの存在感をクラスでつくっていくことが期待される。

　ADHDの子どもは、自分で何かをやろうとしてもうまくいかないことが多く、まわりからの抑圧で強制的に行動が静止させられ、自尊感情が低くなる傾向がある。また、自分の苦手なことをやる意欲が少なく、聞こえたもの、目に映るものなど、気になることがあれば、その場の状況を考えず衝動的に行動してしまう。その行動を改めてもらいたいという気持ちで周囲の人から注意されても、本人は何を叱られたのかが理解できず、あるいはわかっていたとしても、以前のことが意識に入っていかず、同じことを繰り返してしま

うことが多い。

　落ち着きのない子どもは多くの園にいるが、子どもの年齢・発達段階・生活環境等に照らし合わせながら、今、目の前にいる子どもの状態を考えて、その子どもにあった環境づくりにまずは焦点をあてることが大切である。特に保育者による、子どもにかかわる一つひとつの場面における行動、前後の心の動きの状況を記録に残すことは、その子どもの今後の発達に非常に大きなヒントを与えるものとなるので、日常の保育のなかでしっかりと観察力を駆使しながら子どものサインを受けとめたい。

　ADHDの子どもにかかわる際に園で配慮することとしては、主に次のことがあげられる。

①エネルギーをもてあまし、じっとしていられないことが多い側面があり、エネルギーを発散できる環境を整えることが大切。

②今やっている作業の見通しを視覚的に理解させる◀。

③少しのこと、小さなことでも、できた事柄を見過ごさず、即座に強化して達成感を味わわせる。できること・できたことを具体的に視覚的にシール・スタンプ等を活用してほめる（ほめることをみつけるだけでなく、ほめる場面、機会をあらかじめ準備して待つ姿勢が大切）。

④子どもにあった作業段階を工夫しながら一緒にやっていく。

　①〜④を通して、子どもが自分で選択し、段階ごとに振り返りながら、その子どもにあったやり方を一緒に探していくことが大切である。つまり、子どもができることを認め、その場で評価（一人でできた・やった、シール等）をすることである。逸脱行動を強制的に抑制することよりも、望ましい行動を強化することによって定着を図ることが基本となる対応方法である。

②保護者（親）とのかかわり

　家庭と園との生活環境のなかで、子どもの姿・様子に温度差があることを前提に保護者（親）とのかかわりを考えていく必要がある。たとえば、園での子どもの様子に驚きを隠せない保護者（親）が、保育者の指導力について疑問を投げかけたり、また逆に、保育者が保護者（親）に対して「家庭のなかで子どものしつけができない親」であるというようなレッテルを貼ってかかわってしまうことのないようにしたい。園と家庭が「チーム」となって子どもをサポートすることが重要であり、保育者はその橋渡しをする役割を担っていることを理解してほしい。保護者（親）自身は、どのように子どもにかかわったらよいのかを悩み、誰にも打ち明けられず心を閉ざしてしまっていることも考えられる。したがって保育者は、まず保護者（親）の気持ちに寄り添い、保護者（親）が悩みを打ち明けられる環境となるよう信頼関

▶ワンポイント

「きちんと」「しっかり」「ちゃんと」等というような抽象的なことばは使わない。

「椅子の背もたれに背中をくっつけて座りましょう」「この問題をしましょう。答えられたら、1分間立っていてもいいよ」等具体的に理解できるようなことばと絵等を用いる視覚的な理解を促すようにかかわりたい。

係を築いていくことが重要である。そのためには、朝夕の送り迎えのときに短時間であってもできるだけ保護者（親）とのかかわりをもち、連絡帳でも子どもの生き生きとした園生活の姿を伝えていくなど、コミュニケーションの積み重ねを大事にしたい。

■演習課題
①事例中、下線①の場面で、あなたならどのようなことばをかけてヒロキの気持ちに寄り添うか考えてみよう。
②事例中、下線②の場面で、隣の子どもがヒロキをサポートするように、あなたならどのようなことばをかけ、アプローチするか考えてみよう。

■発展的演習
①ヒロキはどのような気持ちがあって、粘土遊びに集中できなかったのか、ヒロキの気持ちをくみ取ってみよう。
②ヒロキにとって安全で楽しい環境とはどのようなものなのかを考えてみよう。

演習事例5　生活発表会に向けての太鼓の練習（LDが疑われる子どもへの対応）

●事例の概要

マサオ（5歳：男児）は、何かを「たたく」ことが大好きな活発な子どもで、LDの徴候がみられる。座っているときは、机や椅子をたたいていることが多く、ときには隣に座っている友だちの頭をたたいて保育者から注意されることもしばしばある。

そこで、クラスの1年間の集大成である生活発表会に向けて「マサオをクラスの中心に置いて取り組みができないか」と保育者同士が考え、提案されたのが「太鼓」である。太鼓は、誰でも簡単に音を出すことができ、手先の細かい動きと身体全体を動かす協応運動を遊びとして取り入れ、楽しみながら進められる。また、太鼓の大きさやたたく強さによっても音色を変えられる楽しみがある。場面によっては問題になる「たたく」という行動を、積極的に建設的で許容できる行動としてとらえていくことにしたのである◀。

「マサオはたたくことが好きであること」からヒントを得たこの太鼓演奏を通して、友だち同士が協力しあいながら音の協和を五感で感じる心の響きを共有すること、太鼓演奏をクラス全員でつくり上げたときの達成感を味わうこと、そして、みている保護者（親）の方々とともに共有することが、この活動のねらいとなる。

▶ワンポイント
「問題行動」としてとらえないで「課題行動」として、その意味を考える。問題行動の「問題」とは、誰にとっての「問題」なのか？　また「問題」ということばが一人歩きしてしまうことがかえって、その子どものよさをみえなくしてしまう危険性がある。誰もが発達上において抱える「課題」としてとらえることにより、まずは保育者自身の保育内容の工夫を考えてみることが必要となる。

第11章●保育場面の事例演習

場面事例1 子どもとのかかわり

マサオと太鼓

　マサオは太鼓の時間になると、よりいっそうエネルギーがあふれ出てきます。クラスで太鼓の練習を始めてまだ3回目で、マサオはあいかわらず、みんなにあわせることもなく、「どんどんどんどん」自分で太鼓をたたいています。1、2回目は太鼓に慣れるということで、保育者は子どもたちが好きなように太鼓に触れてたたくようにしてきました。今日はみんなで一緒にたたく練習の初日。「さあ、みんなで先生のドンということばにあわせてたたいてみようか」。保育者のことばを聞いているのか聞いていないのか、マサオは「どんどんどんどん」と力いっぱいたたいています。時々疲れたのか、休みながらみんなをみているときもあります。担任の先生としてはどのようなかかわりをすればよいのでしょうか。

- -

マサオ君、太鼓の用意だよ

保育者：今から太鼓を倉庫から出しますよ。太鼓を出すときに注意をしないといけないことは何ですか？　誰か教えてくれるかな～？　マサオ君どうかな～？

マサオ：え～、なに？

ノゾミ：はい、一人で勝手に出さない。

保育者：マサオ君の答えをノゾミちゃんが答えてくれたんだね。そうだね。マサオ君わかったかな？

マサオ：①へ～

保育者：②じゃあ、太鼓を倉庫から出してから次に何を出すのかな～？

場面事例2 保護者（親）とのかかわり

　お迎えにきたマサオの母親に、当日の太鼓の様子を伝えました。

保育者：お母さん、今日は、マサオ君が2分間がんばって太鼓をたたいてくれましたよ。たたいたすぐ後で、太鼓の振動を耳で確かめて楽しそうでしたよ。

保護者：はい、そうですか……　実は家でも夕食時は、お箸でお茶碗をたたいたりしていることが多く、昨日の夜、行儀が悪いので「だめでしょ」と注意をすると「バーン」と机をたたいて泣くんですよ。

保育者：う～ん、そんなことがあったんですか。夕食時でもお茶碗をたたいているのですね。それぐらい太鼓が気に入ったのかな？　でも、行儀が悪くなると困りますね。お母さん、「だめ」ということばは、マサオ君はどのように理解されているのでしょうか？

保護者：マサオはわかっていないかなぁ。ついつい怒っちゃうんですよ。

保育者：お母さんがマサオ君に行儀よくしてもらいたいという気持ちは伝わっていますよ。でも、ことばの意味の伝え方が難しいですね。具体的に「だめ」ということばをルールとして伝え、視覚的に教えていくことはどうでしょうか？たとえば、「食事のときには、お茶碗をたたかないルール」。ルールなので間違ったことをその場で正しく変える援助をして、表につけていくなど、評価をしてはどうでしょうか？

269

●考察・留意点

①子どもとのかかわり

　この事例では、マサオが、耳から聞いた情報を自分のなかでうまく処理ができない気持ちの背景をくみ取っていきたい。そして保育者がルールを全体に伝えた後、個別にマサオのそばに行って一緒に太鼓をたたくことから始める。また、マサオにこの時間の「見通し」を視覚的にもたせながら、「1分間、太鼓をたたき続けてみようか。1分間経ったらピーと笛を吹くからやめてね」という具合に自覚を促していく。

　また、保育者は「マサオ君はわかっている」と思い込まず、注意を促すときは個別でゆっくりと明瞭に具体的に示し、その都度理解したのかを確かめていくことが大切である。

　LDは、学齢期に入ってから診断されることが多いが、幼児期にその徴候があらわれることもある。認知の障害の問題が中心となり、全般的な知的な発達に遅れはないものの、発達の偏りが顕著にあらわれるため、さまざまな学習に困難がみられる状態をさす。

　　①学力（読み、書き、算数のある特定部分に習得困難を示す）についての基本対応としては、短い言葉で明瞭にゆっくりと促す。また、視覚的に示しながら文字のフォントを変えていく。一行ごとにラインを引きながら理解を促す。方眼紙の活用等、「ます」の使い方を工夫する。

　　②ことば（話すこと、聞くこと等、コミュニケーションに困難さを示す）についての基本対応としては、物的・人的環境を整え、子どもが話しやすい雰囲気をつくる。話す内容を絵にまとめていきながら、少しずつ確認して見通しをもたせる（抽象的なことばではなくより具体的に示す）。

　　③社会性（他者の思いや立場等を理解することが難しく円滑なかかわりに困難さを示す）についての基本対応は、気持ちをゆっくりと受容しながらじっくりと感情に寄り添う。ほめることなど、評価につながる課題をあらかじめ用意しておく。また、感情をことばで表現できるようにする。

　　④運動能力（粗大運動、微細運動、協応運動等、動きがぎこちなく保持力が弱い）の面でも影響が出ることがあるので、留意したい。たとえば一つひとつの動作（運動）はできても、複数の運動を同時に行う協応運動になると、不器用になることがある。

　　⑤注意集中・多動（中枢神経系の機能障害であることにより、二次的な情緒面、関係性の問題がある）の基本対応は、今やらないといけないことを少しずつやさしい・ゆっくりとした口調で促しながら話しかける。

　以上の点を理解しながら、基本的に子どもの気持ちはそのまま受容し、子

第11章●保育場面の事例演習

どもが何に対して敏感に反応をしているのかを考え、それを取り除く工夫をする。また、子どもの行動を変化させる環境を考えながら、その子どもの今の気持ち、感情を表現させる具体的なカードを作成する。そのカードを通して、気持ちを適切なことばに転換すること、また表現力を身につけさせたい。

②保護者（親）とのかかわり

　保護者（親）によるマサオへの日常のかかわり方について情報を得ることで、マサオとのよりよい関係を構築できるヒントがみえてくることが多い。

　もしも、他児を巻き込むようなトラブルがあった場合には、その日のうちに状況やその背景などについて保護者（親）に説明し、理解を得られるようにしたい。また、保護者（親）同士の信頼関係づくりについても保育者が橋渡しをする役割を担うことで、子どもにとって園でのよい環境づくりにつながるため、しっかりと保護者（親）に伝えられるように目を配りたい。そして、園での生き生きと過ごしている子どもの姿を、実感のあることばで伝えていくことが求められる。

■演習課題
①事例中、下線①の場面で、マサオはどのようなことを感じているのでしょうか？
②事例中、下線②の場面で、あなたが保育者だったらどのような視覚的な工夫をして理解を促すか考えてみよう。
■発展的課題
①問題行動とは、「誰にとって問題があるのか」を話し合ってみよう（問題という意味がとらえ方によっては変化することを考えよう）。
②時間を意識させるような具体的かかわりとしてどのようなものがあるか考えてみよう。

演習事例6　集団に参加することで意欲的に（肢体不自由児への対応）

●事例の概要：はじめての集団保育

　ミドリ（5歳1か月：女児）には脳性まひと知的発達の遅れがある。けいれん発作があるが、薬を服用し落ち着いている。医療型児童発達支援センターを利用しているものの母親の出産や家庭の事情でなかなか通うことができないこともあり、集団生活の経験が得られないことから、保護者（親）より就学前に子どもの集団で遊びを体験させ、人とのかかわりを広げたいと希望があった。

271

ミドリには介助が必要であり、保育者は日常の保育のなかでどのように受け入れていくかを検討しながら取り組んだ。受け入れ前に、しっかりと保護者（親）と話をし、園からは、保育内でできること、できないことを具体的に伝えていった。周囲の子どもたちへの関心も高く、健康に通園でき徐々に自発性が育ち、コミュニケーションへの意欲が高まった。

場面事例1 子どもとのかかわり

　ミドリの体調はおおむね良好で安定しています。座位保持椅子という自分のサイズにあった椅子に座ることで、上体を起こした姿勢を保っています。日常生活動作の移動、食事、排泄、衣服の着脱などは全介助です。パンなどを手に持たせると少し自分で食べることができ、飲み物もストローで飲むことができます。排泄については、「でたー」などのことばで知らせることができます。コミュニケーションは、いくつか単語を話す程度です。発音が聞き取りにくく、質問に応じられないことも多くあります。他の子どもへの関心も高く、遊び声に聞き入ったり、遊んでいる姿をみて笑顔がみられたりもしています。また、身体を動かしてもらうことも大好きで毛布を使ってゆらすブランコやトランポリンに乗ってゆらしてもらったりなど大きな動きも楽しめます。

　ミドリを受け入れるにあたり、保育者の間で話し合いが行われました。そこで、まずはミドリの実際の動きやさまざまな生活場面を観察し、必要な介助の度合いを知るため、体験的に現在の保育環境に参加してもらうことにしました。

　はじめは遊びにくるといった形態から、徐々に慣れていくようにしてみたところ、他の子どもや遊びに対する興味が感じられること、母親との分離も問題ない状態であること、座位保持椅子での保育参加が多いものの、保育者が常にマンツーマンでついていなくても問題ないことなどから、正式に入園することにしました。

　他の子どもたちには、自分たちとは距離のある「自分でできない子」といった見方が強くありました。一日の多くを座位保持椅子で過ごしていますが、朝の外遊びではバギーに乗り換えて運動場に出ます。保育者に抱かれて砂場に足や手をつけて遊んだり、ゆれ遊具に乗ったり、ままごと遊びで草のごちそうを食べるまねをしたりします。全介助であっても、やりたいことや好きなこと、どれがほしいのかなどを保育者が尋ね、自分で決める機会を大切にしながら声かけをしました。そのような保育者のかかわりをみていた子どもたちは「ちゃんとわかるんだね」といい、ミドリの表情をみながら、好きなことなのか、嫌なことなのかもわかるようになってきました。自分からミドリがわかるようにゆっくり話しかけることも始めました。

　また、保育者が、絵を描くときに握りやすくしたクレヨンをみせ、「ミドリちゃんはここを大きくするとうまく持てるんだ」とさりげなくアピールしながら持たせてあげて、かかわりの姿を伝えました。そうすることで、周囲の子どもたちは、保育者の援助の仕方をみながらおやつのときに使うものを用意したり、トイレのサインが出たら教えてくれたりします。

　一緒に遊ぼうとレストランごっこで「お客さんがきたら缶をたたいて合図するの、ミドリちゃんにしてもらったらいいね。一緒にできるよ」と工夫した場面を考え、保育者に提案して誘ってくる姿もみられるようになりました。

　はじめの頃、ミドリは周囲の子どもの動きに驚いている部分もありましたが、よく

272

第11章●保育場面の事例演習

目で追うようになりました。話しかけられるのが楽しいよう、他の子どもの動きを
みて笑ったり、声を出して意思を示し、その機会が多くなるごとに聞き取りやすくな
り、「もう1回する」「おさかな　食べる」などと、自分を表現する場が多くなりまし
た。みんなの前に出て行って発表するのも大好きです。

場面事例2　保護者（親）とのかかわり

　ミドリの受け入れにあたり、園の状況を知ってもらうため、ミドリに保育場面を体
験してもらいました。また、保護者（親）の希望も聞きました。日常の保育のなか
では、座位保持椅子での参加が多くなること、マンツーマンでのかかわりは難しいこ
と、理学療法士と相談をしながらミドリも介助する側も楽に過ごせる方法などを学ぶ
ことなどを伝え、了承してもらいました。保護者（親）からは、これまで家庭で行っ
てきた介助の仕方を伝えてもらいました。また、常に家庭での様子と園での様子が伝
わるように電話や連絡ノートを活用して情報交換をし、家族にはいつでも来園して様
子をみてもらってもかまわないことなどを伝えました。

　保護者（親）は、活動の参加場面を隠れたところからみながら、「とてもリラック
スしていて家にいるときと変わらない表情をしています」「他の子どもさんの動きを、
こんなによくみるんですね」など、日常と違うミドリの姿に驚いていました。また、
園での手遊び歌の様子をみながら「ああ、この歌だったんですね。何か歌のフレーズ
のような声が聞こえ、手を動かそうとすることが最近よくあるんですよ」など、家で
の様子を伝えてくれました。そして、休日も園へ行きたがることなどが保護者（親）
から伝えられるようになりました。

　なお、降園してからの、疲労度などもお聞きし、活動参加への参考にしました。

　保護者（親）も子育てのことや、今までのことを保育者に話す様子がみられ、園の
保護者（親）の方たちとも話す姿がみられるようになりました。

▶ワンポイント
保護者（親）の気持ちや意
見は必ず聞き、家庭でも過
ごしやすさにつながる支援
をプログラムとする。

●考察・留意点

　肢体不自由児の場合、機能的にできないということが目につきやすく、介
助の部分が常に優先される。周囲に遅れをとらないことのみにとらわれると、
本人の意思に関係なく援助してしまうことが多くなる。この事例の場合、身
体機能や意思交換能力の弱さなどで、集団参加を難しく考えがちだが、まず
保護者（親）の気持ちに耳を傾けたこと、子どもを十分に知るための時間や
機会をつくったことで、保育者が客観的に考える情報をつかんでいくことが
できた。介助度の高さのみにとらわれず、一人の子どもとしての育ちをみつ
め、保育のなかで何を育てていくのかを明確にしていったのである。

　事例では、外遊びなど日常体験する機会が少なくなりやすい内容も大切に
している。また、何よりも大人が時間をかけて「何をしたいか」「どちらがい
いか」などの自分で選択する機会を提供し、意思表示の場を設けることで、

273

コミュニケーションの力を育んでいった。大人が、ついやってあげてしまうのではなく、本人が主人公であるということを忘れないようにしたい。

また、周囲の子どもたちの育ちも大切にされている。この事例ではお世話役を決めていない◀。保育者がさりげなく援助している姿を、子どもたちが日常の場でみたり、触れたりできるよう意識して行動し、そのなかで、子どもたちの気づきを大切に育てた。生活を通して、さまざまな場面で自然にミドリのことを理解する機会を提供していったことは、子どもたちにとっては自分と同じ場面に置き換え、想定でき、わかりやすい。

「どうして、ミドリちゃんは歩けないの？」「大きくなったら一人でできるようになるの？」などの疑問も聞かれた。周囲の大人が子どもにわかりやすいことばなどで応えてあげることは、自分以外の人がいることを知ることにつながり、お互いの違いを認めあう気持ちを育てるよい機会となる。

こうした保育によって、保護者（親）、家族にとっては、「この子の世話は自分にしかできない」という思い込みに気づき、子どもの新しい面を発見することで、子育てへの気持ちのリフレッシュと新たな意欲へとつながると考えられる。ミドリとしては、家族以外の他人から援助を受ける体験を積むことで社会性を育んでいける。

▶ワンポイント
肢体不自由のある子どもには機能的にできないことが多くあるが、お手伝いやお世話係が本人のやることを先取りしたり、押しつけたりしてしまわないように気をつけたい。

■演習課題
①介助を多く必要とする子どもを受け入れるとき、園全体でどのようなことを話し合う必要があるか考えてみよう。
②保育者は、機能的にできないことが多いことを、まわりの子どもにどのように話してあげればよいか考えてみよう。
■発展的課題
①集団のなかで過ごすことの意味とは何か、考えてみよう。
②集団に入るにあたってどのようなことに配慮したらよいか、あげてみよう。
③「障害のある子どもの子育て」を支えるものは何か考えてみよう。

演習事例7 コミュニケーションの工夫（ことばの障害のある子どもへの対応）

●事例の概要

リョウスケは3歳から保育所に入園してきた男の子である。両親の就労が入園の理由であり、7月生まれの体格のよい一人っ子である。これまで集団生活の経験はない。入園の面接のときには恥ずかしそうにしており、母親の

第11章●保育場面の事例演習

そばから離れない。

　母親の話では、「少し反応が悪いときがあり、難聴ではないかと心配している」と訴えてくる。専門的医療機関の受診はなく、子育てにもリョウスケの聞こえにくさにも戸惑いがあるようであった。面接時は少し反応が悪いと感じることもあるが、まったく聞こえていないという様子ではなかった。

場面事例1　子どもとのかかわり

　リョウスケは新入園児でもあり、まだ仲のよい友だちもおらず、どちらかというと一人で自分の遊びをするタイプの子どもです。にぎやかにいろいろとお話をするより、一人遊びをしっかりとしているという印象を受けます。特に積み木と絵本で遊ぶことが気に入っています。一人で積み木の家や線路などをつくって、黙々と遊んでいる姿がよくみられます。また、絵本では、昆虫の図鑑が好きでお昼寝前やおやつの後などいつも同じ絵本をみています。

　特定の仲のよい友だちとのかかわりは今のところみられませんが、鬼ごっこをしたり転がしドッジボールをしたりするときは、みんなと一緒に楽しそうに遊んでいます。

　聞こえの問題については、生活しているなかで具体的に目につくようになってきました。行動のテンポが少しずれているときがあり、保育者はそのことが気になり始めました。特に絵本や紙芝居などを全体で読んでいるときに、①あまり集中せずに、一人でよそ見をしたり、ぼーっとして視線が定まっていない場面がみられました。また、同時に会話が少なく、保育者とかかわるときも、指差し、うなずきや首をふって拒否するなど、ことばによるコミュニケーションが少ないと感じました。

　友だちとのかかわりは、遊んでいるときには楽しそうにしていますが、やはりことばによるやりとりはほとんどありません。歌を歌うときは、よくみていると小さく口を開けてはいますが、ほとんど歌として音にはなっていない感じがします。

　日常の会話では、自分の用事やしてほしいことがあるときには保育者に話しかけてきてくれます。しかし、そのときのことばも不明瞭です。口をあまり開けずに話をするので、ことばとして聞き取りにくいことが多くあります。たとえば②「せんせい」が「へんへい」と聞こえることや、「ぼうし」が「ほーひ」、「ごはん」が「こはん」となります。また、こちらの呼びかけにも反応を示さない場面が時々みられます。

　他機関の言語聴覚士のアドバイスを受けて、保育者は以下の点に配慮しました。

・保育者はリョウスケとかかわるときには、特に丁寧なことばかけと正しい発音や言い回しを使う。お話のときには保育者の近くにきてもらう。「聞こえているか」「理解できているか」の確認を丁寧に行う。

・リョウスケが話したいと思う環境を用意する。クラスの子どもたち全員がお話をする機会を設ける。いろいろな歌や音遊び、楽器遊びなどを導入する。

・ことばのみに目を向けるのではなく、それ以外のコミュニケーションの方法（表情・身ぶりや手ぶり・全体の雰囲気等）にも着目する。

　3歳児クラスの保育においてはもちろんのこと、他のクラスとのかかわりや、早出、遅出の時間帯においてもそのことを確認しました。

場面事例2 保護者（親）とのかかわり

　特に不安の強かった母親に対しては、子どもの姿を直接伝える前にリョウスケの家での様子を聞いてみました。家でもはっきりと自分の思いを伝えたりすることはあまりないということでした。家のなかで自分の好きな遊びを一人ですることが多く、あまり母親や父親と一緒に遊ぶことはないようです。家ではテレビが好きで、同じアニメのDVDを繰り返し何度もみているようです。母親も手がかからないので、休日などは一日中DVDをみせている日もあるとのことでした。

　園で気になる姿を少しずつ伝えていくなかで、母親は子どもの姿について不安感を強めていきました。「この子は遅れているのですか？　園での生活はできませんか？」と、保育者との面談のなかで泣き出す場面がみられました。

　まずは医療機関による受診が前提であり、そのなかでリョウスケにとってどのような環境やかかわりがよいのかを探していく方針を伝えました。

　受診の結果、軽度の難聴であり、そのために言語の発達も少し遅れているとの診断でした。保護者（親）は大きなショックを受けていました。

　しかし、それ以上に子どものためにできることをしたいとの思いが強くあり、週に一度「ことばの訓練教室」に通うことになりました。保育者はその保護者（親）の思いを丁寧に受けとめ、保護者（親）と「ことばの訓練教室」の言語聴覚士と、今後の保育や家庭との連携のための話し合いに出かけました。話し合いでは、園や家庭の生活の様子を尋ねられました。そして、保護者（親）から、園でとてもよく自分の子どもが面倒をみてもらっていることに感謝しているとの話が出ました。

　園でもリョウスケの育ちを支えていくことを伝え、また、そのためにも保護者（親）の協力が必要であるということも理解を得ることができました。

●考察・留意点

　ことばの障害は「話す」ということ自体に焦点があてられ、それ以前の環境や子どもの心の意欲や変化などについては十分に配慮されにくい。ことばはコミュニケーションの重要なツールであるが、それがすべてではない。さまざまなかかわり方や伝え方があるということを、保育者は理解しておく必要がある。まずは障害のこと以前に、生活する一人の子どもとして子どものありのままの姿をとらえ、そのうえで何かしらの配慮を考えていく必要がある。

　なお、保育者は日々クラスの多くの子どもたちと接しており、それぞれの発達段階にあわせたかかわりや保育を行っているため、特定の子どもの発達において著しく遅れている部分があれば気づきやすいという面がある。しかし、保護者（親）は自分の子どものことしかわからず、比べる対象が少ない場合があり、そうすると障害が見過ごされてしまうことがある。

　また、わが子の障害について、すべての保護者（親）が受容できるわけで

はない。障害の可能性の伝え方やタイミング、専門機関との協力などは、今
後の親子関係や障害の受容を図るという点において重要である。

■演習課題

①事例中、下線①の場面で、このような状態が起きる要因として考えられることを、
「ａ．子どもの問題」「ｂ．保育者の問題」「ｃ．環境の問題」としてそれぞれに
考えてみよう。

②事例中、下線②の場面で、このようなことばの問題に対応するための保育者の姿
勢としては、どのようなことが考えられるだろうか。

■発展的課題

①言語聴覚士の他に、障害のある子どもの保育にかかわる専門職にはどのような職
種があるかあげてみよう。

②ことばのかかわりを豊かにする保育環境として、どのようなものがあるか考えて
みよう。

索　引

あーお

IEP　17
ICIDH　→　国際障害分類
ICF　→　国際生活機能分類
ICD-10　→　疾病及び関連保健問題の国際統計分類第10版
ID　→　知的障害
アスペルガー症候群　58
アメリカ精神医学会　58
アメリカ精神遅滞学会　102
アメリカ知的・発達障害学会　62, 102
1歳6か月児健康診査　219
遺伝病　53
医療型児童発達支援　23, 226
医療型障害児入所施設　23, 226
インクルージョン　18, 21, 121, 170
インクルージブ教育システム　228
インテグレーション　18, 19
ウエスト症候群　→　点頭てんかん
ヴォルフェンスベルガー　32
AAIDD　→　アメリカ知的・発達障害学会
AAMR　→　アメリカ精神遅滞学会
ASHA　83
AFD児　115
ADHD　→　注意欠如・多動症
APA　→　アメリカ精神医学会
エコラリア　73
SST　→　ソーシャルスキルトレーニング
SLD　→　限局性学習症
HFD児　115
エリクソン　34
LFD児　115
LD　→　学習障害

応用行動分析　127

かーこ

核黄疸　89
学習障害　44, 80, 116, 270
課題分析　146
カナー　70
環境的要因　35
緘黙　87, 106
吃音　45, 86
気になる子ども　104
基本的生活習慣　133
キャッチ・アップ　50
きょうだい　205
極低出生体重児　115
月間指導計画　149
限局性学習症　→　学習障害
言語障害　84, 86
拘縮　88
後天性　51
構造化　68, 75, 130
行動療法　261
行動理論　68
広汎性発達障害　58
合理的配慮　124, 229
国際障害分類　12, 14
国際生活機能分類　12, 14
個人差　42, 43
個人内差　43
子ども・子育て支援新制度　226
子どもの権利条約　16
個別的支援　143
個別の教育支援計画　82, 160, 161
個別の指導計画　17, 162
コミュニケーション障害　83

さーそ

サポートブック　194

サラマンカ宣言　18, 21
3歳児健康診査　219
視覚障害　94
自己効力感　134
疾病及び関連保健問題の国際統計分類第10版　52, 254
指導計画　149
児童の権利に関する条約　→　子どもの権利条約
児童発達支援　23, 226
児童発達支援事業　24, 220
児童発達支援センター　24, 220
児童福祉法　221, 225
自閉症　58
自閉症スペクトラム　58, 70, 260
社会福祉協議会　234
弱視　95
就学時健康診断　223
周産期　52, 87, 220
周産期医療　220
周産期障害　55, 94
集団援助　144
小1プロブレム　193
障害児相談支援　225
障害児通所支援　22, 30, 225
障害児等療育支援事業　225
障害児入所支援　22, 225
障害児福祉手当　228
障害児保育事業実施要綱　27
障害者権利条約　17, 124, 229
障害者総合支援法　223
障害の受容　199
常染色体異常　54
情緒障害　109
小児慢性特定疾病　223
ジング　36
新生児訪問指導　220
身体玩弄癖　110

278

身体障害児　221
身体障害者手帳　221
スモールステップ　74, 134, 138
精神疾患の診断・統計マニュアル
　　58
精神年齢　49
精神薄弱児通園施設　26
正の強化　128
正の弱化　128
生物学的要因　35
世界保健機関　11, 52
セグリゲーション　→　分離保育
染色体異常　54
先天性　52
ソーシャルスキルトレーニング
　　118

たーと

多因子遺伝　53
胎芽病　55
胎児病　55
WHO　→　世界保健機関
地域生活支援事業　225
地域療育センター　220
チック　111
知的障害　44, 58, 59, 62, 222
知的障害児　221
知的能力障害　→　知的障害
知能　64
知能検査　65
注意欠陥・多動性障害　→　注意欠
　　如・多動症
注意欠如・多動症　44, 77, 266
中枢神経系　88
中枢性聴覚処理障害　85
聴覚障害　84, 93
超低出生体重児　115
TEACCHプログラム　103
DSM-5　→　精神疾患の診断・統
　　計マニュアル
低出生体重児　114, 222
点頭てんかん　98
てんかん　97

登園拒否　113
統合保育　19, 123, 148, 169
特定非営利活動法人　235
特別支援学校　19, 82, 234
特別支援教育　30, 82
特別支援教育制度　233
特別児童扶養手当　228
特別なニーズ教育　18, 21

なーの

難聴　94
難病の患者に対する医療等に関する
　　法律　220
ニィリエ　32
二次的障害　194, 207
乳児健康診査　219
乳児身体発育曲線　41
妊産婦健康診査　218
妊産婦訪問指導　220
人数加算の助成（人数加算方式）　28
年間指導計画　148
脳性まひ　87
ノーマライゼーション　18, 32, 120,
　　169

はーほ

発育曲線　45
発達　34
発達曲線　45
発達障害　56, 222
発達障害児　222
発達障害者支援センター　222
発達障害者支援法　57, 222
発達段階　37
発達年齢　49
話しことばの障害　84
場面緘黙児　106
バンク-ミケルセン　32
ピアジェ　34
PECS　119
ビジュー　34
PDCAサイクル　136
福祉型障害児入所施設　23, 226

負の強化　129
負の弱化　129
プロンプトフェイディング　139
分離保育　19
偏食　178
保育の記録　187
保育の計画　187
保育所等訪問支援　23, 226
保育の評価　185
放課後等児童デイサービス　23, 226
保護者支援　124, 210
母子健康手帳　40, 219
ボディ・イメージ　90
ボディ・シェマ　90
ボランティア団体　235

まーも

三木安正　26
未熟児　114
未熟児訪問指導　220
メインストリーミング　18
メンデル遺伝　53
盲　95

らーろ

ラポール　137
理学療法士（PT）　91
リソースルーム　169
利用者支援事業　227
療育手帳　222
ルーティン　132
レスパイト・ケア　92
レノックス症候群　98
聾　94

■編者紹介

伊藤　健次（いとう　けんじ）
元名古屋経済大学人間生活科学研究科教授

最終学歴：筑波大学大学院博士課程心身障害学研究科中退

主要著書：『入門臨床心理学』（共著）八千代出版

『グッドイナフ人物画知能検査の臨床的利用』（共著）三京房

『子ども臨床とカウンセリング』（編）みらい

『発達心理学』（共著）聖公会出版

『CLISP-dd 発達検査（トップダウン編）　解説書』（共著）文教資料協会

翻　　　訳：『認知行動療法事典』（共訳）日本評論社

新時代の保育双書
新・障害のある子どもの保育〔第3版〕

2007年10月 5 日　初 版第 1 刷発行
2010年 4 月30日　初 版第 4 刷発行
2011年 4 月20日　第 2 版第 1 刷発行
2015年 3 月20日　第 2 版第 5 刷発行
2016年 4 月15日　第 3 版第 1 刷発行
2024年 3 月 1 日　第 3 版第 6 刷発行

編　　　者　伊藤　健次
発　行　者　竹鼻　均之
発　行　所　株式会社みらい
　　　　　　〒500-8137　岐阜市東興町40　第 5 澤田ビル
　　　　　　TEL　058-247-1227代
　　　　　　https://www.mirai-inc.jp/
印刷・製本　サンメッセ株式会社

ISBN978-4-86015-385-4 C3337
Printed in Japan　　乱丁本・落丁本はお取替え致します。